Im Jahr des Wasser-HASEN, 2023, bringen Umsicht und Diplomatie Erfolg

2023

	Januar	Februar	März	April
Mo	2 9 16 23 30	6 13 20 27	6 13 20 27	3 10 17 24
Di	3 10 17 24 31	7 14 21 28	7 14 21 28	4 11 18 25
Mi	4 11 18 25	1 8 15 22	1 8 15 22 29	5 12 19 26
Do	5 12 19 26	2 9 16 23	2 9 16 23 30	6 13 20 27
Fr	6 13 20 27	3 10 17 24	3 10 17 24 31	7 14 21 28
Sa	7 14 21 28	4 11 18 25	4 11 18 25	1 8 15 22 29
So	**1 8 15 22 29**	**5 12 19 26**	**5 12 19 26**	**2 9 16 23 30**

	Mai	Juni	Juli	August
Mo	1 8 15 22 29	5 12 19 26	3 10 17 24 31	7 14 21 28
Di	2 9 16 23 30	6 13 20 27	4 11 18 25	1 8 15 22 29
Mi	3 10 17 24 31	7 14 21 28	5 12 19 26	2 9 16 23 30
Do	4 11 18 25	1 8 15 22 29	6 13 20 27	3 10 17 24 31
Fr	5 12 19 26	2 9 16 23 30	7 14 21 28	4 11 18 25
Sa	6 13 20 27	3 10 17 24	1 8 15 22 29	5 12 19 26
So	**7 14 21 28**	**4 11 18 25**	**2 9 16 23 30**	**6 13 20 27**

	September	Oktober	November	Dezember
Mo	4 11 18 25	2 9 16 23 30	6 13 20 27	4 11 18 25
Di	5 12 19 26	3 10 17 24 31	7 14 21 28	5 12 19 26
Mi	6 13 20 27	4 11 18 25	1 8 15 22 29	6 13 20 27
Do	7 14 21 28	5 12 19 26	2 9 16 23 30	7 14 21 28
Fr	1 8 15 22 29	6 13 20 27	3 10 17 24	1 8 15 22 29
Sa	2 9 16 23 30	7 14 21 28	4 11 18 25	2 9 16 23 30
So	**3 10 17 24**	**1 8 15 22 29**	**5 12 19 26**	**3 10 17 24 31**

Glückskalender für Kinder 2023/2024

Land	Winter-/Frühjahrs-/ Osterferien	Pfingstferien	Sommerferien	Herbstferien	Weihnachts-ferien
Baden-Württemberg	– 06.04./11.04. - 15.04.	30.05. - 09.06.	27.07. - 09.09.	30.10. - 03.11.	23.12. - 05.01.
Bayern	20.02. - 24.02. 03.04. - 15.04.	30.05. - 09.06.	31.07. - 11.09.	30.10. - 03.11./ 22.11.	23.12. - 05.01.
Berlin	30.01. - 04.02. 03.04. - 14.04.	19.05./30.05.	13.07. - 25.08.	02.10./ 23.10. - 04.11.	23.12. - 05.01.
Brandenburg	30.01. - 03.02. 03.04. - 14.04.	–	13.07. - 26.08.	23.10. - 04.11.	23.12. - 05.01.
Bremen	30.01. - 31.01. 27.03. - 11.04.	19.05./30.05.	06.07. - 16.08.	02.10./ 16.10. - 30.10.	23.12. - 05.01.
Hamburg	27.01. 06.03. - 17.03.	15.05. - 19.05.	13.07. - 23.08.	02.10./ 16.10. - 27.10.	22.12. - 05.01.
Hessen	– 03.04. - 22.04.	–	24.07. - 01.09.	23.10. - 28.10.	27.12. - 13.01.
Mecklenburg-Vorpommern	06.02. - 18.02. 03.04. - 12.04.	19.05./ 26.05. - 30.05.	17.07. - 26.08.	9.10. - 14.10./ 30.10./01.11.	21.12. - 03.01.
Niedersachsen	30.01. - 31.01. 27.03. - 11.04.	19.05./30.05.	06.07. - 16.08.	02.10./ 16.10. - 30.10.	27.12. - 05.01.
Nordrhein-Westfalen	– 03.04. - 15.04.	30.05.	22.06. - 04.08.	02.10. - 14.10.	21.12. - 05.01.
Rheinland-Pfalz	- 03.04. - 06.04.	30.05. - 07.06.	24.07. - 01.09.	16.10. - 27.10.	27.12. - 05.01.
Saarland	20.02. - 24.02. 03.04. - 12.04.	30.05. - 02.06.	24.07. - 01.09.	23.10. - 03.11.	21.12. - 02.01.
Sachsen	13.02. - 24.02. 07.04. - 15.04.	19.05.	10.07. - 18.08.	02.10. - 14.10./ 30.10.	23.12. - 02.01.
Sachsen-Anhalt	06.02. - 11.02. 03.04. - 08.04.	15.05. - 19.05.	06.07. - 16.08.	02.10./ 16.10. - 30.10.	21.12. - 03.01.
Schleswig-Holstein	– 06.04. - 22.04.	19.05. - 20.05.	17.07. - 26.08.	16.10. - 27.10.	27.12. - 06.01.
Thüringen	13.02. - 17.02. 03.04. - 15.04.	19.05.	10.07. - 19.08.	02.10. - 14.10.	22.12. - 05.01.

Auf den Inseln Sylt, Föhr, Amrum und Helgoland sowie auf den Halligen gelten für die Sommer- und Herbstferien Sonderregelungen

INHALT

Ihr Chinesisches Horoskop-Jahrbuch erscheint seit 45 Jahren im

BIO Ritter Verlag
Waldschmidtstr. 21
D-82327 Tutzing
Fax (0 81 58) 71 42
E-Mail: bioritterverlag@aol.com

Das Chinesische Horoskop-Jahrbuch aus dem BIO Ritter Verlag kann auch bei AMAZON oder über den Buchhandel bestellt werden

Prognosen/Texte: Daniela Herzberg/Roger Keller
Illustration chinesische Tierzeichen: Reinhard Habeck
Redaktionsbüro: Monica Ritter, Andreas Ritter
Satz: Ostfriesische Presse Druck GmbH, Emden
Druck: Silber-Druck, Niestetal

Wenn wir das Wunder
einer Blume klar erkennen,
dann verändert sich
unser Leben.

Theragatha

Im Jahr des Wasser-Hasen bringen Umsicht und Diplomatie Erfolg

Liebe Leserin, lieber Leser!

Daniela Herzberg mit ihrem Lebensgefährten Roger Keller, der unter anderem für die Monatstabellen mit den wertvollen Entscheidungshilfen verantwortlich ist

Das vergangene Jahr war für viele von uns anstrengend. Zahlreiche Umwälzungen waren zu beobachten - sei es auf der globalen oder der persönlichen Ebene. Im Gegensatz zum Jahr davor war es dabei kaum möglich, Probleme auszusitzen, sondern man musste sich aktiv an der Lösungsfindung beteiligen und Verantwortung übernehmen. Das haben auch diverse Regierungen und Unternehmen gemerkt, die mit dubiosen Aktionen nicht mehr so gut durchkommen konnten wie vielleicht noch im Jahr zuvor.

Mit dem Wasser-Hasen kommt nun ein Regent ans Ruder, der mit seinem Vorgänger den Wunsch nach Weiterentwicklung teilt, dabei aber klar das Wohlergehen seiner Untertanen in den Mittelpunkt stellt. Ging es im Tiger-Jahr um den Umbruch, wollen nun die sozialen Konsequenzen bearbeitet werden. Darum kommen nun verstärkt Themen wie die Wahrung der Menschenrechte, die Sorge um Benachteiligte und Opfer ungerechter Behandlung zur Sprache.

Der Hase ist der beste Diplomat im Chinesischen Tierkreis. Nun ist die Zeit für friedvolle Verhandlungen, für den Austausch von Verträgen und reibungslose Übergänge gekommen.

Auch auf der persönlichen Ebene werden nun sanftere Töne angeschlagen und der Umgang untereinander kann sich deutlich entspannen - selbst wenn man einmal nicht einer Meinung ist. Der neue Jahresregent versucht, Konflikte so weit wie möglich zu vermeiden und wünscht sich 2023, dass seine Untertanen bereit sind, Kompromisse zu schließen. Harmonie ist nun eines der erstrebenswertesten Ziele.

Das gilt vor allem für das Familienleben und die Partnerschaft, die in diesem Jahr besonderes Augenmerk verdienen. Dem Hasen ist es enorm wichtig, dass man hier füreinander einsteht und sich gegenseitig in der persönlichen Entwicklung unterstützt. Der Fokus wird dabei klar nach innen verlagert. 2023 braucht es keine großen Abenteuer, um glücklich zu sein. Zufriedenheit wird jetzt eher in den eigenen vier Wänden gefunden als draußen in der großen weiten Welt.

Mit dem Yin-Holz, das der Hase in diesem Jahr mitbringt, spielt das Gefühlsleben wieder eine deutlich größere Rolle. Wer in den kommenden Monaten lernt, auf sein Bauchgefühl zu vertrauen, wird Entscheidungen einfacher treffen können und dabei den richtigen Weg für sich finden.

Das gilt übrigens auch für Gesundheitsfragen. Der Hase wird nicht umsonst in der Chinesischen Astrologie mit dem Thema Heilung in Verbindung gebracht. Jetzt ist ein wirklich guter Zeitpunkt, sich mehr mit dem eigenen Körper und seinen Bedürfnissen auseinanderzusetzen. Dabei sollte man sich nicht darauf verlassen, dass es jemand anderes schon richten wird, sondern die Sache selbst in die Hand nehmen.

Sicher haben wir alle 2023 einiges an Aufräumarbeiten zu bewältigen. Mit Hilfe des Wasser-Hasen können wir dabei aber auch gleichzeitig lernen, uns wieder mehr auf die wirklich wesentlichen Dinge im Leben zu konzentrieren und den gegenseitigen Zusammenhalt fördern.

Herzlichst

Daniela Herzberg

Tipps für die Nutzung des China Horoskop Jahrbuchs 2023

Der Wasser-Hase bringt ab Februar mehr Fingerspitzengefühl im Umgang miteinander ins Spiel und wünscht sich, dass wir mehr auf unsere Intention vertrauen. Hier kommen alle nötigen Informationen, damit Sie unseren Ratgeber optimal nutzen können..

Wie bestimme ich mein Tierzeichen?

Der Hauptunterschied zwischen einem westlichen und einem chinesischen Horoskop besteht darin, dass in China das Tierzeichen nach dem Jahr berechnet wird und nicht wie im westlichen Horoskop nach dem Monat. **Welches chinesische Tierzeichen für welches Jahr gilt, können Sie ganz einfach in der Tabelle auf den Seiten 8/9 nachlesen.** Aber Achtung: Bei den Chinesen beginnt das astrologische Jahr nicht wie bei uns am 1. Januar, sondern nach dem chinesischen Sonnenkalender immer um den 4. Februar. Wer also vor diesem Termin geboren wurde, gehört noch zum Tierzeichen des Vorjahres.

Die zu der Jahresvorschau der einzelnen Tierzeichen angegebenen Daten ab Seite 10 beziehen sich übrigens auf den jeweiligen Termin des chinesischen Neujahrsfestes, der im Gegensatz zum persönlichen Horoskop nach dem Mondkalender berechnet wird.

Was Ihre Geburtsstunde über Sie verrät

Neben dem Geburtsjahr hat auch die Geburtsstunde einen wichtigen Einfluss auf die Persönlichkeit eines Menschen. Gibt das Tier des Jahres Hinweise auf Ihr Äußeres, so spiegelt das Tier der Geburtsstunde eher Ihre innere Persönlichkeit wider. Je nachdem, wie diese beiden Tiere zueinander stehen, ist der Mensch in Harmonie mit sich selbst oder geprägt von Spannungen innerhalb seiner Persönlichkeit. Oft finden sich auch Aspekte Ihrer Persönlichkeit im Tier der Geburtsstunde, die das Jahrestier nicht repräsentiert.

Die Chinesen teilen den Tag in zwölf Doppelstunden ein und ihr Tag beginnt, anders als bei uns, bereits um 23:00 Uhr mit der Doppelstunde der Ratte. Ihr persönliches Stundentier können Sie ganz einfach mit Hilfe der Tabelle auf Seiten 8 und 9 finden.

Je nachdem, wo Sie geboren sind, müssen Sie Ihre Geburtszeit bitte der realen astronomischen Zeit anpassen. Für Deutschland, Österreich, die Schweiz und einige andere europäischen Länder gilt die so genannte Mitteleuropäische Zeit (kurz MEZ), die bei Görlitz an der deutschpolnischen Grenze gemessen wird. Generell gilt: Je weiter westlich Ihr Geburtsort von Görlitz entfernt liegt, desto höher die Abweichung. Wenn also jemand zum Beispiel um 12:00 Uhr in Köln geboren wurde, ergibt sich aus astronomischer Sicht eine Abweichung von minus 32 Minuten. Das bedeutet, dass die astronomische Geburtszeit etwas früher bei etwa 11:28 Uhr liegt. Für Geburtsdaten nach 1980 müssen Sie darüber hinaus zwischen Ende März und Anfang Oktober die Sommerzeit berücksichtigen und eine Stunde abziehen, um die genaue astronomische Zeit zu erhalten.

Die Entstehung der Tierzeichen, die Fünf Elemente und Yin/Yang

Jahrtausende lang waren die Geheimnisse der chinesischen Astrologie nur dem Kaiser und seinem Hofstaat vorbehalten. Wahrscheinlich waren es buddhistische Mönche, die vor etwa 1200 Jahren einen Weg fanden, die kaiserlichen Verbote zu umgehen, um mit Horoskopen ihren Lebensunterhalt aufbessern zu können. Sie nahmen das bis dahin geheime Wissen um die Fünf Elemente und Yin und Yang und ordneten den Eigenschaften zwölf Tierzeichen zu. Jedes Jahr wurde einem Tier zugewiesen, so dass sich jedes der Tierzeichen alle zwölf Jahre wiederholt.

So kam jedes Tier zu seinem persönlichen Element und seiner Polarität, die seine Charaktereigenschaften recht genau widerspiegeln. Yang-Holz steht zum Beispiel für ungestümes, expansives Wachstum, das sehr eindrucksvoll durch den Tiger repräsentiert wird. Die mütterliche Yin-Erde passt dagegen hervorragend zur sanftmütigen Ziege.

Neben dem Element, welches das Tier repräsentiert, ergibt sich durch das Geburtsjahr jedoch noch ein weiterer Elemente-Anteil, mit dessen Hilfe sich die Tierzeichen noch besser einordnen lassen. Nicht jeder Drache ist gleich – je nachdem, ob Holz, Feuer, Erde, Metall oder Wasser ihn begleiten ist er mal forscher, mal verträumter. **Welches Element Ihr Geburtszeichen charakterisiert, können Sie auf der Seite mit Ihrer persönlichen Jahresvorschau ab Seite 10 im Kas-ten neben den Geburtsjahren nachlesen.**

Wer passt zu wem?

Diese Frage ist leider nicht ganz so einfach zu beantworten. Was man klar sagen kann, ist, dass es wie auch im westlichen Horoskop Tierzeichen gibt, die sich besser verstehen als andere. Auf der Tabelle auf den Seiten 8 und 9 finden Sie die günstigen und die weniger günstigen Kombinationen für Ihr Tierzeichen. Falls Sie Ihr Stundentier kennen, können Sie auch dieses in Ihr Urteil mit einbeziehen. Manchmal ergeben sich daraus neue Aspekte, die bei ausschließlicher Betrachtung des Jahrestiers nicht so offensichtlich zu sehen sind.

Generell vermittelt Ihnen die Tabelle eine Tendenz, wie die Tiere miteinander harmonieren. Bedenken Sie jedoch bitte, dass sich ein komplettes Horoskop (Geburtstag, -stunde, -monat und -jahr) aus vier Tierzeichen bzw. acht Elementanteilen zusammensetzt, die für eine genaue Analyse im Gesamtkontext und unter dem zeitlichen Aspekt betrachtet werden müssen. So kann die Kombination aus zwei Jahrestieren auf den ersten Blick unharmonisch sein, sich aber bei genauerem Betrachten des gesamten Bildes durchaus zu einem harmonischen Ganzen zusammenfügen.

Astronomische Abweichung der Geburtszeit von der MEZ

Aachen	ca. -36 min	**Freiburg**	ca. -29 min
Augsburg	ca. -16 min	**Fulda**	ca. -21 min
Baden-Baden	ca. -27 min	**Hamburg**	ca. -20 min
Berlin	ca. -6 min	**Hannover**	ca. -25 min
Bielefeld	ca. -26 min	**Karlsruhe**	ca. -26 min
Bonn	ca. -32 min	**Kassel**	ca. -22 min
Bremen	ca. -25 min	**Kiel**	ca. -19 min
Dortmund	ca. -30 min	**Köln**	ca. -32 min
Dresden	ca. -5 min	**Leipzig**	ca. -11 min
Düsseldorf	ca. -33 min	**Magdeburg**	ca. -14 min
Erfurt	ca. -16 min	**München**	ca. -14 min
Flensburg	ca. -22 min	**Nürnberg**	ca. -16 min
Frankfurt a. Main	ca. -25 min	**Stuttgart**	ca. -23 min
Wien	ca. + 5 min	**Zürich**	ca. -26 min
Graz	ca. + 1 min	**Bern**	ca. -30 min

Tierzeichen	Grund-element	Geburts-zeit	Passt generell zu	Passt generell nicht zu	Geburtsjahre mit Zusatzelement	Eigenschaften
Ratte 	Yang Wasser	23:00 – 01:00	Ratte Büffel Drache Affe	Pferd Hase Hahn	1924, 1984 Holz-Ratte 1936, 1996 Feuer-Ratte 1948, 2008 Erd-Ratte 1960, 2020 Metall-Ratte 1972 Wasser-Ratte	kreativ bewusst clever weitsichtig kommunikativ
Büffel 	Yin Erde	01:00 – 03:00	Ratte Schlange Hahn	Ziege Drache Hund	1925, 1985 Holz-Büffel 1937, 1997 Feuer-Büffel 1949, 2009 Erd-Büffel 1961, 2021 Metall-Büffel 1973 Wasser-Büffel	einfallsreich stark konservativ durchsetzungsstark aufmerksam
Tiger 	Yang Holz	03:00 – 05:00	Pferd Hund Schwein Hase	Affe Tiger Schlange	1926, 1986 Feuer-Tiger 1938, 1998 Erd-Tiger 1950, 2010 Metall-Tiger 1962, 2022 Wasser-Tiger 1974 Holz-Tiger	strategisch willensstark entschlossen mutig führungsstark
Hase 	Yin Holz	05:00 – 07:00	Hase Ziege Schwein Schlange Tiger	Drache Hahn Pferd Ratte	1927, 1987 Feuer-Hase 1939, 1999 Erd-Hase 1951, 2011 Metall-Hase 1963, 2023 Wasser-Hase 1975 Holz-Hase	träumerisch diplomatisch häuslich heilend intuitiv
Drache 	Yang Erde	07:00 – 09:00	Ratte Affe Schlange	Hund Hase Ziege Büffel	1928, 1988 Erd-Drache 1940, 2000 Metall-Drache 1952, 2012 Wasser-Drache 1964, 2024 Holz-Drache 1976 Feuer-Drache	moralisch selbstsicher glückbringend opportunistisch erfolgreich
Schlange 	Yin Feuer	09:00 – 11:00	Büffel Hahn Drache Hase Affe	Schwein Tiger	1929, 1989 Erd-Schlange 1941, 2001 Metall-Schlange 1953, 2013 Wasser-Schlange 1965, 2025 Holz-Schlange 1977 Feuer-Schlange	zufrieden abwartend verlässlich vorsichtig traditionell

	Feuer	13:00	Tiger Hund Ziege	Hahn Hase	1942, 2002 Wasser-Pferd 1954, 2014 Holz-Pferd 1966, 2026 Feuer-Pferd 1978 Erd-Pferd	hitzig versonnen aktiv teamfähig
Ziege 	Yin Erde	13:00 – 15:00	Ziege Hase Schwein Pferd	Büffel Hund Drache	1931, 1991 Metall-Ziege 1943, 2003 Wasser-Ziege 1955, 2015 Holz-Ziege 1967, 2027 Feuer-Ziege 1979 Erd-Ziege	freundlich genügsam künstlerisch versonnen selbstlos
Affe 	Yang Metall	15:00 – 17:00	Affe Ratte Drache Hahn Schlange	Tiger Schwein	1920, 1980 Metall-Affe 1932, 1992 Wasser-Affe 1944, 2004 Holz-Affe 1956, 2016 Feuer-Affe 1968, 2028 Erd-Affe	entschlussfreudig elegant fingerfertig leichtsinnig zuversichtlich
Hahn 	Yin Metall	17:00 – 19:00	Büffel Schlange Affe	Hase Hahn Ratte Pferd	1921, 1981 Metall-Hahn 1933, 1993 Wasser-Hahn 1945, 2005 Holz-Hahn 1957, 2017 Feuer-Hahn 1969, 2029 Erd-Hahn	stolz weitsichtig perfektionistisch offen sparsam
Hund 	Yang Erde	19:00 – 21:00	Hund Tiger Pferd Schwein	Drache Ziege Büffel	1922, 1982 Wasser-Hund 1934, 1994 Holz-Hund 1946, 2006 Feuer-Hund 1958, 2018 Erd-Hund 1970, 2030 Metall-Hund	wachsam intellektuell loyal misstrauisch komplex
Schwein 	Yin Wasser	21:00 – 23:00	Schwein Hase Ziege Hund Tiger	Schlange Affe	1923, 1983 Wasser-Schwein 1935, 1995 Holz-Schwein 1947, 2007 Feuer-Schwein 1959, 2019 Erd-Schwein 1971, 2031 Metall-Schwein	gesprächig treu hingebungsvoll mitfühlend fleißig

Die Tierzeichen und ihre Entsprechungen

TZE, die RATTE sollte neue Prioritäten setzen

Grund-Element
Wasser Yang

Wenn Sie eine Ratte sind, sind Sie in einem der folgenden Jahre geboren:

鼠

1936	Feuer-Ratte	(24.01.1936-10.02.1937)
1948	Erd-Ratte	(10.02.1948-28.01.1949)
1960	Metall-Ratte	(28.01.1960-14.02.1961)
1972	Wasser-Ratte	(15.02.1972-03.02.1973)
1984	Holz-Ratte	(02.02.1984-19.02.1985)
1996	Feuer-Ratte	(19.02.1996-06.02.1997)
2008	Erd-Ratte	(07.02.2008-25.01.2009)
2020	Metall-Ratte	(25.01.2020-11.02.2021)

In den vergangenen zwölf Monaten hat der herrschende Tiger die Ratte vielleicht so manches Mal aus ihrer Komfortzone gebracht. Dabei konnten sich dann neue spannende Dinge ergeben und die Kreativität der Ratte wurde ganz besonders gefordert.

Mit dem Wasser-Hasen an ihrer Seite darf die Ratte weiter ihren Horizont erweitern. Dabei dürfte es jedoch deutlich weniger unerwartete Herausforderungen geben als noch im letzten Jahr. Das bedeutet sicher weniger Stress für die Ratte, gleichzeitig wird jedoch das Fenster für Veränderungen nicht mehr so weit offen stehen. Deshalb sollte sie 2023 möglichst keine großen Aktionen planen, sondern die Dinge im Großen und Ganzen so laufen lassen, wie sie sind. Die aktuellen Umstände können es allerdings erfordern, dass die Ratte ihre Prioritäten überdenkt.

Wie schon im Jahr zuvor werden sich die Dinge für die Ratte vor allem auf der beruflichen Ebene nicht von selbst regeln, sondern es wird weiterhin Einsatz gefordert. Die Ergebnisse, die erreicht werden können, werden vielleicht nicht so spektakulär wie 2022 sein. Dafür bleibt jetzt aber mehr Zeit für Familie und Partnerschaft.

Der regierende Hase gehört zu den Tierzeichen, die einen enormen Wert auf das harmonische familiäre Miteinander legen. Deshalb darf sich die Ratte gerade in diesem Bereich in den nächsten Monaten besonders ins Zeug legen. Sie sollte bestehende Verbindungen auf keinen Fall als selbstverständlich ansehen, sondern dafür sorgen, dass der Kontakt gehalten wird. Ansonsten kann es nun leicht passieren, dass man sie nicht mit einplant, weil man denkt, dass nicht genug Interesse vorhanden ist.

In der Liebe geht es in den kommenden Monaten vor allem darum, sich emotional mehr zu öffnen. Der Hase wünscht sich zwar Harmonie - aber nicht um jeden Preis. Bleibt die Ratte authentisch in ihren Gefühlen, kann sie ihre Beziehungen festigen.

Ihr Powertipp für 2023

Machen Sie nicht zu viele Pläne, sondern konzentrieren Sie sich lieber auf die Projekte, die Sie bereits gestartet haben.

Die RATTE und ihre Spiritualität

Viele Ratten verlassen sich lieber auf Fakten, anstatt an höhere Mächte zu glauben. Das liegt sicher nicht zuletzt daran, dass dieses Tierzeichen so viel Zeit damit verbringt, alles erst einmal im Kopf genau durchzuspielen. Da bleibt dann für das Geheimnisvolle, Unerklärliche auf den ersten Blick nicht viel Platz. Ihre komplizierten Gedankenspiele möchte die Ratte in der Regel Schritt für Schritt nachvollziehen können, weshalb sie spirituelle Aspekte oft erst einmal außen vor lässt.

Das bedeutet aber nicht, dass das erste Tierzeichen im chinesischen Horoskop dem Thema Spiritualität generell aus dem Weg geht. Schließlich gilt die Ratte als ausgesprochen aufgeschlossen und verschließt sich keinem potentiell interessanten Thema. So lange das Ganze frisch und neu ist, wird sie sich der Sache mit Begeisterung widmen und vom Medium bis zum schamanistischen Medizinrad alles ausprobieren, was ihr in den Weg kommt. Der Enthusiasmus hält nur dann bei ihr an, wenn es spannend bleibt und der Geist der Ratte permanent gefordert wird. Ist das nicht der Fall, verliert sie schnell das Interesse und wendet sich anderen Themen zu. So eignen sich die meisten Ratten weder zum regelmäßigem Kirchgänger noch werden sie sich für immer wiederkehrende Rituale begeistern können. Sobald sie jedoch in der Lage ist, ihre Spiritualität selbst zu definieren, bleibt sie mit Begeisterung dabei.

Die RATTE und ihre Gesundheit

Der agilen Ratte behagt es nicht besonders, wenn sie ausgebremst wird. Deshalb versuchen sie in der Regel, Krankheiten so lange wie möglich zu ignorieren. Erst wenn ihr Körper unüberhörbare Signale schickt, ist sie bereit, widerwillig einen Gang zurückzuschalten.

Ratten sind normalerweise nicht sehr anfällig für chronische Krankheiten und haben eine recht robuste Gesundheit. Sollte es sie allerdings doch einmal erwischen, zeigt sie nicht besonders viel Geduld, was den Genesungsprozess angeht. Alternative Heilmethoden wecken zwar prinzipiell ihre Neugierde. Wenn diese aber

nicht rasch eine Wirkung zeigen, verliert die Ratte das Vertrauen. Schnelle Lösungen, wie sie unter anderem die Schulmedizin anbietet, sind ihr dann einfach lieber. Sie will nämlich so schnell wie möglich wieder auf die Beine kommen, damit sie bloß nichts verpasst! Über etwaige Nebenwirkungen oder spätere Folgen macht sich die Ratte in diesem Fall nur wenig Gedanken. Die Hauptsache ist, die Krankheit wird rasch überwunden und sie kann wieder das gewohnte Tempo aufnehmen.

Besonders hart treffen die Ratte ansteckende Krankheiten, bei denen sie dazu genötigt wird, auf jegliche soziale Kontakte zu verzichten. Sie ist ein zutiefst soziales Wesen und braucht den Umgang mit anderen Menschen fast so sehr wie die Luft zum Atmen. Langwierige Therapien, regelmäßige Rehabilitationsmaßnahmen oder Krankengymnastik sind ihr ebenfalls ein Gräuel. Aus diesem Grunde neigt die Ratte oft dazu, Krankheiten nicht richtig auszuheilen und sich zu früh wieder ins Getümmel zu stürzen. Rückfälle sind deshalb durchaus möglich. Das erste Tier des chinesischen Tierkreises ist ja durchaus bereit, etwas für seine Gesundheit zu tun. Es darf nur nicht in Stress ausarten und muss möglichst schnell ein Ergebnis zeigen.

Gesundheitstipp für die Ratte:

Bleiben Sie geduldig! Manchmal braucht die Erneuerung der Kräfte einfach mehr Zeit.

KIU, der BÜFFEL darf Veränderungen anstoßen

Grund-Element
Erde Yin

Wenn Sie ein Büffel sind, sind Sie in einem der folgenden Jahre geboren:

牛

1937	Feuer-Büffel	(11.02.1937-30.01.1938)
1949	Erd-Büffel	(29.01.1949-16.02.1950)
1961	Metall-Büffel	(15.02.1961-04.02.1962)
1973	Wasser-Büffel	(04.02.1973-22.01.1974)
1985	Holz-Büffel	(20.02.1985-08.02.1986)
1997	Feuer-Büffel	(07.02.1997-27.01.1998)
2009	Erd-Büffel	(26.01.2009-13.02.2010)
2021	Metall-Büffel	(12.02.2021-31.01.2022)

Schon mit dem Tiger wuchs im vergangenen Jahr für so manchen Büffel das Bedürfnis, sich in eine neue Richtung zu bewegen. Dabei dürfte es allerdings zunächst einmal darum gegangen sein zu erkennen, was wirklich wichtig ist.
Je klarer sich 2022 das Ziel heraus kristallisieren konnte, desto einfacher hat es der Büffel in den kommenden 12 Monaten. Mit dem neuen Jahresregenten ist es nun möglich, im Inneren positive wirkliche Veränderungen anzustoßen und diese dann auch nach außen zu tragen. Wie der Tiger wünscht sich auch der Hase, dass sich seine Untertanen weiterentwickeln. An die Umsetzung seiner Ziele geht er doch ganz anders heran als sein Vorgänger. So geht es nun für den Büffel auch darum, wie sich die eigene Entwicklung mit dem persönlichen und beruflichen Umfeld vereinbaren lässt. Diplomatie und Fingerspitzengefühl sind vor allem dort gefragt, wo die eigenen Entscheidungen das Leben anderer mehr oder weniger stark beeinflussen können.
Wer nun mit einer frischen Einstellung und einem offenen Geist auf seine berufliche Entwicklung schaut, wird sicher in den kommenden Monaten deutlich bessere Ergebnisse erzielen können. Betrachtet der Büffel die Dinge aus einem anderen Winkel, lösen sich scheinbar unüberwindbare Hindernisse in Luft auf, finanzielle Engpässe lassen sich überwinden und scheinbar unerreichbare Ziele rücken in greifbare Nähe.
Gelingt es dem Büffel darüber hinaus, einen verständnisvolleren Blick auf die Bedürfnisse von Familie und Partner zu lenken, erspart er sich nicht nur unnötige Auseinandersetzungen, sondern kann seine persönlichen Beziehungen in den kommenden Monaten wunderbar vertiefen.
Damit auch in der Liebe Sonnenschein herrschen kann, sollte der Büffel sich tolerant zeigen und dem Partner eine eigene Meinung zugestehen, auch wenn diese vielleicht vollkommen konträr zu der eigenen ist.

Ihr Powertipp für 2023

Leben und leben lassen sollte das Motto des Büffels für 2023 sein. Konzentrieren Sie sich auf Ihre eigenen Ziele und zeigen Sie sich offen für neue Wege!

Der BÜFFEL und seine Spiritualität

Handfeste Beweise sind dem pragmatischen Büffel in der Regel deutlich lieber als Versprechen auf eine mögliche Belohnung im nächsten Leben. Deshalb kann er mit vielen spirituellen Themen erst einmal recht wenig anfangen. Wer in diesem Bereich mit ihm diskutieren möchte, muss auf jeden Fall stichhaltige Argumente haben, sonst wird er unweigerlich den Kürzeren ziehen. Dabei ist der Büffel dem Thema nicht generell abgeneigt. Er hält einfach nur wenig von kurzlebigen Trends und mag sich nicht auf Dinge einlassen, von denen er weder weiß, ob sie funktionieren, noch woher sie stammen.

In traditionellen Glaubensrichtungen findet dagegen so mancher Büffel einen sicheren Hafen, in dem er sich wohl und geborgen fühlt. Auch wiederkehrenden Ritualen und gemeinsamen Aktivitäten in einer spirituellen Gemeinschaft stehen die meisten Büffel aufgeschlossen gegenüber. Wichtig ist für ihn dabei, dass diese Dinge immer in einem sicheren Rahmen stattfinden. Mit schamanistischen Kräuterritualen im peruanischen Urwald kann man ihn deshalb garantiert nicht locken. Gegen das monatliche Schwitzhüttenritual oder die wöchentliche Meditation im Kreise vertrauter Menschen hat er dagegen sicher nichts einzuwenden und ist sich bewußt, wie positiv sich diese Aktivitäten auf sein persönliches Wohlbefinden auswirken können. Ist er von der Wirksamkeit erst einmal überzeugt, ist der Büffel in der Regel bereit, sich auch auf unorthodoxere Wege einzulassen und integriert alternative und spirituelle Methoden ohne zu zögern in seine alltägliche Routine.

Der BÜFFEL und seine Gesundheit

Der Büffel hat in der Regel eine recht konservative Einstellung zu vielen Dingen des Lebens. Auch in Gesundheitsfragen verlässt er sich deshalb lieber auf Altbewährtes, anstatt neue Verfahren auszuprobieren. Großmutters Kräutertees und traditionelle Heilmethoden haben bei ihm deshalb möglicherweise einen deutlich höheren Stellenwert als zum Beispiel die moderne Gerätemedizin. Er hält sich ohne Murren an überlieferte Rezepte, wenn er der Überzeugung ist, sie tragen dazu bei, ihn dauerhaft gesund zu

erhalten. So mancher Büffel hat seine ganz persönlichen Gesundheitsrituale, die er schon seit Jahrzehnten in unveränderter Weise praktiziert. Will man einen Büffel von einer neuen Behandlungsmethode überzeugen, braucht man wirklich gute Argumente. Bevor ihm nicht hundertprozentig klar ist, wie das Ganze funktioniert, lässt er niemanden an sich heran. Sein starker Wille hat sicher schon so manchen Therapeuten und Arzt verzweifeln lassen.

Wenn der Büffel einmal ein Urteil gefällt hat, weicht er in der Regel nicht mehr von seiner Meinung ab. Ist er also von seiner Heilung überzeugt, wird er gesunden - einfach, weil er es will!

Die eigene Genesung treibt er auch dann mit all seiner Kraft und Energie voran, wenn es Rückschläge gibt oder sich Verzögerungen ergeben. Ist der Büffel krank, möchte er vor allen auf den Beistand seiner Familie zählen. Oft ist es sogar so, dass er sich nur seinen engsten Angehörigen anvertraut und das restliche Umfeld von seinem Unwohlsein gar nichts erfahren soll, bis die Angelegenheit aus der Welt geschafft ist. Im Gegenzug pflegt und umsorgt er mit Hingabe und ohne Murren seine Lieben, wenn diese seine Hilfe brauchen.

Gesundheitstipp für den Büffel:

Zeigen Sie sich offen für alles, was Ihrer Gesundheit gut tun kann!

YING, der TIGER kommt mit Charme voran

Grund-Element
Holz Yang

Wenn Sie ein Tiger sind, sind Sie in einem der folgenden Jahre geboren:

虎

1938	Erd-Tiger	(31.01.1938-18.02.1939)
1950	Metall-Tiger	(17.02.1950-05.02.1951)
1962	Wasser-Tiger	(05.02.1962-24.01.1963)
1974	Holz-Tiger	(23.01.1974-10.02.1975)
1986	Feuer-Tiger	(09.02.1986-28.01.1987)
1998	Erd-Tiger	(28.01.1998-15.02.1999)
2010	Metall-Tiger	(14.02.2010-02.02.2011)
2022	Wasser-Tiger	(01.02.2022-21.01.2023)

In seinem eigenen Jahr hat der Tiger seine persönliche Agenda sicher gut voranbringen können. Mit seiner sehr direkten yangigen Art mag er dabei zuweilen angeeckt sein und sich vielleicht auch die eine oder andere Sympathie ein wenig verscherzt haben.

Mit dem Wasser-Hasen kommen 2023 nun sanftere Qualitäten ins Spiel - schließlich gilt der neue Herrscher als Meister der Diplomatie. Dabei ist er genau wie der Tiger in der Lage, seine persönliche Weiterentwicklung voranzutreiben. Allerdings setzt er dafür deutlich subtilere Mittel ein. Zeigt sich der Tiger von seiner sanften Seite, kann er in den kommenden Monaten nicht nur einflussreiche Freunde gewinnen und auf dem gesellschaftlichen Parkett überzeugen, sondern auch im Bereich der privaten Beziehungen punkten.

Hase und Tiger stehen in der Chinesischen Astrologie gemeinsam für das Haus der Expansion. Gerade auf der beruflichen Ebene kann der Tiger das nun sicher nutzen und sich unter Umständen neue Tätigkeitsfelder erschließen oder in geschäftlichen Beziehungen eine Führungsrolle übernehmen. Dabei muss er gar nicht seine Krallen ausfahren, um seine Ansprüche geltend zu machen. Mit dem nötigen Fingerspitzengefühl kommt er nun auch ohne laute Gesten ans Ziel.

Auch in der Liebe lässt sich mit Charme und Kompromissbereitschaft nun deutlich mehr erreichen. Wenn der Tiger sich darüber im Klaren ist, was für ihn wirklich wichtig ist in einer Beziehung, kann er seine Gefühle mit Hilfe des sanften Hasen nun besser ausdrücken und zeigt sich auch deutlich rücksichtsvoller, wenn es um die Bedürfnisse des Partners geht. Je mehr Freiräume man sich 2023 gegenseitig einräumt, desto besser können sich beide Seiten entwickeln und gemeinsam wachsen.

Mit Hilfe des neuen Jahresherrschers kann der Tiger in den nächsten Monaten sicher so manches Vorurteil abbauen und sich toleranter zeigen im Umgang mit seinen Mitmenschen.

Ihr Powertipp für 2023
Sorgen Sie für ausreichend Rückzugsorte, damit Ihre Pläne in Ruhe reifen können.

Der TIGER und seine Spiritualität

Die meisten Tiger sind tief in ihrem Inneren sehr spirituelle Menschen. Der Umgebung fällt das allerdings kaum auf, denn der Tiger geht mit seinen Überzeugungen nicht hausieren. So gehört er auch weniger zu den Zeitgenossen, die sich auf esoterischen Großevents blicken lassen, sondern beschäftigt sich lieber alleine in einer sicheren Umgebung mit derartigen Themen. Es geht ihm dabei nicht nur um das Wissen, das er sich gerne über vielseitige Lektüre aneignet, sondern auch darum, wie er tiefe persönliche Erfahrungen auf dem Gebiet der Spiritualität sammeln kann.

Der Tiger ist in der Regel ein Pragmatiker, der schnell die Spreu vom Weizen trennen kann. Wie alle Themen im Leben geht er auch die scheinbar nicht erklärbaren Phänomene zwischen Himmel und Erde mit einer gesunden Portion Realismus an. Glauben ist gut – Wissen ist für den Tiger aber sehr viel besser! Himmlischen Erscheinungen und anderen außergewöhnlichen Ereignissen will er erst einmal auf den Grund gehen. Ist er nach reiflicher Prüfung von der Existenz einer weiteren Dimension überzeugt, dann steht er zu seiner Überzeugung, was immer auch dagegen gesagt werden mag. Für Menschen, die anderen ohne Prüfung auf einem spirituellen Pfad folgen, hat der Tiger nicht sehr viel übrig. Für ihn geht es vor allem um spirituelles Wachstum - und das ist nicht möglich, wenn man sich nicht wirklich mit dem Thema auseinander setzt.

Der TIGER und seine Gesundheit

Wer jemals einen kranken Tiger gepflegt hat, der weiß, dass es diesem stolzen Dschungelkönig überhaupt nicht behagt, wenn er nicht im Vollbesitz seiner Kräfte ist. Viele Tiger ziehen sich alleine in ihre Höhle zurück und lecken sich ihre Wunden. Obwohl sie eigentlich schon gerne Hilfe hätten, fällt es ihnen einfach schwer, Schwäche zu zeigen. Andere Tiger halten nichts von stillem Rückzug und versetzen lieber ihre komplette Umgebung in Aufruhr, um die Heilung zu beschleunigen. Da kann der Tiger noch so krank sein, sein Pflegeteam hat er fest im Griff. Dabei ist es ihm relativ egal, wie er wieder gesund

wird – Hauptsache schnell! Bringen sanfte und alternative Methoden nicht den gewünschten Erfolg, greift er durchaus zur chemischen Keule, um wieder auf die Beine zu kommen.

Gutgemeinte Ratschläge kann der Tiger nur dann annehmen, wenn er mit seinem eigenen Latein am Ende ist. Aber selbst dann gibt er nur ungern das Zepter aus der Hand, ändert Behandlungspläne nach seinen Vorstellungen und hat bei jeder Diagnose ein entscheidendes Wörtchen mitzureden.

Der Tiger ist in der Regel ein sehr mündiger Patient, der nicht blind Therapien über sich ergehen lässt und Medikamente schluckt, sondern hinterfragt, was mit ihm geschieht.

Er beschäftigt sich ausgiebig mit seiner eigenen Gesundheit und beobachtet seinen Körper ganz genau. Viele Krankheiten kommen deshalb bei ihm gar nicht richtig zum Ausbruch, weil er sie rechtzeitig erkennt und gleich die entsprechenden Maßnahmen einleitet.

Das Element des Tigers ist Yang-Holz und das steht unter anderem für schnelles Wachstum. So ist es denn auch nicht verwunderlich, dass es den König der Tiere oft von heute auf morgen erwischt.

Gesundheitstipp für den Tiger:

Sie dürfen Ihre Heilung durchaus in kompetente Hände legen! Niemand muss alles selbst machen.

MAO, der HASE trifft seine eigenen Entscheidungen

Grund-Element
Holz Yin

Wenn Sie ein Hase sind, sind Sie in einem der folgenden Jahre geboren:

兔

1939	Erd-Hase	(19.02.1939-07.02.1940)
1951	Metall-Hase	(06.02.1951-26.01.1952)
1963	Wasser-Hase	(25.01.1963-12.02.1964)
1975	Holz-Hase	(11.02.1975-30.01.1976)
1987	Feuer-Hase	(29.01.1987-16.02.1988)
1999	Erd-Hase	(16.02.1999-04.02.2000)
2011	Metall-Hase	(03.02.2011-22.01.2012)
2023	Wasser-Hase	(22.01.2023-09.02.2024)

Für mutige und entschlossene Hasen gab es im letzten Jahr sicher so manche gute Gelegenheit, die eigenen Projekte voranzutreiben. Schließlich hat der Tiger den Hasen in allen Belangen unterstützt, die die persönliche Entwicklung gefördert haben - auch wenn es dazu zuweilen nötig war, die Ellenbogen einzusetzen.
Damit vielversprechende Ansätze im eigenen Jahr Früchte tragen können, braucht es jetzt auf jeden Fall ein gesundes Selbstbewusstsein und einen starken Willen. Die Freundlichkeit und Hilfsbereitschaft des Hasen könnte nämlich sonst dazu führen, dass eine Reihe von sozialen Verpflichtungen und Zugeständnissen ihn davon abhalten, die eigenen Ziele im Auge zu behalten.
Wer vor allem beruflich durchstarten möchte, sollte sich erst einmal darüber klarwerden, welche Rolle er dabei einnehmen möchte. Mit einem offenen Geist ist nun alles möglich. Zu bedenken ist allerdings, dass mit einer Führungsposition und dem Aufstieg auf der Karriereleiter auch die Verantwortung und der Zeitaufwand steigt. Sieht sich der Hase der Situation gewachsen, ist 2023 ein guter Zeitpunkt, um angemessene Forderungen zu stellen.
Wer seinen Schwerpunkt in den nächsten Monaten lieber im Bereich Familie und Partnerschaft setzen möchte, darf sich ebenfalls über reichlich Unterstützung vom aktuellen Jahresregenten freuen. Gemeinsame Aktivitäten sind von Harmonie geprägt und das Wohlergehen der Lieben steht ganz klar im Vordergrund. Der Hase darf hier in allen Bereichen genießen, sollte jedoch darauf achten, sich nicht zu sehr von allen Seiten einspannen zu lassen. Wer die Familienplanung noch nicht abgeschlossen hat oder heiraten will, kann im Jahr des Hasen getrost entsprechende Pläne schmieden.
Für einsame Hasenherzen wird es genug Gelegenheiten geben, einen neuen Partner zu finden. Dabei ist es nicht unbedingt nötig, den ersten Schritt zu tun.

Ihr Powertipp für 2023

Denken Sie ruhig ein bisschen mehr an sich selbst! Wenn Sie zufrieden sind, dann ist es Ihre Umgebung auch.

Der HASE und seine Spiritualität

In der chinesischen Astrologie gilt der Hase als das Tierzeichen mit der besten Intuition. Damit er dieser folgen kann, ist es oft nötig, dass er sich von Ereignissen leiten lässt, die man nicht sofort erklären kann. Sein gutes Gespür für Zwischentöne und Stimmungen kommt sicher nicht zuletzt daher, dass der Hase sich nicht erst Gedanken darüber macht, woher genau diese Fähigkeit kommt, sondern sie einfach annimmt.

Allerdings traut er sich vielleicht nicht immer, auf seinen guten Draht nach oben hinzuweisen - vor allem dann nicht, wenn man in seiner Umgebung nicht viel von derartigen Themen hält. Anstatt sich mit den Skeptikern auseinanderzusetzen, geht der Hase ihnen oft lieber aus dem Weg und vermeidet es, sein Wissen einzusetzen. Genauso wenig behagt es ihm, in einem Umfeld von seinem Glauben und seiner Spiritualität zu sprechen, das seine Überzeugungen nicht teilt. Fühlt er sich jedoch verstanden und angenommen, teilt er seine spirituellen Erfahrungen ohne zu zögern mit seinen Mitmenschen.

Mystische Themen üben auf viele Hasen eine geradezu magische Anziehungskraft aus. Das mag daran liegen, dass der Hase in zahlreichen chinesischen Legenden als spirituelles Symbol auftaucht. So waren die alten Chinesen unter anderem der Überzeugung, dass ein Hase auf dem Mond das Elixier des ewigen Lebens braut. Auch heute noch schreibt man ihm besondere heilende Kräfte zu, was sicher ein Grund dafür ist, dass man so viele Hasen in alternativen Heilberufen wiederfindet..

Der HASE und seine Gesundheit

Der Hase denkt im allgemeinen weniger an seine eigene Gesundheit als an die seiner Lieben. Mit seiner fürsorglichen Art ist es ihm enorm wichtig, dass sich die Menschen in seiner Umgebung wohl fühlen und gesund sind.

Dabei haben Hasen oft selbst eine recht empfindliche Konstitution. Das liegt vor allem an ihrem Element Yin-Holz, das besonders auf der emotionalen Ebene sehr sensibel auf seine Umgebung reagiert. Unterdrückte Konflikte, negative Schwingungen oder auch eine schlechte Stimmung können den feinfühligen Hasen emo-

tional so mitnehmen, dass sich sein Gefühlszustand auf körperlicher Ebene durch eine Krankheit manifestiert.

In der Regel spielt er seinen Zustand zunächst einmal herunter oder erwähnt mit keiner Silbe, dass er sich nicht besonders fühlt. Sein ausgeprägtes Verantwortungsbewusstsein lässt ihn auch noch mit dem Kopf unter dem Arm pünktlich am Arbeitsplatz auftauchen oder den Kindern morgens das Schulfrühstück zubereiten. Sind die Lieben dann versorgt, kümmert er sich um seine Gesundheit – sofern er dazu noch die Kraft hat.

Viele Hasen sind nicht zuletzt deshalb selbst in therapeutischen Berufen tätig, weil sie sich so wunderbar in ihre Patienten einfühlen können. Leider gelingt es ihnen dabei nicht immer, sich selbst zu schützen und den Signalen des eigenen Körpers genug Bedeutung beizumessen.

Da viele Hasen trotz ihrer guten Intuition sich oft viel zu spät eine Krankheit eingestehen, schleppen sie Keime und Bakterien oft über einen langen Zeitraum mit sich herum. Wenn sie sich nicht genug Zeit nehmen, um sich selbst auszukurieren, haben sie deutlich länger mit ihrem Unwohlsein zu tun, als es sein müsste.

Gesundheitstipp für den Hasen:

Wenn Sie sich nicht wohl fühlen, sollten Sie kein Geheimnis daraus machen und sich ernsthaft um sich selbst kümmern.

SHENG, der DRACHE sollte sich anpassungsfähig zeigen

Grund-Element
Erde Yang

Wenn Sie ein Drache sind, sind Sie in einem der folgenden Jahre geboren:

龍

1928	Erd-Drache	(23.01.1928-09.02.1929)
1940	Metall-Drache	(08.02.1940-26.01.1941)
1952	Wasser-Drache	(27.01.1952-13.02.1953)
1964	Holz-Drache	(13.02.1964-01.02.1965)
1976	Feuer-Drache	(31.01.1976-17.02.1977)
1988	Erd-Drache	(17.02.1988-05.02.1989)
2000	Metall-Drache	(05.02.2000-23.01.2001)
2012	Wasser-Drache	(23.01.2012-09.02.2013)

Über mangelnde Abwechslung konnte sich der Drache 2022 sicher nicht beklagen. Der Tiger hat dafür gesorgt, dass es nach einer längeren Durststrecke endlich wieder mehr Gelegenheiten gab, die eigenen Fähigkeiten ins rechte Licht zu rücken und sich zu zeigen.
Auch im Jahr des Hasen stehen die Zeichen weiter auf Fortschritt - allerdings nicht um jeden Preis! Hat der Tiger noch recht wenig Rücksicht auf Widerstände genommen, steht das Wohl seiner Umgebung für den Drachen jetzt deutlich mehr im Vordergrund. So muss er seine Pläne in den kommenden 12 Monaten sicher so manches Mal an die aktuellen Gegebenheiten anpassen und sollte dabei sicherstellen, dass möglichst nichts auf Kosten anderer geschieht.
Besonders im Beruf ist nun Überzeugungskraft gefragt. Dabei geht es nicht darum, seinem Gegenüber möglichst viele Argumente an den Kopf zu werfen. Unter der neuen Regentschaft ist vielmehr diplomatisches Geschick gefragt. Wer seine beruflichen Ziele 2023 erreichen möchte, sollte deshalb ganz besonders darauf achten, wie er mit seinem Umfeld kommuniziert. Am besten lehnt man sich jetzt nicht zu weit aus dem Fenster und hält sich mit gewagten Prognosen zurück.
Bei finanziellen Angelegenheiten ist jetzt wieder mehr Vorsicht geboten. Anstatt sich auf Risiken einzulassen, ist der Drache besser beraten, wenn er sich auf sicheren Pfaden bewegt.
Für romantisch gestimmte Drachen kann sich in der Liebe im aktuellen Jahr einiges bewegen. Dafür ist es allerdings nötig, mehr die weiche, verletzliche Seite zu zeigen und weniger auf große Gesten zu setzen. Das kommt vor allem dann besser an, wenn sich eine neue Beziehung entwickeln soll.
Bestehende Partnerschaften können sich 2023 für den Drachen immer dann erfreulich gestalten, wenn man bereit ist, gemeinsam zu wachsen.

Ihr Powertipp für 2023
Nehmen Sie Ihre Umgebung bewusster wahr und passen Sie Ihre Handlungen an die jeweilige Stimmung an! Je harmonischer es jetzt zugeht, desto einfacher erreichen Sie Ihre Ziele.

Der DRACHE und seine Spiritualität

Der Drache ist das einzige Fabeltier im Tierkreis und symbolisiert unter anderem das Mystische in der chinesischen Astrologie. Da ist es nicht verwunderlich, dass man diesem Tierzeichen erst einmal ein hohes Maß an Spiritualität nachsagt. Doch viele Drachen sind nur dann an derartigen Themen interessiert, wenn sie spannend präsentiert werden.

Der Drache braucht im Grunde nur ein wenig Ruhe, um seine Antennen nach oben auszurichten. Da sich die meisten Drachen jedoch mitten im Getümmel am wohlsten fühlen, gelingt es ihnen nicht immer auf Anhieb, in die Tiefen spirituellen Wissens einzudringen. So bleiben sie oft eher an der Oberfläche haften, was es ihnen erschwert, sich zu einem wahren Meister auf diesem Gebiet zu entwickeln.

Für seine persönliche Entwicklung ist es jedoch sehr förderlich, wenn sich der Drache nicht ausschließlich mit alltäglichen Themen beschäftigt. Je ernster er es mit der Entwicklung seiner Spiritualität meint, desto mehr kann sein Leben positiv beeinflusst werden.

Der Drache hat eine Gabe, andere Menschen mit seinen eigenen Ideen zu inspirieren. Das liegt daran, dass er sehr leicht zu begeistern ist und es ihm gut gelingt, seine Mitmenschen mit dem eigenen Enthusiasmus anzustecken. Hat der Drache also erst einmal ein spirituelles Thema für sich entdeckt, widmet er sich hingebungsvoll seinem neuesten Steckenpferd und infiziert schnell seine komplette Umgebung damit.

Der DRACHE und seine Gesundheit

Stark, gesund und im Mittelpunkt der Aufmerksamkeit, so sieht sich der Drache am liebsten. Krankheit und Schwäche wollen einfach nicht so recht zum Glückstier der Chinesen passen. So tut sich der Drache denn auch sehr schwer damit, krank zu sein und beklagt sich in der Regel bitterlich über sein hartes Schicksal. Eine einfache Erkältung kann beim charismatischen Drachen zum echten Drama ausarten. Diesen Eindruck gewinnen zumindest die Menschen, die sich zu diesem Zeitpunkt in seiner Nähe aufhalten. Es gibt kaum eine Krankheit, die er nicht blumig zu umschreiben weiß, keinen exotischen Virus, mit dem er sich

nicht schon beschäftigt hätte und keine Behandlungsmethode, die ihm unbekannt ist.

Mit seiner unkonventionellen Art ist der Drache offen für alles, was seine Heilung beschleunigen könnte. Modernste Therapien finden genauso sein Interesse wie Großmutters Geheimrezepte oder schamanistische Heilrituale.

Er ist ein dankbarer Patient, der in der Regel ohne großes Murren die Anweisungen befolgt, die ihm gegeben werden. Manchmal täte ihm allerdings ein bisschen mehr Eigenverantwortung gut. Es würde ihm wirklich nicht schaden, die Beipackzettel zu lesen, bevor er ein Medikament schluckt oder sich mit der Arbeitsweise eines Therapeuten vertraut zu machen, bevor er sich in seine Hände begibt.

Der Drache vertraut in der Regel darauf, dass ihm geholfen wird, egal, wie schwer die Erkrankung auch sein mag. Selber tut er allerdings manchmal vielleicht nicht genug für seine Genesung. Er verlässt sich lieber auf sein Glück und lässt das Universum oder seine Mitmenschen machen. Wird er zur aktiven Mithilfe aufgefordert, kann er schon einmal mit Arbeitsverweigerung reagieren - vor allem, wenn er sich in seinen Freiheiten beschnitten sieht.

Gesundheitstipp für den Drachen:
Warten Sie nicht, bis sich Ihre Symptome verschlimmern - Vorbeugen ist das Zauberwort für Ihr Wohlbefinden!

SZE, die SCHLANGE hat hervorragende Chancen

Grund-Element Feuer Yin

Wenn Sie eine Schlange sind, sind Sie in einem der folgenden Jahre geboren:

蛇

1929	Erd-Schlange	(10.02.1929-29.01.1930)
1941	Metall-Schlange	(27.01.1941-14.02.1942)
1953	Wasser-Schlange	(14.02.1953-02.02.1954)
1965	Holz-Schlange	(02.02.1965-20.01.1966)
1977	Feuer-Schlange	(18.02.1977-06.02.1978)
1989	Erd-Schlange	(06.02.1989-26.01.1990)
2001	Metall-Schlange	(24.01.2001-11.02.2002)
2013	Wasser-Schlange	(10.02.2013-30.01.2014)

Offenheit und Ehrlichkeit waren wichtige Themen für die Schlange im vergangenen Jahr des Wasser-Tigers. Vielleicht hat sie es auf der einen Seite als befreiend empfunden, mit der eigenen Meinung nicht hinter dem Berg halten zu müssen. Auf der anderen Seite war es aber sicher nicht immer ganz einfach, sich so authentisch zu zeigen, wie sich der alte Regent das gewünscht hat.

Die zurückhaltende Art des Hasen liegt der Schlange deutlich besser, was dafür sorgen könnte, dass sie ein vorzügliches Jahr in allen Bereichen erleben darf.

Da alle Zeichen weiterhin auf Selbstverwirklichung stehen, kann die Schlange auf der geschäftlichen Ebene mit ihren zahlreichen Fähigkeiten punkten und eine Position erreichen, die sie wirklich erfüllt. Jetzt zahlt sich das Wissen aus, das sie über lange Zeit angesammelt hat. Dabei kann sie nicht nur einen guten Karrieresprung hinlegen, sondern sich auch den Respekt von Kollegen und Vorgesetzten erarbeiten.

Auch wenn es um die Finanzen geht, stehen die Sterne für die Schlange in den kommenden 12 Monaten gut. Vorsichtige Investitionen können langfristig Früchte tragen und ihr eine gute Ausgangsbasis für die kommenden Jahre bescheren, wenn sie darauf achtet, genug Rücklagen zu bilden.

Generell ist es ein gutes Jahr für die Schlange, um persönliche Ambitionen erfolgreich in die Tat umzusetzen. Das gilt auch für den Bereich der privaten Beziehungen, die sich jetzt besonders harmonisch entwickeln dürfen. Vor allem Single-Schlangen können nun einen neuen Anlauf nehmen und ihr Liebesleben aktivieren. Die Kombination aus Hase und Schlange steht gerade im Bereich der Partnerschaft für wahres Glück, da darf man sich 2023 mutiger zeigen.

Auch bestehende Beziehungen sollten sich in diesem Jahr für die Schlange positiv entwickeln. Vor allem wenn man darauf achtet, sich gegenseitig zu respektieren und zu unterstützen.

Ihr Powertipp für 2023

Genießen Sie Ihr Glück und hören Sie auf, überall das Haar in der Suppe zu suchen.

Die SCHLANGE und ihre Spiritualität

Gemeinsam mit dem Drachen steht die Schlange in der chinesischen Astrologie im Haus der Spiritualität. Doch während der Drache seinen Draht nach oben gerne öffentlich zelebriert, übt die Schlange in der Regel deutlich mehr Zurückhaltung, wenn es um ihre persönliche Überzeugung geht. Sie überlegt sich erst einmal gut, wen sie ins Vertrauen ziehen kann und wünscht sich einen sicheren Rahmen, bevor sie über ihre spirituellen Neigungen auch nur ein Wort verliert.

Dabei gehört dieses Thema für die Schlange meist völlig selbstverständlich zum Leben. Viele Schlangen verfügen über ein extrem gutes Gespür für das Übersinnliche und integrieren ihr Wissen in den Alltag, ohne groß darüber nachzudenken. Das liegt sicher auch daran, dass dieses Tierzeichen mehr als andere bereit ist, genau zu beobachten. Dadurch ist die Schlange geübt darin, auch die kleinsten Zeichen und Details wahrzunehmen. So findet sie es ganz normal, dass es mehr gibt zwischen Himmel und Erde, als man mit den „normalen" Sinnen wahrnehmen kann - ganz einfach, weil sie diese Erfahrung selbst schon gemacht hat.

Manchmal hat die Schlange allerdings die Neigung, sich nicht voll und ganz auf eine Sache einlassen zu können, wenn ihr das letzte Quäntchen an Information fehlt. Dadurch kann es passieren, dass sie ihrer Eingebung nicht traut und wertvolle Zeit verstreichen lässt, bevor sie aktiv wird.

Die SCHLANGE und ihre Gesundheit

Die Schlange ist im chinesischen Tierkreis dafür bekannt, dass sie immer alles ganz genau wissen will. Das Thema Gesundheit macht da keine Ausnahme. Begierig verschlingt die Schlange auch in diesem Bereich alle Informationen, die sie bekommen kann. Es fällt ihr wirklich nicht schwer, aus dem Berg von Material im Bedarfsfall das herauszufiltern, was wirklich wichtig ist. Zu jeder Krankheit fallen der Schlange sogleich jede Menge mögliche Behandlungsmethoden ein, von denen sie irgendwann einmal gehört oder gelesen hat.

Nach reiflichem Nachdenken zieht sie garantiert das richtige Buch aus dem Schrank oder findet die Telefonnummer des passenden Therapeuten für sich selbst oder auch ihre Lieben. Die Schlange hat in der Regel ein großes Vertrauen in ihre Selbstheilungskräfte und nimmt fremde Hilfe nur dann in Anspruch, wenn es gar nicht mehr anders geht. Sie ist sich über die Zusammenhänge zwischen Körper, Geist und Seele bewusst und weiß um die vielfältigen Ursachen für eine Erkrankung. Mit der reinen Schulmedizin kann sie deshalb nicht allzu viel anfangen, bekämpft sie ihrer Meinung nach doch nur die Symptome, nicht aber die Ursache eines gesundheitlichen Problems.

Ist die Schlange einmal krank, so weiß sie, dass eine umfassende Heilung vor allem Zeit braucht. Geduldig zieht sie sich deshalb zurück und gibt sich die Ruhe, die sie zur Genesung braucht. Ihr Umfeld findet den kompletten Rückzug der Schlange vielleicht ein wenig befremdlich. Trotzdem zieht sie es vor, alleine wieder auf die Beine zu kommen und wird die angebotene Hilfe in den meisten Fällen ablehnen. Sie ist eben davon überzeugt, dass sie selbst am besten weiß, was für sie gut ist. Ihre spirituelle Ader gibt ihr das Vertrauen und die Kraft, die sie für eine umfassende Heilung braucht.

Gesundheitstipp für die Schlange:

Vertrauen Sie bei Ihrer Genesung auf Ihre Intuition, wenn Ihnen einige Informationen fehlen.

WU, das PFERD kann neue Energie schöpfen

Grund-Element Feuer Yang

Wenn Sie ein Pferd sind, sind Sie in einem der folgenden Jahre geboren:

馬

1930	Metall-Pferd	(30.01.1930-16.02.1931)
1942	Wasser-Pferd	(15.02.1942-04.02.1943)
1954	Holz-Pferd	(03.02.1954-23.01.1955)
1966	Feuer-Pferd	(21.01.1966-08.02.1967)
1978	Erd-Pferd	(07.02.1978-27.01.1979)
1990	Metall-Pferd	(27.01.1990-14.02.1991)
2002	Wasser-Pferd	(12.02.2002-31.01.2003)
2014	Holz-Pferd	(31.01.2014-18.02.2015)

Mit dem Tiger an seiner Seite konnte das Pferd 2022 sicher so manchen ambitionierten Plan auf den Weg bringen und viele Freiheiten genießen. Dabei musste es sich in der Regel keine großen Sorgen machen, wie sich sein Verhalten auf seine Umgebung auswirkt und konnte sich auf die eigenen Bedürfnisse konzentrieren.

Im Jahr des Wasser-Hasen dürfe es nun nicht mehr ganz so leicht für das Pferd sein, die gesteckten Ziele ohne Umwege zu erreichen. Schließlich schlägt der neue Jahresregent deutlich zurückhaltendere Töne an als der Tiger. Solange die Agenda des Pferdes sein soziales Umfeld mit einbezieht und niemanden benachteiligt, sollte jedoch weiter alles seinen gewohnten Gang gehen können. Wer jetzt jedoch versucht, sich auf Kosten anderer einen Vorteil zu verschaffen, wird mit großer Wahrscheinlichkeit scheitern.

War es im letzten Jahr für das Pferd noch richtig, Grenzen zu überschreiten oder laut einzufordern, was ihm zusteht, geht es in den nächsten 12 Monaten vor allem um die sozialen Konsequenzen, die sein Verhalten haben kann. Gerade auf der beruflichen Ebene kann das nun für das Pferd bedeuten, dass es seine Erwartungen an die aktuelle Situation anpassen muss. Geduld und Durchhaltevermögen sind in den nächsten Monaten gefragt. Es dauert alles etwas länger als geplant, aber am Ende kommt das Pferd doch ans Ziel.

Wer beruflich 2023 nicht ganz so sehr gefordert wird, darf sich über mehr Zeit für Freunde und Familie freuen. Aus den persönlichen Beziehungen lässt sich in den kommenden Monaten viel neue Energie schöpfen.

Der Hase ist in der Regel für kurze Abenteuer nicht zu haben, sondern wünscht sich eine stabile, harmonische Beziehung. Das sind gute Nachrichten für das Pferd, wenn es sich schon lange nach einer Partnerschaft auf Augenhöhe sehnt.

Ihr Powertipp für 2023

Zügeln Sie Ihr Temperament und zeigen Sie sich geduldig. In Zeiten wie diesen sollte man den Augenblick genießen und zufrieden sein.

Das PFERD und seine Spiritualität

Man wird wohl kaum ein Pferd finden, das ohne Unterstützung seinen spirituellen Weg beschreitet. Es mag sich nämlich in der Regel nur dann voll und ganz einer Sache verschreiben, wenn es weiß, dass es Menschen gibt, die hinter ihm stehen und seine Überzeugung teilen. So ist es denn auch recht unwahrscheinlich, dass sich das Pferd spontan zu exotischen Ritualen oder esoterischen Trips einladen lässt, wenn es allein damit konfrontiert wird. In der Gruppe wird es da schon deutlich mutiger und lässt sich viel eher auf Aktionen ein, die es auf den ersten Blick mit seinem Verstand nicht erklären kann.

Hat das Pferd erst einmal Feuer gefangen, zeigt es seine Begeisterung sehr offen und ohne Scheu. Dann ist es durchaus auch bereit, die Führung innerhalb der gewählten Gruppe zu übernehmen und sich aktiv für seine Überzeugung zu engagieren. Das ist sicher auch der Grund dafür, dass man es häufig in Glaubensgemeinschaften an vorderster Front findet – immer bereit, auch andere zu überzeugen und mit ins Boot zu holen.

Leider kann seine Umgebung nicht immer so gut mit dem missionarischen Eifer umgehen, mit dem das Pferd einmal gefestigte spirituellen Überzeugungen vertritt. Das kann dann schon mal zu leidenschaftlich geführten Diskussionen führen, bei denen das Pferd zum Leidwesen seiner Mitmenschen oft keinen Millimeter von seiner Überzeugung abweichen will..

Das PFERD und seine Gesundheit

Das feurige Pferd gehört zu den robusteren Tieren im chinesischen Horoskop. Mit seinem Yang-Feuer steht es generell für das männliche Prinzip und verfügt in der Regel über einiges an Kraft und Stärke. Krankheit und Schwäche passen nicht wirklich zu ihm und so spielen viele Pferde das eigene Unwohlsein herunter, anstatt dazu zu stehen.

Kaum eine Krankheit, die man seiner Meinung nach nicht mit ein wenig Ruhe oder Bewegung an der frischen Luft wieder in den Griff bekommen könnte.

Das Pferd gehört definitiv nicht zu den Tierzeichen, die sich bei jeder Kleinigkeit hilfesuchend an einen Arzt oder Therapeuten wenden. Es hat eher die Neigung, zu lange zu warten, bis es Rat und Unterstützung von außen sucht.

Gesundheitliche Probleme versucht es zunächst, alleine in den Griff zu bekommen, denn es behagt ihm nicht, sich von anderen abhängig zu machen. Selbst im engsten Familienkreis oder vor dem Partner spielt es seinen Zustand herunter und will auf keinen Fall im Mittelpunkt stehen. Führt allerdings kein Weg an einer Behandlung vorbei, macht das Pferd in der Regel gut mit und tut alles, um den Heilungsprozess zu beschleunigen. Dann ist es für das Pferd kein Problem, die Zügel demjenigen zu überlassen, der es kompetent auf den Weg der Genesung führt. Dabei bleibt es jedoch wachsam und lässt sich über jeden Behandlungsschritt genauestens in Kenntnis setzen.

Mit seiner starken Energie arbeitet das Pferd aktiv an seiner Genesung und ist überzeugt, dass es selbst viel dazu beitragen kann, auf Dauer ein gesundes und vitales Leben zu führen. Zu viele Zweifler oder Pessimisten in seinem Umfeld können seinen Glauben jedoch durchaus ins Wanken bringen und es innerlich so verunsichern, dass es seine Stärke verliert.

Gesundheitstipp für das Pferd:

Achten Sie gut auf sich und ziehen Sie sich früh genug zurück, wenn Sie spüren, dass Sie krank werden.

WEI, die ZIEGE kann für ihr Wohlbefinden sorgen

Grund-Element
Erde Yin

Wenn Sie eine Ziege sind, sind Sie in einem der folgenden Jahre geboren:

羊

1931	Metall-Ziege	(17.02.1931-05.02.1932)
1943	Wasser-Ziege	(05.02.1943-24.01.1944)
1955	Holz-Ziege	(24.01.1955-11.02.1956)
1967	Feuer-Ziege	(09.02.1967-29.01.1968)
1979	Erd-Ziege	(28.01.1979-15.02.1980)
1991	Metall-Ziege	(15.02.1991-03.02.1992)
2003	Wasser-Ziege	(01.02.2003-21.01.2004)
2015	Holz-Ziege	(19.02.2015-07.02.2016)

Wenn sich die Ziege in den vergangenen 12 Monaten etwas getraut hat, hat sie das Tiger-Jahr sicher ganz gut für sich nutzen können. Vor allem, wenn es um die persönliche Entwicklung ging, hat sie vom letzten Jahresregenten sicher gute Unterstützung bekommen. Dafür musste sie aber auch gewohnte Gefilde verlassen und sich vielleicht manchmal mehr ins Rampenlicht stellen, als es ihrem Naturell entspricht.
Der Wasser-Hase dürfte mehr nach dem Geschmack der Ziege sein, denn er teilt mit ihr die Liebe und Fürsorge für die Menschen, die ihm nahe stehen. So dürfte es nicht verwunderlich sein, wenn 2023 einmal mehr das Wohl der Mitmenschen entscheidend dafür ist, ob die Ziege sich in allen Bereichen wohl fühlt.
Geht es um die eigene Karriere kann zu viel Mitgefühl in den nächsten Monaten allerdings hinderlich sein. Immer dann, wenn die Ziege aus Rücksichtnahme eine Auseinandersetzung scheut und fremde Aufgaben übernimmt, läuft sie Gefahr, die eigenen Ziele aus den Augen zu verlieren. Damit das nicht passieren kann, ist es jetzt wichtig, rechtzeitig den Mund aufzumachen.
Wer schon im letzten Jahr keine Veränderung angestrebt hat, kann sich im Jahr des Hasen gerne weiter zurücklehnen und sich entspannt treiben lassen. Die Ziege darf sich dann aber nicht wundern, wenn sie am Ende des Tages kaum zur Umsetzung ihrer eigenen Träume kommt.
Hase und Ziege ergänzen sich besonders auf der privaten Ebene. Beide legen viel Wert auf harmonische Beziehungen und sind recht gut darin, die Familie zusammen zu halten. Sanfte Veränderungen lassen sich deshalb in diesem Jahr relativ problemlos umsetzen und finden die Zustimmung von Partner und Nachwuchs.
In der Liebe herrscht immer dann eitel Sonnenschein, wenn es der Ziege gelingt, die eigenen Vorstellungen mit der des Partners in Einklang zu bringen.

Ihr Powertipp für 2023
Finden Sie den Platz, an dem Sie sich wohlfühlen können! Unter Umständen müssen Sie dafür um Unterstützung bitten.

Die ZIEGE und ihre Spiritualität

Die Ziege fühlt sich wie das Pferd am wohlsten, wenn sie nicht allein ihren spirituellen Weg beschreiten muss. Im Gegensatz zu ihrem Yang-Gegenpart ist sie jedoch deutlich zurückhaltender, wenn es darum geht, ihre Überzeugungen zu teilen. Sie schätzt es vielmehr, wenn sie ihre Gesinnung ohne viel Aufhebens in einem geschützten Rahmen ausleben kann. So ist es nicht verwunderlich, dass auch die Ziege wohl kaum zu exotischen Neuheiten neigt, wenn es um spirituelle Themen geht, sondern sich lieber an bestehenden Glaubensformen orientiert.
Trotzdem schlummert in ihr eine gewisse Neugier und sie brennt innerlich darauf zu erfahren, was außerhalb des von ihr gewählten Schutzraumes liegt. Da sie sich aber selten alleine ins Unbekannte hinauswagt, sucht sie sich in der Regel Menschen, die sich gemeinsam mit ihr auf das neue Terrain vorwagen.
Außerhalb ihres gewohnten Rahmens fühlt sich die Ziege häufig unsicher, was sie zur leichten Beute von Menschen macht, die es eher auf ihren Geldbeutel als auf ihr Seelenheil abgesehen haben. Auch Gurus und selbsternannte Heilsbringer haben es meistens recht leicht mit der Ziege, die sich vertrauensvoll in fremde Hände begibt, wenn genug andere es auch tun und ihr ein sicherer Hafen versprochen wird. Sobald sich die Ziege jedoch auf ihr Bauchgefühl besinnt, erkennt sie schnell, wenn sie ausgenutzt wird und ist dann durchaus in der Lage, sich von den schädlichen Einflüssen zu trennen.

Die ZIEGE und ihre Gesundheit

Wie auch der Hase sorgt sich sanfte Ziege meist mehr um die Gesundheit anderer Menschen als um die eigene. Ihr Element ist die Yin-Erde und die steht in der Fünf-Elemente-Lehre vor allem für das Mütterliche und Gebende. So manche Ziege ist sicher nicht zuletzt deshalb in pflegenden und heilenden Berufen tätig oder managt den Alltag vielköpfiger Familien mit allen großen und kleinen Wehwehchen.
In Gesundheitsfragen weiß die Ziege meist hervorragend Bescheid und hält die entsprechenden Hausmittel und Erste-Hilfe-Maßnahmen für den Bedarfsfall immer bereit. Ohne Zögern

greift sie zur richtigen Salbe oder findet die passenden Kräuter, die schnell Linderung bringen. Sie ist sich niemals zu schade, mit helfender Hand zu unterstützen.
Während jedoch der Hase mit seiner guten Intuition meistens rechtzeitig merkt, wann er die Notbremse ziehen muss, geht die Ziege zuweilen über die Grenzen ihrer eigenen Kräfte hinaus. Das kann dann zu Energielosigkeit führen und sich zu chronischen Erkrankungen ausweiten, wenn sie nicht auf sich achtet. Außenstehende merken oft nichts von der schleichenden Entwicklung, denn die Ziege braucht recht lange, bis sie ihr Unwohlsein zum Ausdruck bringt.
Viele Ziegen suchen deshalb auch erst dann professionelle Hilfe, wenn das Kind bereits in den Brunnen gefallen ist. Dann ordnen sie sich allerdings bereitwillig dem Arzt oder Therapeuten unter und lassen sich ohne Murren führen. Details der Behandlung interessieren die Ziege in der Regel dagegen wenig. Ihr genügt der grobe Überblick und das Vertrauen zu den Experten, die schon wissen werden, was sie tun. Wenn Ziegen das Gefühl haben, dass bei ihrer Behandlung etwas schief läuft oder Fehler gemacht werden, kostet es sie einiges an Überwindung, die Zweifel zu äußern.

Gesundheitstipp für die Ziege:
Kümmern Sie sich erst einmal um sich selbst! Nur wer selber stark ist, hat auch viel zu geben.

SUNG, der AFFE kann seine Kreativität entwickeln

Grund-Element
Metall Yang

Wenn Sie ein Affe sind, sind Sie in einem der folgenden Jahre geboren:

猴

1932	Wasser-Affe	(06.02.1932-25.01.1933)
1944	Holz-Affe	(25.01.1944-12.02.1945)
1956	Feuer-Affe	(12.02.1956-30.01.1957)
1968	Erd-Affe	(30.01.1968-16.02.1969)
1980	Metall-Affe	(16.02.1980-04.02.1981)
1992	Wasser-Affe	(04.02.1992-22.01.1993)
2004	Holz-Affe	(22.01.2004-08.02.2005)
2016	Feuer-Affe	(08.02.2016-28.01.2017)

Auch wenn aus Sicht der Chinesischen Astrologie Tiger und Affe nicht die besten Freunde sind, wird so mancher Affe doch einiges bewirkt haben in den letzten 12 Monaten. Je mehr er sich dabei auf einzelne Projekte konzentriert hat, desto größer dürfte der Erfolg gewesen sein.

Mit dem Wechsel ins Jahr des Wasser-Hasen scheint sich das Tempo für den Affen auf den ersten Blick erst einmal zu verlangsamen. Es liegt allerdings im Auge des Betrachters, ob sich das richtig oder falsch anfühlt. Wer 2022 nie genug Zeit für spannende Angebote hatte, wird sich nun vielleicht freuen, wenn es nicht ganz so rasant zugeht. Gerade in beruflicher Hinsicht kann nun wieder mehr Ruhe eintreten und der Affe kann seine Entscheidungen mit Bedacht und Weitsicht treffen. Das fühlt sich vielleicht nicht ganz so spannend an, ist aber langfristig sicher der bessere Weg.

Kreative Aktionen stehen im Jahr des Wasser-Hasen für den Affen unter einem besonders guten Stern, ebenso wie alle geistigen Arbeiten. Wer hier sein Wissen vertiefen will, kann mit Unterstützung auf allen Ebenen rechnen.

In glücklichen Verbindungen darf nun durchaus alles beim Alten bleiben - schließlich freut sich der Hase, wenn traute Zweisamkeit herrscht und schützt die Beziehung vor schlechten Einflüssen. Das gleiche gilt für den Familienverbund, der dem aktuellen Jahresherrscher ganz besonders wichtig ist. In diesem Bereich dürfte von so manchem Affen in den nächsten Monaten größere Zugeständnisse gefordert werden, damit alle Familienmitglieder sich optimal entwickeln können und ein friedvolles Miteinander garantiert ist. Mögliche Missstände klar und deutlich zu benennen wird dagegen vom neuen Regenten vielleicht zuweilen erschwert und es bedarf viel diplomatisches Geschick, um solche Themen anzusprechen und mögliche Probleme zu lösen.

Ihr Powertipp für 2023

Innere Stärke gepaart mit einem wachen Geist sind Ihr Trumpf in den kommenden Monaten. Bleiben Sie bei sich und vermeiden Sie Abschweifungen!

Der AFFE und seine Spiritualität

Der Affe wird in der Regel von einer unbändigen Neugier getrieben, die auch vor spirituellen Themen nicht halt macht. So steht er prinzipiell allen Dingen zwischen Himmel und Erde offen gegenüber. Je interessanter ihm die Sache erscheint, desto mehr brennt er darauf, das Ganze auszuprobieren. Ob er dann bei dem neu eingeschlagenen Weg bleibt, hängt davon ab, wie sehr er sich dafür begeistern kann.
Für den Affen gibt es keine klaren Grenzen zwischen Realität und Vision. Solange er damit keine eigenen Erfahrungen gemacht hat, schließt er das Übersinnliche weder kategorisch aus, noch wird er es anderen gegenüber verteidigen. Er möchte sich erst seine eigene Meinung zum Thema bilden, anstatt etwas Vorgegebenes zu übernehmen. Bei seiner persönlichen Suche schweift er allerdings zuweilen ab und hält sich gerne mit für ihn spannenderen Nebenschauplätzen auf, anstatt sich auf das Wesentliche zu konzentrieren. Ihm geht es bei seiner spirituellen Reise einfach mehr um den Weg als das Ziel und er möchte jeden Schritt seines Pfades bewusst erleben. Ob, wo und wann er dann ankommt, ist erst einmal zweitrangig.
So sind die persönlichen Überzeugungen des Affen ständig im Fluss und verändern sich im Laufe seines Lebens immer wieder. Das ist Teil seines persönlichen spirituellen Wachstums. Für die nähere Umgebung kann das manchmal ein wenig anstrengend sein, auch wenn er nie von seinen Lieben verlangt, dass sie ihm bei all seinen Experimenten folgen.

Der AFFE und seine Gesundheit

Es passt nicht wirklich zum agilen Affen, sich Sorgen um seine Gesundheit oder sein Wohlergehen zu machen. So nehmen viele Affen erste Symptome nicht sonderlich ernst. Sie wollen sich von kleineren Wehwehchen nicht einschränken lassen. Viele Affen ignorieren die ersten Anzeichen von Krankheiten und hören erst dann genauer auf ihren Körper, wenn die Symptome nicht mehr zu leugnen sind und sie in ihrer Lebensfreude beeinträchtigen.
Die Leichtigkeit, mit der der Affe Krankheiten begegnet, hat ihre guten und schlechten Seiten.

Auf der einen Seite ist der Affe der festen Überzeugung, dass ihn nichts wirklich Schlimmes treffen kann. Mit dieser positiven Grundhaltung lässt sich sicher so manches Tief überwinden oder die Heilung beschleunigen. Auf der anderen Seite fehlt es ihm jedoch manchmal an der Ernsthaftigkeit, die es braucht, langwierige Therapien oder schmerzhafte Behandlungen diszipliniert anzugehen.
Seine Flatterhaftigkeit macht ihm darüber hinaus unter Umständen Mühe, langfristig am Ball zu bleiben, um wirklich komplett von seinen Beschwerden geheilt zu werden. Auf die Minute genau Medikamente einzunehmen, komplett auf bestimmte Nahrungsmittel oder Angewohnheiten zu verzichten, fällt dem Affen sehr schwer. Ständig ist er auf der Suche nach Schlupflöchern, mit denen er die auferlegten Regeln und Maßnahmen aushebeln kann. Wer einen Affen bei einer chronischen Krankheit behandelt oder während einer Therapie begleitet, hat es deshalb nicht immer leicht.
Affen setzen oft die eigene Robustheit als etwas recht Selbstverständliches voraus und haben das nötige Gottvertrauen, dass sie schon wieder mit beiden Beinen sicher auf dem Boden landen werden, wenn sie straucheln.

Gesundheitstipp für den Affen:

Ein bisschen mehr Disziplin kann nicht schaden, wenn Sie mehr für Ihre Gesundheit tun möchten.

YU, der HAHN sollte sich Zeit für Privates nehmen

Grund-Element
Metall Yin

Wenn Sie ein Hahn sind, sind Sie in einem der folgenden Jahre geboren:

雞

1933	Wasser-Hahn	(26.01.1933-13.02.1934)
1945	Holz-Hahn	(13.02.1945-01.02.1946)
1957	Feuer-Hahn	(31.01.1957-17.02.1958)
1969	Erd-Hahn	(17.02.1969-05.02.1970)
1981	Metall-Hahn	(05.02.1981-24.01.1982)
1993	Wasser-Hahn	(23.01.1993-09.02.1994)
2005	Holz-Hahn	(09.02.2005-28.01.2006)
2017	Feuer-Hahn	(29.01.2017-15.02.2018)

Hat das Selbstbewusstsein des Tigers im letzten Jahr auf den Hahn abgefärbt, so kann er auch 2023 sicher davon zehren. Allerdings ist der einzuschlagende Weg in den kommenden Monaten nicht ganz so klar ersichtlich wie unter der alten Regentschaft. Schließlich visiert der Tiger seine Ziele deutlich direkter an als der Hase. Das kann in den kommenden Monaten dazu führen, dass der Hahn vielleicht nicht immer ganz genau weiß, woran er ist und es ihm ein wenig an Orientierung fehlt. Da ist es nun besonders wichtig, die eigene Intention im Auge zu behalten. Wer weiß, was er will, kann auch im Jahr des sanften Wasser-Hasen wichtige Schritte in die richtige Richtung machen.

Berufliche und finanzielle Belange spielen für die meisten Hähne eine wichtige Rolle. Der aktuelle Jahresregent setzt seine Schwerpunkte aber unter Umständen in anderen Bereichen. Da tut der Hahn gut daran, sich mehr auf sein Gefühl anstatt auf eine fremde Meinung zu verlassen. Der Erfolg hängt dann vor allem davon ab, wie zufrieden der Hahn und seine Umgebung mit einer Lösung sind, die auf den ersten Blick nicht ganz so perfekt ist, wie er es gewohnt ist. Wenn es gelingt, mit etwas mehr Leichtigkeit und weniger Ehrgeiz an anstehende Projekte zu gehen, kann der Hahn in den nächsten Monaten beruflich mehr als zufrieden sein.

Harmonische Zeiten im Privatleben sind für den Hahn immer dann zu erwarten, wenn er nicht versucht, Privates mit Geschäftlichem zu mischen. Bringt er jedoch die Arbeit mit nach Hause, kann das vor allem dann in Stress ausarten, wenn der Rest der Familie mehr Aufmerksamkeit braucht. Im Jahr des familienfreundlichen Hasen dürfen Partner und Nachwuchs mehr im Vordergrund stehen als im vergangenen Jahr.

Herzensangelegenheiten brauchen in den nächsten 12 Monaten Geduld. Vor allem, wer sich nun auf eine neue Beziehung einlässt, sollte sich das bewusst machen.

Ihr Powertipp für 2023

Sie tun gut daran, reichlich Zeit für Ihre privaten Beziehungen und Ihr soziales Umfeld einzuplanen.

Der HAHN und seine Spiritualität

Der Hahn ist in der Regel sehr offen, wenn es um seine persönlichen Präferenzen geht. Deshalb hat er auch überhaupt kein Problem damit, öffentlich zu seiner Spiritualität zu stehen. Allerdings ist seine Einstellung zu diesem Thema immer auch von einer gesunden Portion Realismus geprägt. So lässt sich der Hahn wohl kaum von vagen esoterischen Theorien beeindrucken – er glaubt lieber an die Dinge, die sich für ihn persönlich richtig anfühlen.
Dabei ist er durchaus nicht abgeneigt, traditionelle Pfade zu verlassen und Ungewöhnliches auszuprobieren auf seiner spirituellen Reise. Schließlich ist dieses Tierzeichen bekannt dafür, Trends schon im Vorfeld zu erspüren. Ob er einem neuen Weg aber auch dann langfristig folgen wird, steht auf einem ganz anderen Blatt. Am Ende des Tages ist der Hahn nämlich sehr traditionsbewusst und durchaus auch ein wenig konservativ, was seinen Glauben angeht. Es ist deshalb eher unwahrscheinlich, dass er sich in seiner Orientierung allzu weit von dem entfernt, was er schon aus seiner Kindheit kennt und was ihm seine Umgebung vorgelebt hat.
Dem Hahn behagt es nicht besonders, wenn sein Umfeld seine Überzeugung nicht teilt oder gar kritisiert. Er fühlt sich dann schnell persönlich angegriffen und verteidigt seinen spirituellen Weg vehement. Er zeigt sich in der Regel wenig tolerant anderen Richtungen gegenüber, auch wenn es in der Sache im Grunde gar nicht um ihn persönlich geht.

Der HAHN und seine Gesundheit

Der Hahn achtet sehr auf seine Gesundheit, denn er ist sich bewusst, dass sein Körper und sein Geist sein höchstes Gut sind. So entwickeln viele Hähne einen guten Ehrgeiz, wenn es darum geht, sich selbst fit zu halten.
Ob Sport, gesunde Ernährung oder Anti-Aging Forschung – der Hahn ist immer auf dem neuesten Stand und spürt Gesundheitstrends oft schon auf, wenn sie noch gar nicht ans Licht der Öffentlichkeit gedrungen sind. Er gehört zu den ersten, die eine innovative Therapieform ausprobieren oder an denen eine neue Operationsmethode getestet werden kann.

Sein vielfältiges Wissen teilt er auf Anfrage bereitwillig mit seinem Umfeld und scheint manchmal recht stolz darauf zu sein, was Ärzte und Therapeuten schon so alles mit ihm angestellt haben.
Hähne sind echte Stehaufmännchen. Nach einer Krankheit kommen sie in der Regel erstaunlich schnell wieder auf die Beine. Das liegt vor allem daran, dass sie aktiv an ihrer Genesung mitarbeiten und gewissenhaft dem Rat ihrer Therapeuten folgen. In der Rekonvaleszenz kommt ihnen ihr Perfektionismus zugute, der den Hahn antreibt, seinen Organismus wieder voll und ganz zu regenerieren.
Da er einen recht großen Wert auf sein äußeres Erscheinungsbild legt, wird man einen Hahn so gut wie nie schwach sehen, so sehr seine Gesundheit auch angegriffen sein mag. Nach außen gibt ein Bild der Zuversicht ab. Wie es in seinem Inneren aussieht, erfahren wenn überhaupt nur seine engsten Vertrauten.
Da der Hahn so sorgfältig über seine Gesundheit wacht, gehört er nicht zu den anfälligen Tierzeichen. Er weiß genau, dass es an ihm selbst und seinem Lebensstil liegt, wie er sich fühlt und wie er sich seine Vitalität erhalten kann.

Gesundheitstipp für den Hahn:

Seien Sie nicht zu streng mit sich! Es sollte Ihnen Spaß machen, für eine gute Gesundheit zu sorgen.

SHIH, der HUND kann im Privatleben punkten

Grund-Element
Erde Yang

Wenn Sie ein Hund sind, sind Sie in einem der folgenden Jahre geboren:

犬

1934	Holz-Hund	(14.02.1934-03.02.1935)
1946	Feuer-Hund	(02.02.1946-21.01.1947)
1958	Erd-Hund	(18.02.1958-07.02.1959)
1970	Metall-Hund	(06.02.1970-26.01.1971)
1982	Wasser-Hund	(25.01.1982-12.02.1983)
1994	Holz-Hund	(10.02.1994-30.01.1995)
2006	Feuer-Hund	(29.01.2006-17.02.2007)
2018	Erd-Hund	(16.02.2018-04.02.2019)

Vielleicht gelingt es dem Hund, einiges von dem Schwung aus dem letzten Jahr mit in die neue Regentschaft des Hasen zu nehmen. Schließlich hatte er mit dem Tiger einen Partner an der Seite, der ihn in fast allen Belangen bestärkt hat, so dass er selbstbewusster auftreten konnte und sich auch neuen Dingen gegenüber aufgeschlossen gezeigt hat.
Mit dem Hasen wird es für den Hund weiterhin darum gehen, seinen Horizont zu erweitern. Die große Frage ist allerdings, ob er dafür in den kommenden 12 Monaten genug Zeit aufbringen kann. Mit großer Wahrscheinlichkeit hat er nun nämlich reichlich mit alltäglichen Aufgaben und der Unterstützung seiner Lieben zu tun. Wenn sich die Prioritäten mehr in Richtung Privatleben verschieben, müssen ambitionierte berufliche Vorhaben im Zweifelsfall erst einmal warten. Aber aufgeschoben ist ja nicht aufgehoben und der Hund hat sich ja schon mehr als einmal als sehr geduldig erwiesen.
Wer sich nun auf die laufenden Projekte konzentriert und dort die Zügel fest in der Hand behält, kann beruflich und finanziell solide aufgestellt durch das Jahr kommen. Je nachdem, wieviel auf der privaten Ebene los ist, macht es wirklich Sinn, seine Energie nicht an fragwürdige Ideen zu verschwenden.
Der Wasser-Hase motiviert den Hund 2023 vor allem darin, sich um seine persönlichen Beziehungen zu kümmern. Dafür braucht es in den nächsten Monaten nicht nur Zeit, sondern auch ein gewisses Fingerspitzengefühl. Damit man allen Seiten gerecht werden kann und auch selbst nicht zu kurz kommt, ist außerdem eine gute Planung unverzichtbar.
In Liebesangelegenheiten kann der Hund unter Umständen noch einiges vom Hasen lernen, vor allem, wenn es darum geht, seine Emotionen zu zeigen und seine Gefühle auszudrücken. So lassen sich Herzen viel leichter erobern.

Ihr Powertipp für 2022
Schätzen Sie Ihre Kräfte realistisch ein! Es ist niemandem damit gedient, wenn Sie sich verausgaben. Regelmäßige Auszeiten können helfen, die Batterien aufzuladen.

Der HUND und seine Spiritualität

Der Hund ist gemeinsam mit dem Büffel sicher das Tierzeichen im chinesischen Horoskop mit der konservativsten und traditionsbewusstesten Einstellung, wenn es um Spiritualität geht. Modernen spirituellen Praktiken steht der Hund deshalb erst einmal eher skeptisch gegenüber und lässt sich wenn überhaupt nur ungern darauf ein. Mit den verschiedenen Glaubensrichtungen wie Christentum, Buddhismus, Judentum oder Islam kann er sich da schon eher anfreunden, denn hier handelt es sich schließlich um spirituelles Wissen aus Kulturen, die schon seit Jahrtausenden Bestand haben.
Der Hund ist sicher kein Einzelgänger, wenn es um seinen persönlichen sprirituellen Weg geht, weshalb er sich in der Regel die Sicherheit einer Gemeinschaft Gleichgesinnter sucht. In solch einem Rahmen ist er durchaus bereit, an Dinge zu glauben, die er mit seinem Verstand allein nicht erklären kann. Fühlt er sich in einem solchen Kreis erst einmal sicher aufgehoben, nimmt er gerne auch eine tragende Rolle in der Gemeinschaft ein und unterstützt andere auf ihrem Weg zu mehr Erleuchtung.
Sein gesunder Sinn für die Realität sollte den Hund in den meisten Fällen zwar davor bewahren, sich zu sehr von einer bestimmten Glaubensrichtung einnehmen zu lassen. Trotzdem hindert ihn seine Loyalität sicher manchmal daran, rechtzeitig die Reißleine zu ziehen, wenn man ihn für Zwecke einspannt, die mit spirituellem Wachstum überhaupt nichts zu tun haben.

Der HUND und seine Gesundheit

Mit seiner bedächtigen Art müsste der Hund eigentlich zu den Tierzeichen mit der robustesten Gesundheit im chinesischen Horoskop gehören. Tatsächlich ist er nicht besonders anfällig für Alltagskrankheiten wie Grippe und Co. Wird er jedoch krank, liegen die Ursachen meist vergraben in seinem Inneren und suchen sich zum Beispiel über chronische Leiden einen Weg nach außen. Seine Loyalität verleitet ihn nämlich dazu, Konflikte nicht direkt auszutragen, sondern eher in sich hineinzufressen.
Den meisten Hunden fällt es darüber hinaus nicht leicht, bei langwierigen Erkrankungen positiv gestimmt zu bleiben. Vielmehr malen sie sich alle möglichen Szenarien aus, die die Situation noch schlimmer machen könnten, als sie bereits ist. Therapeuten, Ärzte und Angehörige brauchen dann einiges an Überzeugungskraft, um den zweifelnden Hund auf den Weg der Genesung zu bringen. Ist er jedoch erst einmal auf dem richtigen Pfad, verhilft ihm seine Beständigkeit und innere Stärke zur vollständigen Genesung.

Neben dem Hahn gehört der Hund zu den diszipliniertesten chinesischen Tierzeichen. Diese Eigenschaft hilft ihm immer dann, wenn sich eine Behandlung hinzieht oder es gewisser Einschränkungen bedarf, um wieder voll und ganz gesund zu werden. Es bereitet dem Hund absolut keine Schwierigkeiten, sich an die Vorgaben zu halten und den aufgestellten Regeln zu folgen. Selbst schmerzhafte Therapien lässt er klaglos über sich ergehen, wenn man ihn davon überzeugt hat, das es ihm helfen wird. Manchmal hat man allerdings den Eindruck, der treue Hund nehme diese ganzen Strapazen gar nicht um seiner selbst Willen auf sich. Vielmehr lässt er sich aus Liebe zu seiner Familie oder zu seinem Partner darauf ein und entwickelt für die ihm anvertrauten Menschen den Willen zur Genesung.

Gesundheitstipp für den Hund:

Machen Sie kein Geheimnis daraus, wenn Sie sich nicht gut fühlen!

HAN, das SCHWEIN ist auf Erfolgskurs

Wenn Sie ein Schwein sind, sind Sie in einem der folgenden Jahre geboren:

豬

1935	Holz-Schwein	(04.02.1935-23.01.1936)
1947	Feuer-Schwein	(22.01.1947-09.02.1948)
1959	Erd-Schwein	(08.02.1959-27.01.1960)
1971	Metall-Schwein	(27.01.1971-14.02.1972)
1983	Wasser-Schwein	(13.02.1983-01.02.1984)
1995	Holz-Schwein	(31.01.1995-18.02.1996)
2007	Feuer-Schwein	(18.02.2007-06.02.2008)
2019	Erd-Schwein	(05.02.2019-24.02.2020)

Vielleicht hat das Schwein im letzten Jahr gelernt, mehr persönliche Freiheiten einzufordern. Schließlich war der Tiger ein Regent, der seinen Untertanen ein hohes Maß an Unabhängigkeit zugesteht. Wer sich 2022 aus der gewohnten Umgebung herauswagte, hat sicher einige spannende Dinge erleben und seinen persönlichen Radius erweitern dürfen.

Mit dem Hasen bekommt das Schwein nun auch noch Unterstützung auf der emotionalen Ebene. Man ist vor allem dann auf der richtigen Wellenlänge, wenn es darum geht, die eigene Kraft zum Wohle aller einzusetzen. So stehen die kommenden 12 Monate sicher auch im Zeichen des sozialen und familiären Engagements und das Schwein kann hier viel Anerkennung ernten.

Zu Hause dürfte es wirklich rund laufen und man findet viel Verständnis. Wer schon seit längerem darüber nachdenkt, die Familie zu erweitern, kann nun auf die Erfüllung dieses Wunsches hoffen. Auf der Suche nach einem Partner bekommt das Schwein sicher Gelegenheit für neue Begegnungen.

Wem die Erfüllung auf der privaten Ebene nicht ausreicht, der darf sich auch im Beruf austoben. Der Fleiß des Schweins wird endlich belohnt und sein Einsatz zahlt sich auf vielen Ebenen aus. Dabei sollte auch unter Kollegen, Vorgesetzten und Kunden kein böses Blut herrschen. Falls es doch einmal zu Auseinandersetzungen kommen sollte, kann das Schwein mit Unterstützung des Hasen den Konflikt sicher schnell schlichten.

Wer beruflich zu neuen Ufern aufbrechen möchte, sollte sich nicht nur auf die nackten Zahlen verlassen, sondern jetzt vor allem auf sein Gefühl hören und die eigene private Situation im Auge behalten. Schließlich verfügt der neue Jahresherrscher über eine hervorragende Intuition, die sich das Schwein jetzt zunutze machen kann.

Ihr Powertipp für 2023

Das Universum meint es jetzt wirklich gut mit Ihnen. Genießen Sie das Leben und lassen Sie sich wichtige Entscheidungen nicht aus der Hand nehmen.

Das SCHWEIN und seine Spiritualität

Das Schwein ist oft recht anfällig für die zahlreichen Strömungen, die zum Thema Spiritualität in den Medien herumgeistern. Sicher ist es richtig, dass das Schwein ein offenes und vertrauensvolles Wesen besitzt – deshalb gilt es ja als eines der beliebtesten Tierzeichen in der chinesischen Astrologie. Seine herzliche Offenheit macht es aber durchaus angreifbar für Menschen, die sein tiefes Bedürfnis nach spirituellen Themen für eigene Zwecke benutzen wollen. So sind esoterische Kurse, Wahrsager-Events und Channelings oft voll von hoffnungsvoll gestimmten Schweingeborenen, die mit Hilfe des Übersinnlichen ihrem Leben eine neue Richtung geben wollen.

So mancher Außenstehender mag die Einstellung des Schweins belächeln. Dabei ist absolut nichts falsch daran, auf höhere Mächte zu vertrauen. Immerhin gelingt es den meisten Schweinen mit dieser Unterstützung sehr gut, das Beste aus ihrem Leben zu machen und ihr Potenzial besser zu erkennen und auszuleben. Warum also sollten sie sich einem solchen Weg verschließen?

Bei all seinen Ausflügen in die Welt des Spirituellen hat das tolerante Schwein nie das Bedürfnis, seine Mitmenschen zu bekehren. Im Gegensatz zu anderen Tierzeichen ist es sich bewußt, dass verschiedene Wege ans Ziel führen können. Leben und leben lassen ist eindeutig sein Motto.

Das SCHWEIN und seine Gesundheit

Das freundliche Schwein gehört mit Ziege und Hase zu den Tierzeichen im chinesischen Horoskop, die zunächst einmal die Menschen in ihrer Umgebung in den Mittelpunkt ihrer Aufmerksamkeit stellen. Deshalb neigt es wie die anderen beiden Tierzeichen dazu, die eigenen Bedürfnisse hintenan zu stellen und Krankheitssymptome zuerst einmal zu ignorieren, wenn das persönliche Umfeld es zu sehr einspannt. Beim Schwein kommt noch hinzu, dass es unter Umständen die eigene Situation nicht richtig einschätzt. Über ihren tatsächlichen Gesundheitszustand sind sich viele Schweine deshalb oft nicht im Klaren.

Zum Glück gibt es selten Anlass zu wirklicher Sorge, denn Schweingeborene haben in der Regel eine deutlich robustere Konstitution als zum Beispiel die Ziege. Mit ihrem Wasser-Element sind sie darüber hinaus in der Lage, körperliches Unwohlsein zu kommunizieren und sich aus dem aktiven Geschehen zurückzuziehen.

Für die alten Chinesen gehörte das Schwein schon immer zu den günstigsten aller Zeichen, weil dieses Tier die Gabe hat, aus jeder Situation das Beste zu machen. Diese Eigenschaft kommt ihm auch bei der Bekämpfung von langwierigen oder chronischen Erkrankungen zugute. Selbst wenn eine Heilung lange auf sich warten lässt, kann das Schwein mit seiner Situation recht gut klarkommen. Selten wird man es klagen hören, wie ungerecht das Schicksal ist. Vielmehr wird es ihm mit seiner positiven Lebenseinstellung gelingen, Angehörigen, Freunden und Partner Mut zu machen und sich selbst zu motivieren, die Heilung voranzutreiben.

Dass der Glaube Berge versetzen kann, beweist das Schwein auf vielfältige Weise. Mit Optimismus, sorgfältiger Planung und viel Geduld trotzt es kleinen Wehwehchen genauso wie ernsthaften Erkrankungen.

Gesundheitstipp für das Schwein:

Behalten Sie Ihre positive Grundeinstellung bei! Das ist der beste Booster für Ihre Gesundheit und bewahrt Sie vor längerfristigen Problemen.

Die wertvollen Entscheidungshilfen für jeden Tag

Egal, ob Sie einen wichtigen Termin wie eine Geschäftseröffnung oder eine Hochzeit planen oder einfach nur wissen wollen, unter welchen Vorzeichen ein bestimmter Tag in der Woche für Ihr Tierzeichen steht – schlagen Sie das entsprechende Datum einfach in unseren praktischen Tabellen nach, die Sie immer im Anschluss des jeweiligen Monats finden können. Ab Seite 42.

Wie schon in den letzten Jahren finden Sie auch im aktuellen Kalender wieder nach jedem Monat eine zusätzliche Doppelseite, auf der wir übersichtlich in Tabellenform wichtige Informationen zu jedem einzelnen Tag des Jahres des **Wasser-Hasen** zusammengefasst haben.

Sie können so nicht nur sofort erkennen, welche Tage für Sie persönlich besonders günstig sind, sondern auch, welches Tierzeichen den jeweiligen Tag eines Monats regiert. Darüber hinaus finden Sie oberhalb der Tabelle noch Angaben zum Tierzeichen des Jahres und des jeweiligen Monats.

Komprimiert auf zwei Zeilen für jeden Tag haben wir in der Tabelle farblich die günstigen und ungünstigen Aktivitäten gekennzeichnet. Außerdem können Sie in einer weiteren Zeile farblich ablesen, wie sich der jeweilige Tag für Ihr Tierzeichen im Allgemeinen gestaltet.

So kann Ihnen dieses Horoskop-Jahrbuch noch mehr zum unentbehrlichen Begleiter durch das Jahr des **Wasser-Hasen** werden.

Die große Monatsvorschau für jedes der zwölf chinesischen Tierzeichen im Jahr 2023

TZE
Ratte

Grundtendenz des Monats: Für manche Ratten mag es nicht immer ganz einfach gewesen sein, in den letzten zwölf Monaten mit dem autoritären Stil des Wasser-Tigers klarzukommen. Schließlich hat er sich klare Positionen und ein stringentes Vorgehen von der Ratte gewünscht. Gleichzeitig hat das zusätzliche Wasserelement aber sicher des öfteren dazu geführt, dass die Ratte mehr auf der geistigen Ebene verweilte als sich an die wirkliche Umsetzung ihrer Ideen zu machen. Mit dem Büffel bekommen Sie im Januar nun noch einmal eine gute Gelegenheit, wirklich aktiv zu werden. Gerade kleinere Projekte können so doch noch im ausklingenden Jahr des Tigers auf den Weg gebracht werden.

Liebe, Familie, Freundschaft: Sie werden sicher gemerkt haben, dass man mit ausweichendem Verhalten auf der Gefühlsebene im Jahr des Tigers nicht weit kommen konnte. Vielleicht möchten Sie ja die Gelegenheit noch einmal nutzen, um klar zu Ihren Emotionen zu stehen? Die Menschen in Ihrem Umfeld haben es verdient, dass Sie Ihre ehrlichen Gefühle mit ihnen teilen. Die Familie spielt jetzt noch einmal eine entscheidende Rolle. Müssen hier noch Schwierigkeiten überwunden werden? Dann sollten sie das Thema schleunigst auf den Tisch bringen. Mit dem harmoniebedürftigen Hasen wird es nicht mehr so einfach sein, in den kommenden Monaten Klartext zu sprechen.

Beruf, Finanzen: Der Wasser-Büffel wacht im Januar noch einmal ganz genau über die Finanzen der Ratte. Das bedeutet, dass die Zeit für gewagtere Aktionen definitiv vorbei ist. Wer jetzt noch investieren will, sollte dafür einen eher konservativen Rahmen wählen.

Wenn Sie ein Resümee der letzten zwölf Monate ziehen wollten - was wäre die wichtigste Erkenntnis aus dem Jahr des Wasser-Tigers? Nehmen Sie das Gelernte auf jeden Fall mit in die kommende Regentschaft!.

Tipp des Monats: Wenn man Sie genug motiviert, können Sie Großes leisten. Suchen Sie sich starke Menschen, die Ihren Weg begleiten!

KIU
Büffel

Grundtendenz des Monats: Sicher war 2022 nicht immer ganz einfach für den Büffel. Mit dem Wasser-Tiger hatte ein Tierzeichen das Zepter in der Hand, mit dem der Büffel sicher nicht immer einer Meinung ist. Wer seine Chancen jedoch genutzt hat und selbstbewusst aufgetreten ist, geht gestärkt aus den letzten zwölf Monaten hervor.

Man wächst mit der Stärke des Gegners – diese Erfahrung dürfen Sie mit in das nächste Jahr nehmen, in dem ein deutlich sanfterer Metall-Hase auf Sie wartet. Bis es soweit ist, gibt es im Januar noch einmal Unterstützung von einem weiteren Büffel. Damit lassen Sie das Jahr in der Gewissheit ausklingen, dass Sie sich immer dann durchsetzen können, wenn es wirklich für Sie nötig ist.

Liebe, Familie, Freundschaft: Die Familie ist den meisten Büffeln heilig - das dürfte auch im Jahr des Tigers nicht anders gewesen sein. Es mag zwar nicht immer ganz einfach gewesen sein, in den eigenen vier Wänden einen Konsens zu finden. Vielleicht hat jedoch der stärkere Gegenwind letztendlich dazu geführt, dass Sie sich nun mit Partner und Nachwuchs intensiver besprechen und noch mehr versuchen, gemeinsame Entscheidungen zu treffen.

Auch wenn der scheidende Jahresregent das Abenteuer liebt - am Ende zählt für den Büffel doch eher die Beständigkeit. Vielleicht ist es ja gelungen, im bestehenden Rahmen für mehr Abwechslung zu sorgen.

Beruf, Finanzen: Sie wissen genau, was Sie 2022 geschafft haben, lieber Büffel! Stehen Sie also ruhig offen und stolz zu Ihrer Leistung - Sie haben Anerkennung verdient.

Nehmen Sie sich sich die Zeit, zurück zu schauen auf Ihren Startpunkt. Wer von gewohnten Pfaden abgewichen ist, wird sich vielleicht wundern, wie leicht die Neuausrichtung gefallen ist und wie gut das Ergebnis ausgefallen ist.

Tipp des Monats: Sicher haben Sie das Bedürfnis, Ihr Erfolgsrezept zu teilen, lieber Büffel. Das sollten Sie aber wirklich nur tun, wenn Sie danach gefragt werden.

YING
Tiger

Grundtendenz des Monats: Zum Ende des Tigerjahres geht es wirklich nicht darum, sich mit anderen zu vergleichen, sondern vielmehr für sich selbst ein Gefühl von Zufriedenheit zu entwickeln. Wenn Sie ehrlich sind, dürften sich die meisten Dinge in den letzten zwölf Monaten doch ganz gut entwickelt haben, oder? Vielleicht hat der Tiger nicht alle seine ehrgeizigen Ziele erreicht, aber morgen ist ja schließlich auch noch ein Tag! Mit dem Hasen als neuem Regenten darf der Tiger weiterhin seine persönliche Entwicklung vorantreiben.
Vielleicht ist bei dem einen oder anderen Tiger nun doch ein wenig die Luft raus. Sollte das der Fall sein, nehmen Sie sich bitte eine Auszeit

Liebe, Familie, Freundschaft: Mischen Sie sich bitte nicht ein, wenn Sie nicht ausdrücklich darum gebeten werden. Sie mögen vielleicht glauben, dass Sie eine schnelle Lösung für die Angelegenheit parat haben - aber darum geht es hier gar nicht! Besonders der Nachwuchs muss seine eigenen Erfahrungen machen dürfen.
In der Liebe mag es in den letzten zwölf Monaten vielleicht zuweilen recht stürmisch zugegangen sein. Da kann es nun ganz erholsam sein, dass mit dem Büffel im Januar auf der partnerschaftlichen Ebene etwas mehr Ruhe und Stabilität einkehren darf.

Beruf, Finanzen: Mit der Kompromissfähigkeit des Tigers war es 2022 wahrscheinlich nicht weit her, was die Zusammenheilt für Kollegen und Mitarbeiter vielleicht nicht immer ganz einfach gemacht hat. Wenn nun am Ende aber ein gutes Ergebnis steht, wird man Ihnen das sicher nachsehen. Wenn im nächsten Monat der harmoniebedürftige Hase das Zepter übernimmt, kann es nicht schaden, ein bisschen diplomatischer aufzutreten.
Ihre klare Meinung wird allgemein geschätzt. Nutzen Sie das nun ruhig noch einmal aus, um gewisse Dinge in eine andere Richtung zu lenken oder frische Denkanstösse zu geben.

Tipp des Monats: Je begeisterter Sie von einer Sache sind, desto besser können Sie das auch verkaufen. Wählen Sie Ihre Projekte danach aus!

MAO
Hase

Grundtendenz des Monats: Ist es Ihnen gelungen, von der ausbreitenden Energie des Tigers zu profitieren in den vergangenen zwölf Monaten? Dann konnten Sie sicher zeigen, was in Ihnen steckt. Wer sich 2022 allerdings immer noch nicht getraut hat, aus sich selbst herauszugehen, für den hat sich nicht viel bewegt. Sollte das der Fall sein, dürfen Sie sich fragen, woran es liegt, dass Sie Ihre Talente nicht so nach außen tragen können. Vielleicht ist der Weg noch nicht klar oder es fehlt am Glauben in die eigenen Fähigkeiten?
Im letzten Monat des Tigerjahres darf sich der Hase Zeit nehmen, seine innere Motivation zu erforschen. Was treibt Sie wirklich an?

Liebe, Familie, Freundschaft: Stabilität und Sicherheit wünscht sich der Hase nun von seinem Partner. Im Monat des beständigen Büffels sollte es im Grunde nicht so schwer sein, diese Gefühle zu bedienen. Sprechen Sie das Thema offen an - von alleine kommt Ihre bessere Hälfte nicht unbedingt darauf, was Sie brauchen.
Wer nun versucht, Ihre Lieben zu kritisieren, bekommt es mit Ihnen zu tun. Der Hase wird zum mutigen Löwen, vor allem wenn es um den eigenen Nachwuchs geht. Da sollte man sich lieber nicht mit Ihnen anlegen. Ihre Verteidigung in Ehren, lieber Hase. Aber es schadet nicht zu schauen, ob die Kritik bis zu einem gewissen Grade vielleicht doch gerechtfertigt ist.

Beruf, Finanzen: Auf der beruflichen Ebene konnten ambitionierte Hasen 2022 wirklich viel erreichen. Wem Karriere und Kontostand nicht so wichtig sind, der hat seine Prioritäten in den letzten zwölf Monaten vielleicht auf andere Dinge gelegt. Beide Ansätze sind vollkommen in Ordnung. Es gibt wirklich keinen Grund, sich für irgendetwas zu rechtfertigen.
Halten Sie nun ruhig noch einmal inne und beobachten Sie Ihre Arbeitsumgebung. So sehen Sie sicher viele nützlichen Dinge, die Sie mit in das kommende Jahr nehmen können.

Tipp des Monats: Ab dem nächsten Monat beginnt Ihr eigenes Jahr. Nehmen Sie jetzt ruhig noch einmal den Schwung des Tigers mit.

SHENG Drache

Grundtendenz des Monats: Der letzte Monat im Jahr des Wasser-Tigers bricht an und man kann durchaus schon die Vorboten des neuen Regenten spüren. Ab Februar übernimmt der sanfte Wasser-Hase und wünscht sich mehr Einfühlungsvermögen vom Drachen. Bis es soweit ist, können Sie sich aber noch ein letztes Mal auf die natürliche Autorität des Tigers stützen und Entscheidungen treffen, die vor allem für Sie selbst von Vorteil sind.
Lassen Sie nun nicht vorschnell von einer bestehenden Meinung ab, nur weil man Sie dazu drängt. Der Tiger wünscht sich von seinen Untertanen, dass sie sich nicht von außen beeinflussen lassen, sondern sich selbst schlau machen

Liebe, Familie, Freundschaft: Manchmal muss man gar nichts machen, sondern darf einfach nur genießen. Dieser Zeitpunkt ist nun für den Drachen gekommen. Lehnen Sie sich also einfach entspannt zurück und lassen Sie einfach mal Ihre Lieben aktiv werden. Die freuen sich, wenn sie den Drachen auch einmal überraschen dürfen.
In der Liebe geht es nun mehr um Sicherheit als um Abenteuer. Schließlich gehört der Büffel zu den Beständigen unter den Tierzeichen. Das darf sich nun durchaus auf frische Beziehungen auswirken. Nun stellt sich die Frage, ob das Ganze von Dauer sein kann und ob der Drache dazu bereit ist.

Beruf, Finanzen: Mit dem Büffel ist im Januar vor allem Pragmatismus und Erfahrung gefragt. Für spannende Neuheiten ist da jetzt sicher kein Platz mehr, auch wenn das dem Drachen jetzt noch einmal deutlich besser gefallen würde. Es sollte allerdings schon möglich sein, wenigstens in die bestehenden Projekten weiterhin Ihre Fantasie einzubringen.
Mit dem Hasen kommt ab dem nächsten Monat auch auf der beruflichen Ebene eine vollkommen andere Energie ins Spiel, die für den Drachen vielleicht nicht ganz so selbstverständlich zu nehmen ist wie die Kraft des Tigers.

Tipp des Monats: Sie tun gut daran, sich schon jetzt auf die gefühlsbetontere Stimmung des nächsten Jahres einzustellen.

SZE Schlange

Grundtendenz des Monats: Abenteuer oder Sicherheit - das könnte in diesen Wochen die große Frage sein. Mit dem Büffel tritt nun ein Tierzeichen an Ihre Seite, dem es vor allem um Beständigkeit geht. Da ist der scheidende Jahresregent deutlich anders gestrickt. Wahrscheinlich fühlt sich die Schlange nun mehr zum Büffel hingezogen und entscheidet sich für Stabilität anstatt Risiko. Daran ist absolut nichts auszusetzen. Wenn ab dem nächsten Monat der Wasser-Hase vom Tiger übernimmt, verschieben sich die Schwerpunkte ohnehin.
Zeigen Sie sich nun dankbar für das, was Sie erreicht haben. Mit dem Tiger war es der Schlange sicher möglich, mit offenen Karten zu spielen und sich dadurch neue Möglichkeiten zu eröffnen.

Liebe, Familie, Freundschaft: Als guter Beobachter entgeht der Schlange so gut wie nichts. Das zeigt sich vor allem dann, wenn sie länger auf engerem Raum mit ihren Lieben zusammen ist. Wundern Sie sich bitte nicht, dass nicht alle Ihre Beobachtungen offen geteilt werden. Sie sind nicht die einzige in der Familie, die das eine oder andere Geheimnis hat.
2023 kann für die Schlange auf der Beziehungsebene ganz wundervoll werden. Schließlich kommt mit dem Hasen ein Tierzeichen an die Macht, welches sich in der Liebe hervorragend mit der Schlange ergänzt.

Beruf, Finanzen: Es bleibt wahrscheinlich nicht mehr viel zu tun für die Schlange im letzten Monat des Tigerjahres. Der Büffel kann nun aber dabei helfen, Restarbeiten zu erledigen. So schließen Sie bearbeitete Projekte nicht nur real, sondern auch mental ab und können sich ab nächsten Monat auf neue Möglichkeiten freuen.
Haben Sie die letzten zwölf Monate dazu genutzt, offener zu Ihren Wünschen zu stehen und Ihre Rechte besser einzufordern? Dann haben Sie vom Wasser-Tiger wirklich viel gelernt.

Tipp des Monats: Zeigen Sie sich auch in der kommenden Zeit mutig und entschlossen. Nur so können Sie Ihre Träume auch gegen Widerstand durchsetzen.

Grundtendenz des Monats: Mit dem Wasser-Büffel endet im Januar das Jahr des Tigers, das für die meisten Pferde recht erfolgreich verlaufen sein dürfte. Schließlich kommt es nicht so oft vor, dass ein Jahresregent Sie wirklich in allen Belangen vorbehaltlos unterstützt. Vielleicht haben Sie nicht alle Gelegenheiten optimal genutzt, weil Sie noch zu sehr mit anderen Dingen beschäftigt waren. Dann nehmen Sie aber jetzt wenigstens den Schwung mit in die kommende Regentschaft.

Wie immer zum Ende einer Regentschaft geht es im Januar mit dem Büffel darum, Angefangenes abzuschließen und die letzten nötigen Aufräumarbeiten durchzuführen.

Liebe, Familie, Freundschaft: Für Sie mögen es Trivialitäten sein, mit denen Sie sich am liebsten überhaupt nicht auseinandersetzen möchten. Wenn es für Partner und Familie jedoch so wichtig erscheint, sollten Sie wirklich versuchen, die angemeldeten Wünsche zu erfüllen.

Wer 2021 die traditionelleren Werte des Büffels ein stückweit in seine Partnerschaft integrieren konnte, der braucht auch in den kommenden Monaten keine Stürme zu fürchten. Desto besser das Fundament, desto dauerhafter die Beziehung.

Beruf, Finanzen: Vielleicht mag es Ihnen ungewohnt vorgekommen sein, dass sich gewisse Dinge scheinbar von selbst lösen. Manchmal braucht es einfach nur ein bisschen Geduld und die richtige Unterstützung zur richtigen Zeit. Mit dem Tiger an Ihrer Seite konnten Sie in den vergangenen zwölf Monaten sicher so manches Mal zur Hochform auflaufen.

Auch wenn vieles gut gelaufen sein dürfte, hat sich das vielleicht nicht ganz so positiv auf Ihre Finanzen ausgewirkt. Da hilft wahrscheinlich nur, in den nächsten zwölf Monaten etwas besser auf Ihr Bankkonto zu achten.

Tipp des Monats: Wenn Sie etwas wirklich wollen, können Sie das auch erreichen. Nehmen Sie diese Erkenntnis mit in das kommende Jahr.

Grundtendenz des Monats: Das Jahr des Wasser-Tigers neigt sich dem Ende zu. Sind Sie zufrieden mit dem Ergebnis, wenn Sie zurückblicken? Oder hätten Sie sich vielleicht doch mehr erhofft? Bedenken Sie bitte, dass der Jahresregent zwar bestimmte Aspekte Ihres Lebens unterstützen kann, Sie aber nicht automatisch auch auf den richtigen Weg bringt. Am Ende liegt es immer an jedem Einzelnen, was sich aus der Regentschaft mitnehmen lässt.

Mit dem Wasser-Büffel kann jetzt im Januar noch einmal das Durchsetzungsvermögen der Ziege gestärkt werden. Das kann nützlich sein, wenn Sie vor dem Wechsel ins Jahr des Wasser-Hasen noch einmal die Richtung korrigieren möchten.

Liebe, Familie, Freundschaft: Es ist der Ziege zu wünschen, dass Sie 2022 gelernt hat, sich in den eigenen vier Wänden besser durchzusetzen. Das macht es nämlich dann in Zukunft leichter, Aufgaben zu delegieren oder verdiente Auszeiten einzufordern. Bevor sich alte Gewohnheiten einschleichen, sollten Sie sich jetzt noch einmal verinnerlichen, dass es in Ihrem Leben durchaus auch um Sie selbst gehen darf.

In einer Partnerschaft braucht jeder Zeit für sich. Der Tiger hat Ihnen hoffentlich zeigen können, wie wichtig es ist, dass jeder seinen Rückzugsort hat und es nichts über den Grad der Zuneigung aussagt, wenn man sich zuweilen zurückzieht.

Beruf, Finanzen: Wenn alle Aufgaben erledigt sind, dürfen Sie sich nun ruhig aufs Beobachten verlegen. Dabei können Sie sicher einige Inspirationen für die kommenden zwölf Monate sammeln. Dann übernimmt mit dem Hasen ein Tierzeichen das Zepter, das mehr auf sanfte Überzeugung als auf knallharte Argumente setzt.

Bitte mischen Sie sich nun nicht unnötig in Angelegenheiten ein, die Sie gar nicht direkt betreffen. Damit handeln Sie sich nur unnötigen Stress ein.

Tipp des Monats: Auch 2023 können Sie Ihren Weg weiter gehen. Stehen Sie zu Ihren Bedürfnissen und fordern Sie ein, was Ihnen zusteht.

SUNG
Affe

Grundtendenz des Monats: Ist es Ihnen in den vergangenen zwölf Monaten gelungen, Ihre Prioritäten besser zu setzen? Oder sind Sie wieder in alte Muster verfallen und haben einfach zu viel auf einmal angefangen? Mit dem Tiger an seiner Seite konnte der Affe lernen, die vielen bunten Aspekte seines Lebens besser unter Kontrolle zu bekommen.

Der Wasser-Büffel erinnert Sie nun noch einmal daran, dass nur ein klarer, selbstbestimmter Geist am Ende des Tages die richtigen Entscheidungen treffen und auf seinem persönlichen Weg vorankommen kann. Wenn Sie wissen, was Sie wirklich wollen, sollte Sie auch im kommenden Jahr niemand davon abhalten, Ihre Ziele zu erreichen.

Liebe, Familie, Freundschaft: Wenn sich beruflich in den letzten Monaten einiges bewegt hat, ist es jetzt umso wichtiger, dass auf der privaten Ebene Stabilität herrscht. Selbst der mutigste Affe kann nicht an allen Fronten gleichzeitig komplett neu anfangen. Vergewissern Sie sich deshalb jetzt noch einmal, dass Sie die Unterstützung von Partner, Familie und Freunden haben.

Die Familie ist dem Büffel heilig. Das hilft dem Affen jetzt ungemein, wenn er seine Lieben gegen Angriffe von außen verteidigen soll. An guten Argumenten und mentaler Stärke sollte es Ihnen da wirklich nicht mangeln.

Beruf, Finanzen: Büffel und Tiger haben vollkommen unterschiedliche Ansichten darüber, wie beruflicher Erfolg erreicht werden kann. Während der scheidende Jahresregent lieber den riskanteren und innovativeren Weg wählt, verlässt sich der Büffel mehr auf eher traditionelle Ansätze. Der Affe kann sich noch ein letztes Mal für den spannenderen Ansatz entscheiden, sollte allerdings bedenken, dass mit dem Hasen schon im nächsten Monat ein Tierzeichen das Zepter übernimmt, das sich nicht um jeden Preis durchsetzen will. Da kann es dann schwieriger werden, unpopuläre Entscheidungen durchzudrücken.

Tipp des Monats: Lassen Sie sich nicht einreden, dass Ihre Methoden nicht richtig sind. Wie Sie ans Ziel kommen, ist letztendlich vollkommen egal.

YU
Hahn

Grundtendenz des Monats: Wer seine Aufgaben erledigt hat in den vergangenen zwölf Monaten, kann nun eigentlich entspannt dabei zusehen, wie die Welt sich weiter dreht. Leider haben die wenigsten Hähne genug Muße, um das wirklich zu tun. Schließlich gibt es immer die Möglichkeit, die Dinge noch besser zu machen. Das letzte Quäntchen herauszuholen sollte aber nun wirklich nicht Ihre Aufgabe sein, lieber Hahn.

Wenn im nächsten Monat der Hase die Regentschaft vom Tiger übernimmt, geht es für den Hahn vielleicht nicht ganz so gut voran. Setzen Sie die Latte also ruhig ein bisschen niedriger an als 2022.

Liebe, Familie, Freundschaft: Sie dürften im letzten Jahr gemerkt haben, dass es recht anstrengend sein kann, wenn man ständig mit dem Kopf durch die Wand will. Mit dem Tiger an der Seite war es vielleicht nicht immer ganz leicht für den Hahn, sich nachgiebig zu zeigen, was zu der einen oder anderen Auseinandersetzung zu Hause geführt haben könnte. Auch wenn jetzt im Januar mit dem Büffel nicht unbedingt versöhnlichere Töne aufkommen, wäre es sicher ratsam, wenn Sie sich wirklich noch mehr zurücknehmen. Stabile Verhältnisse in der Partnerschaft können im Januar sicher erreicht werden und sich auch in die neue Regentschaft hinüber weiter entwickeln. Zeigen Sie sich von Ihrer sanften Seite.

Beruf, Finanzen: Mit dem Büffel an seiner Seite kann der Hahn auf der beruflichen Ebene noch einmal Nägel mit Köpfen machen. Bringen Sie vor allem die Projekte zum Abschluss, die sich nun wirklich nicht noch weiter verbessern lassen. Wenn Sie dort auch mental einen Schlussstrich ziehen können, haben Sie den Kopf frei für die kreative Energie, die Sie in den kommenden Monaten erwartet.

Halten Sie jetzt schon die Augen offen, damit Ihnen ab nächsten Monat kein neuer Trend entgeht.

Tipp des Monats: Lassen Sie sich nun nicht von außen beeinflussen, etwas zu verändern, was Sie im Grunde gar nicht wollen.

SHIH
Hund

Grundtendenz des Monats: Das Tigerjahr neigt sich dem Ende zu und es wird Zeit, ein Resümee zu ziehen. Wie fühlen Sie sich, nachdem Sie in den letzten zwölf Monaten Seite an Seite mit einem Regenten verbracht haben, der Sie wirklich unterstützen wollte? Wer sein Schicksal beherzt in die Hand genommen hat, ist 2022 sicher reich belohnt worden und darf den gewünschten Weg auch in den nächsten Monaten weitergehen.
Im letzten Monat des Tigerjahres noch auf große Veränderungen zu hoffen, ist dagegen wohl keine so gute Idee. Mit dem Büffel wird im Januar schon wieder mehr auf Beständigkeit als auf Innovation gesetzt.

Liebe, Familie, Freundschaft: Die eigenen Interessen stehen jetzt nicht mehr ganz so im Vordergrund wie 2022. Dafür macht sich schon langsam die fürsorgliche Energie des Wasser-Hasen bemerkbar, der ab Februar vom Tiger übernimmt. Mit dem neuen Regenten stehen die persönlichen Beziehungen wieder mehr im Zentrum der Aufmerksamkeit und werden den Hund sicher mehr beschäftigen.
Klare Verhältnisse sind der Schlüssel zu jeder guten Beziehung. Wenn Sie sich Beständigkeit wünschen, zeigen Sie das nun deutlich.

Beruf, Finanzen: Ohne Eigeninitiative dürfte sich auf der beruflichen Ebene für den Hund nicht viel bewegt haben. Schließlich ging es dem Tiger vor allem darum, dass Sie an Selbstbewusstsein gewinnen und Ihre eigenen Bedürfnisse umsetzen können. Zögerliches Verhalten war da nur hinderlich und hat den Mutigeren in die Karten gespielt. Diese konnten allerdings wirklich neue Impulse setzen und sich vielleicht sogar völlig neu definieren.
Wenn Sie auch weiter mehr den Ton angeben möchten, sollten Sie ein wenig vom autoritären Stil des Tigers beibehalten, sich aber gleichzeitig auf diplomatischere Töne besinnen. So können Sie Ihre Mitstreiter besser bei der Stange halten

Tipp des Monats: Sie müssen sich wirklich nicht verstecken! Suchen Sie sich für 2023 wertvolle Verbündete.

HAN
Schwein

Grundtendenz des Monats: Im letzten Monat des Tigerjahres macht sich schon eine deutlich andere Energie bemerkbar. Der forsche Entdeckergeist des scheidenden Regenten weicht nun einer sanfteren, erhaltenden Kraft, die der Hase ab dem nächsten Monat voll und ganz repräsentiert. Der Ankunft des neuen Herrschers dürfen Sie freudig entgegen sehen, denn sein Führungsstil liegt Ihnen deutlich besser.
Bevor der Wechsel aber komplett über die Bühne geht, hält der Wasser-Büffel das Schwein nun im Januar zu mehr Besonnenheit an. „Erst denken, dann handeln" lautet die Devise.

Liebe, Familie, Freundschaft: Spätestens jetzt sollte dem Schwein nicht mehr so sehr nach Abenteuer zumute sein. Auch wenn der Tiger versucht hat, Sie in diesem Bereich aus der Reserve zu locken, wünschen Sie sich im Grunde wahrscheinlich nichts mehr als Beständigkeit. Die lässt sich mit Partner und Familie nun vor allem dann erleben, wenn alle mit den aktuellen Umständen zufrieden sind.
Dem Büffel sind Heim und Familie absolut heilig. Wer also nun versucht, Sie in diesem Bereich anzugreifen, darf sich warm anziehen. Umgekehrt sollte das Schwein jetzt nichts tun, was die Harmonie stört, wenn es sich nicht auf eine längere Auseinandersetzung einlassen möchte.

Beruf, Finanzen: Sicher wurde Ihr Fleiß auch 2022 bis zu einem gewissen Grad belohnt. Aber in den meisten Fällen dürfte das nicht ausgereicht haben, um in den vergangenen zwölf Monaten wirklich einen Unterschied zu machen. Dafür hat der Tiger vom Schwein mehr Mut und Tatkraft erwartet. Im Grunde ist es jedoch gar nicht so schlimm, wenn Sie sich erst einmal abwartend verhalten haben. Wenn ab nächsten Monat der Hase übernimmt, werden die Karten für das Schwein ohnehin neu gemischt. Der neue Herrscher unterstützt Sie in allen Belangen.

Tipp des Monats: Schwamm drüber, wenn Sie hinter den eigenen Erwartungen zurückgeblieben sind. 2023 wird es Ihnen deutlich leichter gemacht.

Januar 2023	Jahreskonstellation – Wasser Tiger Monatskonstellation – Wasser Büffel

1. Erd Ziege	Ratte Büffel Tiger Hase Drache Schlange Pferd Ziege Affe Hahn Hund Schwein **Günstig:** Amüsieren, mit Freunden ausgehen, Freizeitaktivitäten. **Ungünstig:** geschäftliche Aktivitäten, neue Dinge anfangen.
2. Metall Affe	Ratte Büffel Tiger Hase Drache Schlange Pferd Ziege Affe Hahn Hund Schwein **Günstig:** für die meisten Aktivitäten, Geschäftsabschlüsse, Partnerschaft. **Ungünstig:** negative Bemerkungen über andere Menschen.
3. Metall Hahn	Ratte Büffel Tiger Hase Drache Schlange Pferd Ziege Affe Hahn Hund Schwein **Günstig:** Handel, Geschäftseröffnungen, Hochzeiten und andere Feste planen. **Ungünstig:** Beerdigungen, Reisen, Arztbesuche.
4. Wasser Hund	Ratte Büffel Tiger Hase Drache Schlange Pferd Ziege Affe Hahn Hund Schwein **Günstig:** Handwerkliche Aktivitäten, Handel, Hochzeiten, Reisen. **Ungünstig:** Trauerfeiern und Beerdigungen, schwere körperliche Arbeit.
5. Wasser Schwein	Ratte Büffel Tiger Hase Drache Schlange Pferd Ziege Affe Hahn Hund Schwein **Günstig:** Handwerkliche Aktivitäten, Handel, Hochzeiten, Reisen. **Ungünstig:** Trauerfeiern und Beerdigungen, schwere körperliche Arbeit.
6. Holz Ratte	Ratte Büffel Tiger Hase Drache Schlange Pferd Ziege Affe Hahn Hund Schwein **Günstig:** Ankündigungen machen, Beerdigungen, Trauerfeiern. **Ungünstig:** Handel, Vergnügungen, Freizeitaktivitäten.
7. Holz Büffel	Ratte Büffel Tiger Hase Drache Schlange Pferd Ziege Affe Hahn Hund Schwein **Günstig:** Kleidung schneidern, Handel, Buchhaltung, Ausflüge, neue Dinge beginnen. **Ungünstig:** Geschäfte eröffnen, Kraftanstrengungen, Reisen, Ersparnisse ausgeben.
8. Feuer Tiger	Ratte Büffel Tiger Hase Drache Schlange Pferd Ziege Affe Hahn Hund Schwein **Günstig:** Putzen, waschen, fasten, seelische und körperliche Pflege, Arztbesuche. **Ungünstig:** Ausdauersport, Reisen, Hochzeit.
9. Feuer Hase	Ratte Büffel Tiger Hase Drache Schlange Pferd Ziege Affe Hahn Hund Schwein **Günstig:** Umziehen, Reisen, Hochzeiten, Empfänge, wichtige Konferenzen. **Ungünstig:** geistige Arbeiten, Gartenarbeit, häusliche Tätigkeiten.
10. Erd Drache	Ratte Büffel Tiger Hase Drache Schlange Pferd Ziege Affe Hahn Hund Schwein **Günstig:** Versammlungen, gerechte Verteilungen, Hochzeit, Konferenzen, Umzug. **Ungünstig:** Gartenarbeit, Dinge zum Abschluss bringen.
11. Erd Schlange	Ratte Büffel Tiger Hase Drache Schlange Pferd Ziege Affe Hahn Hund Schwein **Günstig:** Gartenarbeit, Feiern, Hochzeit, Dinge zum Abschluss bringen. **Ungünstig:** keine Anschuldigungen gegen Dritte erheben.
12. Metall Pferd	Ratte Büffel Tiger Hase Drache Schlange Pferd Ziege Affe Hahn Hund Schwein **Günstig:** Gartenarbeit, Hochzeit, Dinge zum Abschluss bringen. **Ungünstig:** Umzug, Reisen, Geschäftseröffnung.
13. Metall Ziege	Ratte Büffel Tiger Hase Drache Schlange Pferd Ziege Affe Hahn Hund Schwein **Günstig:** Ausruhen, Meditation, seinen Hobbys nachgehen. **Ungünstig:** wichtige Unternehmungen.
14. Wasser Affe	Ratte Büffel Tiger Hase Drache Schlange Pferd Ziege Affe Hahn Hund Schwein **Günstig:** Amüsieren, mit Freunden ausgehen, Freizeitaktivitäten. **Ungünstig:** geschäftliche Aktivitäten, neue Dinge anfangen.
15. Wasser Hahn	Ratte Büffel Tiger Hase Drache Schlange Pferd Ziege Affe Hahn Hund Schwein **Günstig:** für die meisten Aktivitäten, Geschäftsabschlüsse, Partnerschaft. **Ungünstig:** negative Bemerkungen über andere Menschen.

Ob ein Tag besonders günstig für Ihr Tierzeichen ist, sehen Sie an folgenden Farben:
Rot = sehr günstig, Grau = günstig, Schwarz = nicht günstig

16. Holz Hund	Ratte Büffel Tiger Hase Drache Schlange Pferd Ziege Affe Hahn Hund Schwein **Günstig:** Handel, Geschäftseröffnungen, Hochzeiten und andere Feste planen. **Ungünstig:** Beerdigungen, Reisen, Arztbesuche.
17. Holz Schwein	Ratte Büffel Tiger Hase Drache Schlange Pferd Ziege Affe Hahn Hund Schwein **Günstig:** Handwerkliche Aktivitäten, Handel, Hochzeiten, Reisen. **Ungünstig:** Trauerfeiern und Beerdigungen, schwere körperliche Arbeit.
18. Feuer Ratte	Ratte Büffel Tiger Hase Drache Schlange Pferd Ziege Affe Hahn Hund Schwein **Günstig:** Ankündigungen machen, Beerdigungen, Trauerfeiern. **Ungünstig:** Handel, Vergnügungen, Freizeitaktivitäten.
19. Feuer Büffel	Ratte Büffel Tiger Hase Drache Schlange Pferd Ziege Affe Hahn Hund Schwein **Günstig:** Kleidung schneidern, Handel, Buchhaltung, Ausflüge, neue Dinge beginnen. **Ungünstig:** Geschäfte eröffnen, Kraftanstrengungen, Reisen, Ersparnisse ausgeben.
20. Erd Tiger	Ratte Büffel Tiger Hase Drache Schlange Pferd Ziege Affe Hahn Hund Schwein **Günstig:** Putzen, waschen, fasten, seelische und körperliche Pflege, Arztbesuche. **Ungünstig:** Ausdauersport, Reisen, Hochzeit.
21. Erd Hase	Ratte Büffel Tiger Hase Drache Schlange Pferd Ziege Affe Hahn Hund Schwein **Günstig:** Umziehen, Reisen, Hochzeiten, Empfänge, wichtige Konferenzen. **Ungünstig:** geistige Arbeiten, Gartenarbeit, häusliche Tätigkeiten.
22. Metall Drache	Ratte Büffel Tiger Hase Drache Schlange Pferd Ziege Affe Hahn Hund Schwein **Günstig:** Versammlungen, gerechte Verteilungen, Hochzeit, Konferenzen, Umzug. **Ungünstig:** Gartenarbeit, Dinge zum Abschluss bringen.
23. Metall Schlange	Ratte Büffel Tiger Hase Drache Schlange Pferd Ziege Affe Hahn Hund Schwein **Günstig:** Gartenarbeit, Feiern, Hochzeit, Dinge zum Abschluss bringen. **Ungünstig:** keine Anschuldigungen gegen Dritte erheben.
24. Wasser Pferd	Ratte Büffel Tiger Hase Drache Schlange Pferd Ziege Affe Hahn Hund Schwein **Günstig:** Gartenarbeit, Hochzeit, Dinge zum Abschluss bringen. **Ungünstig:** Umzug, Reisen, Geschäftseröffnung.
25. Wasser Ziege	Ratte Büffel Tiger Hase Drache Schlange Pferd Ziege Affe Hahn Hund Schwein **Günstig:** Ausruhen, Meditation, seinen Hobbys nachgehen. **Ungünstig:** wichtige Unternehmungen.
26. Holz Affe	Ratte Büffel Tiger Hase Drache Schlange Pferd Ziege Affe Hahn Hund Schwein **Günstig:** Amüsieren, mit Freunden ausgehen, Freizeitaktivitäten. **Ungünstig:** geschäftliche Aktivitäten, neue Dinge anfangen.
27. Holz Hahn	Ratte Büffel Tiger Hase Drache Schlange Pferd Ziege Affe Hahn Hund Schwein **Günstig:** für die meisten Aktivitäten, Geschäftsabschlüsse, Partnerschaft. **Ungünstig:** negative Bemerkungen über andere Menschen.
28. Feuer Hund	Ratte Büffel Tiger Hase Drache Schlange Pferd Ziege Affe Hahn Hund Schwein **Günstig:** Handel, Geschäftseröffnungen, Hochzeiten und andere Feste planen. **Ungünstig:** Beerdigungen, Reisen, Arztbesuche.
29. Feuer Schwein	Ratte Büffel Tiger Hase Drache Schlange Pferd Ziege Affe Hahn Hund Schwein **Günstig:** Handwerkliche Aktivitäten, Handel, Hochzeiten, Reisen. **Ungünstig:** Trauerfeiern und Beerdigungen, schwere körperliche Arbeit.
30. Erd Ratte	Ratte Büffel Tiger Hase Drache Schlange Pferd Ziege Affe Hahn Hund Schwein **Günstig:** Ankündigungen machen, Beerdigungen, Trauerfeiern. **Ungünstig:** Handel, Vergnügungen, Freizeitaktivitäten.
31. Erd Büffel	Ratte Büffel Tiger Hase Drache Schlange Pferd Ziege Affe Hahn Hund Schwein **Günstig:** Kleidung schneidern, Handel, Buchhaltung, Ausflüge, neue Dinge beginnen. **Ungünstig:** Geschäfte eröffnen, Kraftanstrengungen, Reisen, Ersparnisse ausgeben.

TZE
Ratte

Grundtendenz des Monats: Mit dem Start in die neue Regentschaft bekommt die Ratte im Februar noch ein letztes Mal Unterstützung vom Tiger. Der Holz-Tiger, der den Monat begleitet, regt die Phantasie und die Kreativität der Ratte an und schubst sie jetzt vielleicht in eine neue Richtung.

Auch wenn Sie offen sind für Neues, sollten Sie im neuen Jahr lieber noch einmal etwas genauer hinschauen, bevor Sie sich entscheiden. Es kann nämlich durchaus sein, dass sich eingefahrene Situationen jetzt doch noch auflösen lassen. Ist das der Fall, ist es vielleicht gar nicht nötig, dass Sie sich neu orientieren. Hüten Sie sich also vor unüberlegten Handlungen.

Liebe, Familie, Freundschaft: Auch wenn Sie sich das wünschen, kann es in der Liebe nicht immer nur nach Ihrem Kopf gehen, liebe Ratte. Der Tiger mag im vergangenen Jahr bei so mancher Ratte den Eindruck geweckt haben, dass es reicht, klare Ansagen zu machen. Mit dem sanften Hasen an der Macht geht es nun aber wieder mehr darum, Kompromisse zu finden, mit denen beide Partner gut leben können. Alles, was die Harmonie empfindlich stören könnte, sollten Sie 2023 lieber vermeiden.

So manche Ratte muss unter Umständen die Prioritäten ändern und sich mehr auf familiäre Themen einlassen in den kommenden Monaten.

Beruf, Finanzen: Auch auf der beruflichen Ebene sollten Sie sich nun vor Schnellschüssen hüten. Schauen Sie lieber noch einmal mit Bedacht auf die laufenden Projekte und konzentrieren Sie sich darauf, dort weiterzukommen. Wer in den kommenden Monaten zu viele Dinge auf einmal startet, kommt schneller durcheinander, als es ihm lieb ist.

Mit Hilfe des Tigers lassen sich in diesen Wochen auch Entscheidungen treffen, die nicht ganz so populär sind. Dafür braucht die Ratte aber einiges an Durchsetzungskraft und sollte die nötige Entschlossenheit an den Tag legen.

Tipp des Monats: Nur nicht aus dem Konzept bringen lassen, liebe Ratte! Sie brauchen nun wirklich Ihre volle Konzentration.

KIU
Büffel

Grundtendenz des Monats: Der Start ins neue Jahr fühlt sich vielleicht nicht viel anders an als das Ende des alten. Das liegt daran, dass der Tiger den Februar begleitet und den Büffel noch nicht ganz verlassen hat. Zusammen mit dem Hasen kann er nun jedoch auf freundliche Art Veränderungen anstoßen, zu denen sich der Büffel bislang noch nicht hat durchringen können oder zu denen bislang die Zeit gefehlt hat.

Falls Ihnen trotz aller Sorgfalt doch noch das eine oder andere aus dem vergangenen Jahr liegengeblieben ist, ist es nun wirklich an der Zeit, diese Dinge zu Ende zu bringen. Schließlich können Sie nur von der erneuernden Energie profitieren, wenn Sie möglichst frei von Altlasten sind.

Liebe, Familie, Freundschaft: Widerstand in den Reihen der Familie einfach zu ignorieren ist im Jahr des Hasen keine gute Idee. Jetzt geht es mehr darum, Kompromisse zu schmieden und alle Beteiligten bei Entscheidungen mit einzubeziehen. Das kostet vielleicht zunächst ein bisschen mehr Zeit, sorgt aber definitiv für ein harmonischeres Beisammensein.

Mit dem Tiger an der Seite können einsame Büffel vielleicht besser ein Herz erobern. Vor allem, wenn Sie bereit sind, eingelaufene Pfade zu verlassen und sich auf neue Wege einlassen, kann Ihnen genau der Mensch begegnen, der Sie perfekt ergänzt.

Beruf, Finanzen: Hase und Tiger bilden zusammen das Haus der Expansion. Für ehrgeizige Büffel bedeutet das nun, die Entscheidungen zu treffen, die Sie 2023 wirklich weiterbringen können. Zögern Sie nicht zu lange - das Zeitfenster für gute Gelegenheiten ist nicht so groß und gerade besonders weit geöffnet.

Führungsqualitäten werden in diesen Wochen besonders hoch geschätzt. Das gibt dem Büffel die Möglichkeit zu zeigen, dass er durchaus in der Lage ist, selbstbewusst voranzuschreiten.

Tipp des Monats: Sicher ist es nicht falsch, erst einmal in Ruhe die Optionen zu betrachten. In diesem Monat sollten Sie sich allerdings nicht zu lange bitten lassen.

> Frühlingsbeginn / Regenwasser <

Februar

YING
Tiger

Grundtendenz des Monats: Der Februar ist traditionell der Monat des Tigers in der Chinesischen Astrologie, so dass dessen Eigenschaften jetzt ganz besonders betont werden. Allerdings ist es zu Beginn der neuen Regentschaft keine gute Idee, wenn Sie die Krallen ausfahren, lieber Tiger. Ziele werden 2023 nicht über Kämpfe, sondern vielmehr mit Diplomatie erreicht. Dafür sorgt ab sofort der Wasser-Hase, der auch vom Tiger erwartet, dass er sich sanftere Töne aneignet. Damit erreichen Sie das Gewünschte nun deutlich schneller und müssen sich dafür nicht unbeliebt machen.
Ein starkes Holzelement lässt in diesen Tagen so manche neue Idee entstehen. Machen Sie nicht den Fehler, alles auf einmal zu wollen.

Liebe, Familie, Freundschaft: Die Versuchung mag groß sein, trotzdem sollte der Tiger nun nicht in alte Muster zurückfallen, wenn es um den Umgang mit Partner und Nachwuchs geht. Es ist niemals eine gute Idee, anderen seine Vorstellungen aufzuzwingen. Im Jahr des freundlichen Hasen können Sie damit nur anecken und die Stimmung geht in den Keller.
Mit dem Wasser-Hasen können sich die meisten Tiger auf gute Zeiten in der Liebe freuen. Das gilt sowohl für bestehende Beziehungen als auch für neu entstehende Bande. Scheuen Sie sich nicht, Ihre sanften Seiten mehr in den Vordergrund zu stellen.

Beruf, Finanzen: Auf der beruflichen Ebene sollten Sie im Gegensatz zum Privatleben gleich energisch die Fronten klären. Sonst werden Sie unter Umständen das restliche Jahr ausgebremst, man schiebt Ihnen ungeliebte Aufgaben zu oder teilt Sie in ein Team ein, mit dem Sie nicht so gut klar kommen. Sagen Sie jetzt, was Sie wollen. Wenn die Fronten erst einmal geklärt sind, lässt sich gleich viel besser arbeiten.
Mit der entsprechenden Führungsstärke lassen sich nun auch Probleme lösen, die Sie schon lange beschäftigen.

Tipp des Monats: Neue Ideen zu entwickeln ist gut - aber nur, wenn Sie diese dann auch in den nächsten Monaten umsetzen können.

MAO
Hase

Grundtendenz des Monats: Der Start ins eigene Jahr fühlt sich für viele Hasen vielleicht gar nicht so neu an. Das liegt daran, dass der Februar von der Energie des Tigers mitbestimmt wird, der ja schon in den vergangenen zwölf Monaten die Geschicke des Hasen gelenkt hat.
Wenn Sie genau in sich hineinhorchen, macht sich die stärkere Yin-Energie jedoch durchaus schon bemerkbar. Die Kraft und der Durchsetzungswille des Tigers können Sie jetzt zwar noch begleiten, sanftere Qualitäten und diplomatisches Geschick rücken allerdings wieder mehr in den Vordergrund. Das bedeutet, dass Sie Ihre Ziele in den kommenden Monaten auch dann erreichen können, wenn Sie Konflikten eher aus dem Weg gehen.

Liebe, Familie, Freundschaft: Vielleicht macht man Ihnen jetzt auf nicht ganz so sanfte Art begreiflich, dass Ihr Platz mehr bei Ihren Lieben sein sollte. Sie sollten sich allerdings auf keinen Fall zu einer Entscheidung in diese Richtung drängen lassen, wenn es nicht das ist, was Sie sich wirklich wünschen. Lassen Sie sich nur darauf ein, wenn es sich für Sie richtig anfühlt.
Mit dem Tiger lassen sich ganz hervorragend Herzen erobern - sicher auch, weil er dabei furchtlos ist und sich nicht verunsichern lässt. Nutzen Sie diesen Mut noch einmal und sprechen Sie das Objekt Ihrer Begierde ohne Scheu an!

Beruf, Finanzen: Starke Führung ist in diesen Wochen auf jeden Fall noch einmal gefragt, um die von Ihnen gewünschte Richtung festzulegen. Es liegt dabei an Ihnen, ob Sie selbst entscheiden, wo es langgeht oder ob Sie diese Verantwortung an jemand anderen abgeben.
Sie können wunderbar überzeugend sein, wenn es um das Wohl aller geht. Zu Beginn des eigenen Jahres geht es aber auch darum, was Ihnen selbst gut tut. Mit zu viel Nettigkeit kommen Sie in den kommenden Monaten nicht weiter.

Tipp des Monats: Es schadet nicht, wenn Ihre Umgebung merkt, was Ihnen wirklich wichtig ist. Sprechen Sie über Ihre Pläne!

SHENG Drache

Grundtendenz des Monats: Im vergangenen Jahr hat der Tiger dem Drachen geholfen, sich immer dann durchzusetzen, wenn es für sein Weiterkommen nötig war. Das wird mit dem Start in die neue Regentschaft wahrscheinlich nicht mehr so einfach möglich sein, denn der Wasser-Hase stellt die eigenen Bedürfnisse zum Wohle der Allgemeinheit ohne zögern zurück.

Jetzt kann der Drache allerdings noch ein letztes Mal von der Stärke des Tigers profitieren, der ihn im Februar begleitet. Wer seine Ziele gesetzt hat, sollte noch einmal alles daran setzen, dass sich die Dinge in den nächsten zwölf Monaten in die richtige Richtung entwickeln.

Liebe, Familie, Freundschaft: Die Zeichen stehen in diesen Wochen klar auf Eroberung, lieber Drache. Wenn Sie also auf der Suche nach einem neuen Partner sind, sollten Sie jetzt selbst aktiv werden und sich im richtigen Licht präsentieren. Den nötigen Mut dazu bekommen Sie von Hase und Tiger geschenkt.

Vielleicht haben Sie 2022 eine Entscheidung getroffen, deren Konsequenzen Sie nicht voll und ganz überdacht haben. Anstatt direkt zurückzurudern, sollten Sie Ihren Lieben besser erklären, was Sie dazu bewogen hat. Wenn Sie den richtigen Ton finden, wird man Sie sicher verstehen und unterstützen, auch wenn sich nicht ganz so angenehme Einschnitte ergeben.

Beruf, Finanzen: Manche Dinge funktionieren, manche eben nicht. Da macht es dann auch keinen Sinn, an etwas festzuhalten, was nicht den gewünschten Erfolg bringen kann. Ein klarer Schnitt wäre hier wahrscheinlich am besten.

Mit der natürlichen Autorität des Tigers war es im letzten Jahr sicher einfacher für den Drachen, seinen Visionen Gestalt zu verleihen. Wenn Sie in den kommenden Monaten alle Beteiligten ins Boot holen wollen, reicht eine klare Ansage nicht mehr aus. Da müssen Sie auch auf der emotionalen Ebene überzeugen.

Tipp des Monats: Steigen Sie tiefer in Gespräche ein. Wenn Sie wissen, was die andere Seite will, können Sie sich darauf einstellen.

SZE Schlange

Grundtendenz des Monats: Wenn Sie im vergangenen Jahr vom Tiger gelernt haben, für die eigenen Wünsche einzustehen, haben Sie die besten Voraussetzungen für einen fulminanten Start ins Jahr des Wasser-Hasen.

Gleich zu Beginn der neuen Regentschaft stehen nämlich alle Zeichen auf Expansion. Sie können also daran gehen, Ihr Terrain auszuweiten und sich weiterhin selbst zu verwirklichen, liebe Schlange. Dabei spielt es keine Rolle, ob Sie sich in komplett neue Gefilde wagen wollen oder einfach nur einige weitere Schritte in die ohnehin schon eingeschlagene Richtung gehen möchten. Zögerliches Verhalten ist nun eher kontraproduktiv und wird als Schwäche ausgelegt.

Liebe, Familie, Freundschaft: Hase und Schlange sind die perfekte Kombination wenn es um Harmonie in der Partnerschaft geht. Das kann sich gleich zu Beginn der neuen Regentschaft vor allem dann bemerkbar machen, wenn Sie sich eine neue Beziehung wünschen. Mit dem Tiger an Ihrer Seite können Sie im Februar überzeugend und selbstbewusst auftreten.

Mit dem entsprechenden Willen lassen sich länger schwelende Probleme im familiären Bereich nun entschlossen angehen. Sicher findet sich eine Lösung, wenn man gemeinsam an einem Strang zieht.

Beruf, Finanzen: Ein starkes Yang-Holz begleitet den Monat, was es Ihnen nun erleichtern sollte, im beruflichen Bereich zu wachsen. Eine gewisse Kreativität bei der Umsetzung ist dabei sicher hilfreich. Darüber hinaus können Sie Ihre bisherigen Erfahrungen mit in die Waagschale werfen.

Vielleicht gibt es in Ihrem Arbeitsumfeld Dinge, die so nicht mehr tragbar sind für Sie? Dann sollten Sie schleunigst schauen, wie Sie die Situation verändern können. Unter Umständen reicht schon eine kleinere Kurskorrektur. Es kann allerdings auch sein, dass ein kompletter Neuanfang besser wäre.

Tipp des Monats: Sie dürfen sich ruhig vehementer durchsetzen. Niemand verlangt von Ihnen, dass Sie zu allem Ja und Amen sagen müssen.

WU Pferd

Grundtendenz des Monats: Von der sanfteren Energie des neuen Herrschers ist für das Pferd im Februar noch kaum etwas zu spüren. Mit dem Holz-Tiger an der Seite fühlt sich der Monat wahrscheinlich genauso an wie das vergangene Jahr. Lassen Sie sich dadurch ruhig anspornen und geben Sie noch einmal so richtig Gas. Spätestens ab nächsten Monat wird es nicht mehr so einfach sein, die eigenen Ambitionen in die Tat umzusetzen.
Alle Zeichen stehen nun noch ein letztes Mal auf Ausbreitung. Sowohl Tiger als auch Hase befürworten es, wenn Sie Ihren Horizont erweitern. Mit den beiden gemeinsam kann sich das Pferd in der Richtung jetzt austoben.

Liebe, Familie, Freundschaft: Heim und Familie waren im vergangenen Jahr vielleicht nicht unbedingt Ihre Top-Priorität. Das dürfte sich nun allerdings ändern, denn der Hase setzt seinen Fokus ganz klar auf das menschliche Miteinander und Harmonie im familiären Rahmen. Sie tun gut daran, gleich zu Beginn der neuen Regentschaft mehr Zeit für Ihre Lieben einzuplanen.
Wer in den letzten Monaten bei der Partnersuche nicht fündig geworden ist, mag nun vielleicht einen weiteren Versuch starten. Weiterhin gilt es, viel Eigeninitiative zu zeigen - jetzt allerdings gepaart mit Sensibilität und Einfühlungsvermögen.

Beruf, Finanzen: Führungsqualitäten sind nun besonders dann wichtig, wenn es darum geht, nötige Einschnitte vorzunehmen. Es sollte Ihnen in diesen Wochen gelingen, realistisch einzuschätzen, von was Sie sich trennen müssen. Der Hase hilft dann dabei, das Ganze sozialverträglich umzusetzen.
Wenn Sie die letzten zwölf Monate nicht ausreichend dazu genutzt haben, die eigene Agenda voranzubringen, sollten Sie in jetzt noch einmal einen Vorstoß wagen. Ab März wird es deutlich schwieriger für das Pferd, ehrgeizige Projekte an den Start zu bringen.

Tipp des Monats: Was Sie im Februar nicht in die Wege leiten, wird wahrscheinlich lange liegenbleiben.

WEI Ziege

Grundtendenz des Monats: Auch im Jahr des Wasser-Hasen wird die persönliche Entwicklung weiter groß geschrieben. Das sollte all den Ziegen besonders zugute kommen, die das Thema schon im letzten Jahr angegangen sind. Mit dem neuen Jahresregenten dürfte es sogar noch einfacher sein, mit sanfter Überzeugungskraft die eigenen Belange voranzutreiben.
Wer noch nicht so genau weiß, wohin die Reise in den nächsten zwölf Monaten gehen soll, lässt sich am besten von seinem Gefühl leiten. Der neue Jahresherrscher verfügt über eine hervorragende Intuition und fördert diese auch bei seinen Untertanen.

Liebe, Familie, Freundschaft: Die Partnersuche sollte sich in diesen Wochen deutlich besser entwickeln können als 2022. Mit der Kombination aus Tiger und Hase können jetzt im Februar einsame Herzen aktiv werden. Scheuen Sie sich nicht, den ersten Schritt zu tun!
Gibt es noch Baustellen im Bereich der persönlichen Beziehungen? Dann sollten Sie sich jetzt wirklich bemühen, eine gute Lösung zu finden. Bringen Sie alle Beteiligten an einen Tisch und sprechen Sie die Probleme offen an. Wenn das zu keinem Ergebnis führt, ist es vielleicht an der Zeit, sich insgesamt zurückzuziehen.

Beruf, Finanzen: Tiger und Hase gehören in der Chinesischen Astrologie zum Haus der Expansion. Das nun beide Tierzeichen präsent sind, kann sich für die Ziege auf der beruflichen Ebene sehr positiv auswirken. Vielleicht bekommen Sie jetzt die Gelegenheit, Ihr Tätigkeitsfeld zu erweitern oder man schlägt Ihnen eine ganz neue Richtung vor. Sie sollten lieber nicht zu lange zögern, sondern möglichst zügig zuschlagen, wenn das Angebot zu Ihnen passt.
Es mag nun noch einmal nötig sein, dass Sie Vorgesetzte oder Kollegen konfrontieren müssen, damit Sie Recht bekommen. Wer jetzt zu nett ist, kann leicht übergangen werden.

Tipp des Monats: Leben Sie jetzt Ihr kreatives Potential mehr aus! In Ihrer Umgebung weiß man vielleicht gar nicht, was alles in Ihnen steckt.

SUNG
Affe

Grundtendenz des Monats: Zum Start in die neue Regentschaft bekommt der Affe noch einen letzten Schub vom Tiger, der den Februar begleitet. Zusammen mit dem neuen Herrscher kann der Affe sich nun noch mal in allen Bereichen seines Lebens so richtig breit machen. Die eigene Entwicklung steht dabei ganz weit vorne auf seiner To-Do-Liste. Es sollte im Februar gut gelingen, Ihren Wunsch Wirklichkeit werden zu lassen.

An guten Ideen mangelt es dem Affen in der Regel ohnehin nicht. In diesem Monat können die kreativen Einfälle aber noch mehr sprudeln als sonst, denn das Holz-Element ist nun besonders gut ausgeprägt.

Liebe, Familie, Freundschaft: Nehmen Sie sich lieber nicht zu viel auf einmal vor, lieber Affe. Gerade für Ihre Familie ist es wichtig, dass Sie nun nichts versprechen, was Sie nicht auch halten können. Das Vertrauen kann nachhaltig erschüttert werden, wenn Sie auf so vielen Hochzeiten gleichzeitig tanzen, dass Partner und Kinder das Nachsehen haben. Im Zweifelsfall sollten Ihre Lieben 2023 immer Vorrang haben.

Wer auf der Suche nach einem neuem Liebesglück ist, darf sich nun ruhig ein bisschen intensiver umschauen. Dabei sollten Sie nicht nur im bekannten Umfeld, sondern ruhig auch in neuen Gefilden suchen.

Beruf, Finanzen: Klare Worte sind manchmal gleich zu Anfang nötig, damit alle wissen, woran sie sind. Es ist deshalb keine gute Idee, Probleme unter den Teppich zu kehren. Nutzen Sie lieber die natürliche Autorität des Tigers, um gleich jetzt im Februar auf Missstände aufmerksam zu machen. So kann man gemeinsam nach einer Lösung suchen und es bleibt nicht alles an Ihnen hängen.

Wenn etwas nicht funktioniert, hat es nun auch keinen Zweck, weiter daran festzuhalten. Machen Sie lieber einen sauberen Schnitt und orientieren Sie sich in eine neue Richtung!

Tipp des Monats: Setzen Sie sich gleich zu Beginn des neuen Jahres klare Ziele! So ist es viel leichter, fokussiert zu bleiben.

YU
Hahn

Grundtendenz des Monats: So ganz muss sich der Hahn noch nicht der sanfteren Führung des Hasen anvertrauen. Mit dem Tiger an seiner Seite will er sich nun vielleicht noch einmal ohne Wenn und Aber durchsetzen. Bedenken Sie dabei bitte, dass ambitionierte Unternehmungen 2023 nur dann erfolgreich sein können, wenn Sie sich nachgiebig und verständnisvoll zeigen.

Wie auch der Tiger freut sich der Hase enorm, wenn seine Untertanen sich der eigenen Entwicklung annehmen. Für den Hahn bedeutet das, dass er auch in diesem Jahr weiter an seiner Selbstverwirklichung arbeiten kann. Der Weg zum Ziel mag nun allerdings ein anderer sein als noch im vergangenen Jahr.

Liebe, Familie, Freundschaft: In der Regel hat der Hahn in den eigenen vier Wänden die Zügel recht gut in der Hand. Das ist auch nötig, denn im Jahr des Hasen gibt es einiges zu managen. Sie erreichen nun allerdings deutlich mehr bei Ihren Lieben, wenn Sie diplomatische Töne anschlagen.

Bei der Partnersuche haben Sie im letzten Jahr vielleicht vornehmlich in neueren Gefilden Ausschau gehalten. Mit dem neuen Regenten sollten Sie Ihre unmittelbare Umgebung nun genauer betrachten. Zuweilen liegt das Gute ganz nah und wird leicht übersehen.

Beruf, Finanzen: Für ambitionierte Unternehmungen hat das Jahr des Tigers sicher eine gute Ausgangslage geboten. Wenn Sie gewisse Dinge auf den Weg gebracht haben, können Sie nun daran sicher bis zu einem gewissen Grad anschließen. Vergessen Sie aber bitte nicht, dass es mit dem Hasen nun in allen Belangen sozialverträglich und fair zugehen muss.

Wenn Einschnitte nötig sind, sollten Sie diese vornehmen. Das mag nicht unbedingt angenehm sein, ist aber bei allen Beteiligten schnell vergessen, wenn dadurch ab sofort die Gesamtsituation günstig beeinflusst werden kann.

Tipp des Monats: Zeigen Sie Führungsstärke und gleichzeitig Verständnis für Ihre Mitstreiter. So kommen Sie am besten ans Ziel.

SHIH
Hund

Grundtendenz des Monats: Im Februar fühlt sich der Hund ins letzte Jahr zurück versetzt, denn er wird in diesem Monat noch einmal von einem Tiger begleitet. Zusammen mit dem Wasser-Hasen fordert er Sie dazu auf, über eine mögliche Ausdehnung Ihre Aktionsradius nachzudenken. Auch wenn Sie neuen Dingen erst einmal skeptisch gegenüber stehen, dürfen Sie jetzt einen Schritt in die unbekannte Richtung machen.

Das starke Holz-Element lädt den Hund ein, in diesem Monat ruhig ein bisschen mehr über den Tellerrand zu schauen. So können Sie Ihre persönliche Entwicklung ein gutes Stück voranbringen.

Liebe, Familie, Freundschaft: Wie steht der Rest der Familie zu möglichen Veränderungen? Schon im vergangenen Jahr mag der Tiger hier einiges durcheinander gewirbelt haben. Mit dem Hasen wird das Bedürfnis nach Wandlung nicht geringer, auch wenn bei der Umsetzung deutlich mehr Rücksicht auf alle Beteiligten genommen wird.

Vielleicht kann es in diesem Monat in der Liebe gelingen, ein scheinbar erloschenes Feuer zu neuem Leben zu erwecken. Dafür ist allerdings viel Fingerspitzengefühl erforderlich und die Bereitschaft, nicht die gleichen Fehler noch einmal zu machen.

Beruf, Finanzen: Die beruflichen Aussichten für den Hund sind 2023 recht gut. Vor allem, wenn Sie im letzten Jahr die Weichen in eine neue Richtung gestellt haben, können Sie Ihre Pläne jetzt in Ruhe weiterverfolgen. Je klarer Ihre Absichten sind, desto einfacher bekommen Sie die benötigte Unterstützung. Stellen Sie sicher, dass alle nötigen Informationen geteilt werden.

Im Februar ist ein gesundes Maß an Führungsstärke erforderlich, wenn Sie eher schleppende Projekte wiederbeleben möchten. Damit alles gut laufen kann, sind unter Umständen einige Einschnitte nötig.

Tipp des Monats: Stehen Sie zu Ihrer persönlichen Entwicklung! Da gibt es wirklich nichts, weswegen Sie sich schämen müssten.

HAN
Schwein

Grundtendenz des Monats: Wenn das Schwein in den letzten 12 Monaten gelernt hat, etwas mutiger aufzutreten, kann es diesen Vorteil jetzt im Februar noch einmal für sich nutzen. Der Monat wird nämlich von einem Holz-Tiger begleitet. Der fordert Sie nun noch einmal auf, sich auf keinen Fall zu verstecken, liebes Schwein. Zeigen Sie Ihrem Umfeld, dass Sie durchaus in der Lage sind, sich auch durch schwierige Situationen durchzubeißen.

2023 können Sie deutlich mehr Harmonie erwarten als noch in den Monaten zuvor. Das liegt unter anderem daran, dass der Wasser-Hase sich dem Schwein gegenüber sehr wohlwollend in allen Bereichen des Lebens zeigt.

Liebe, Familie, Freundschaft: Gerade die jüngeren Familienmitglieder können jetzt für einige Unruhe sorgen. Das gilt besonders dann, wenn man Ihnen nicht genug Beschäftigung gibt. Sorgt das Schwein dafür, dass alle etwas Sinnvolles zu tun haben, sollte es zwar turbulent aber harmonisch zugehen.

Mit Hilfe des Tigers kann das Schwein im Februar recht mühelos ein neues Herz erobern, wenn ihm der Sinn danach steht. Wichtig ist, sich dabei auf keinen Fall zu verstellen, sondern sich so authentisch wie möglich zu geben. Vielleicht können Sie eine alte Flamme wieder zum brennen bringen.

Beruf, Finanzen: Lassen Sie sich nicht gleich zu Beginn des Jahres die Butter vom Brot nehmen! Wer Ihnen nun keine Führungsqualitäten zutraut, den dürfen Sie gerne eines Besseren belehren. Wenn das Schwein weiß, was es will, ist es jetzt nur schwer aufzuhalten.

Das starke Holz-Element macht es in diesem und im nächsten Monat recht leicht für Sie, wenn Sie sich kreativ austoben möchten. Neue Ideen dürfen sich entwickeln und wachsen. Wenn Sie bei der Umsetzung Unterstützung brauchen, wäre es nun gut, sich diese gleich für einen längeren Zeitraum zu sichern.

Tipp des Monats: Nehmen Sie den Schwung aus dem Tiger-Jahr mit in die neue Regentschaft und visieren Sie neue Ziele an!

Februar 2023	Jahreskonstellation – Wasser Hase Monatskonstellation – Holz Tiger

1. Metall Tiger	Ratte Büffel Tiger Hase Drache Schlange Pferd Ziege Affe Hahn Hund Schwein **Günstig:** Putzen, waschen, fasten, seelische und körperliche Pflege, Arztbesuche. **Ungünstig:** Ausdauersport, Reisen, Hochzeit.
2. Metall Hase	Ratte Büffel Tiger Hase Drache Schlange Pferd Ziege Affe Hahn Hund Schwein **Günstig:** Umziehen, Reisen, Hochzeiten, Empfänge, wichtige Konferenzen. **Ungünstig:** geistige Arbeiten, Gartenarbeit, häusliche Tätigkeiten.
3. Wasser Drache	Ratte Büffel Tiger Hase Drache Schlange Pferd Ziege Affe Hahn Hund Schwein **Günstig:** Versammlungen, gerechte Verteilungen, Hochzeit, Konferenzen, Umzug. **Ungünstig:** Gartenarbeit, Dinge zum Abschluss bringen.
4. Wasser Schlange	Ratte Büffel Tiger Hase Drache Schlange Pferd Ziege Affe Hahn Hund Schwein **Günstig:** Versammlungen, gerechte Verteilungen, Hochzeit, Konferenzen, Umzug. **Ungünstig:** Gartenarbeit, Dinge zum Abschluss bringen.
5. Holz Pferd	Ratte Büffel Tiger Hase Drache Schlange Pferd Ziege Affe Hahn Hund Schwein **Günstig:** Gartenarbeit, Feiern, Hochzeit, Dinge zum Abschluss bringen. **Ungünstig:** keine Anschuldigungen gegen Dritte erheben.
6. Holz Ziege	Ratte Büffel Tiger Hase Drache Schlange Pferd Ziege Affe Hahn Hund Schwein **Günstig:** Gartenarbeit, Hochzeit, Dinge zum Abschluss bringen. **Ungünstig:** Umzug, Reisen, Geschäftseröffnung.
7. Feuer Affe	Ratte Büffel Tiger Hase Drache Schlange Pferd Ziege Affe Hahn Hund Schwein **Günstig:** Ausruhen, Meditation, seinen Hobbys nachgehen. **Ungünstig:** wichtige Unternehmungen.
8. Feuer Hahn	Ratte Büffel Tiger Hase Drache Schlange Pferd Ziege Affe Hahn Hund Schwein **Günstig:** Amüsieren, mit Freunden ausgehen, Freizeitaktivitäten. **Ungünstig:** geschäftliche Aktivitäten, neue Dinge anfangen.
9. Erd Hund	Ratte Büffel Tiger Hase Drache Schlange Pferd Ziege Affe Hahn Hund Schwein **Günstig:** für die meisten Aktivitäten, Geschäftsabschlüsse, Partnerschaft. **Ungünstig:** negative Bemerkungen über andere Menschen.
10. Erd Schwein	Ratte Büffel Tiger Hase Drache Schlange Pferd Ziege Affe Hahn Hund Schwein **Günstig:** Handel, Geschäftseröffnungen, Hochzeiten und andere Feste planen. **Ungünstig:** Beerdigungen, Reisen, Arztbesuche.
11. Metall Ratte	Ratte Büffel Tiger Hase Drache Schlange Pferd Ziege Affe Hahn Hund Schwein **Günstig:** Handwerkliche Aktivitäten, Handel, Hochzeiten, Reisen. **Ungünstig:** Trauerfeiern und Beerdigungen, schwere körperliche Arbeit.
12. Metall Büffel	Ratte Büffel Tiger Hase Drache Schlange Pferd Ziege Affe Hahn Hund Schwein **Günstig:** Ankündigungen machen, Beerdigungen, Trauerfeiern. **Ungünstig:** Handel, Vergnügungen, Freizeitaktivitäten.
13. Wasser Tiger	Ratte Büffel Tiger Hase Drache Schlange Pferd Ziege Affe Hahn Hund Schwein **Günstig:** Kleidung schneidern, Handel, Buchhaltung, Ausflüge, neue Dinge beginnen. **Ungünstig:** Geschäfte eröffnen, Kraftanstrengungen, Reisen, Ersparnisse ausgeben.
14. Wasser Hase	Ratte Büffel Tiger Hase Drache Schlange Pferd Ziege Affe Hahn Hund Schwein **Günstig:** Putzen, waschen, fasten, seelische und körperliche Pflege, Arztbesuche. **Ungünstig:** Ausdauersport, Reisen, Hochzeit.
15. Holz Drache	Ratte Büffel Tiger Hase Drache Schlange Pferd Ziege Affe Hahn Hund Schwein **Günstig:** Umziehen, Reisen, Hochzeiten, Empfänge, wichtige Konferenzen. **Ungünstig:** geistige Arbeiten, Gartenarbeit, häusliche Tätigkeiten.

Ob ein Tag besonders günstig für Ihr Tierzeichen ist, sehen Sie an folgenden Farben:
Rot = sehr günstig, Grau = günstig, Schwarz = nicht günstig

16. Holz Schlange	Ratte Büffel Tiger Hase Drache Schlange Pferd Ziege Affe Hahn Hund Schwein **Günstig:** Versammlungen, gerechte Verteilungen, Hochzeit, Konferenzen, Umzug. **Ungünstig:** Gartenarbeit, Dinge zum Abschluss bringen.
17. Feuer Pferd	Ratte Büffel Tiger Hase Drache Schlange Pferd Ziege Affe Hahn Hund Schwein **Günstig:** Gartenarbeit, Feiern, Hochzeit, Dinge zum Abschluss bringen. **Ungünstig:** keine Anschuldigungen gegen Dritte erheben.
18. Feuer Ziege	Ratte Büffel Tiger Hase Drache Schlange Pferd Ziege Affe Hahn Hund Schwein **Günstig:** Gartenarbeit, Feiern, Hochzeit, Dinge zum Abschluss bringen. **Ungünstig:** keine Anschuldigungen gegen Dritte erheben.
19. Erd Affe	Ratte Büffel Tiger Hase Drache Schlange Pferd Ziege Affe Hahn Hund Schwein **Günstig:** Ausruhen, Meditation, seinen Hobbys nachgehen. **Ungünstig:** wichtige Unternehmungen.
20. Erd Hahn	Ratte Büffel Tiger Hase Drache Schlange Pferd Ziege Affe Hahn Hund Schwein **Günstig:** Amüsieren, mit Freunden ausgehen, Freizeitaktivitäten. **Ungünstig:** geschäftliche Aktivitäten, neue Dinge anfangen.
21. Metall Hund	Ratte Büffel Tiger Hase Drache Schlange Pferd Ziege Affe Hahn Hund Schwein **Günstig:** für die meisten Aktivitäten, Geschäftsabschlüsse, Partnerschaft. **Ungünstig:** negative Bemerkungen über andere Menschen.
22. Metall Schwein	Ratte Büffel Tiger Hase Drache Schlange Pferd Ziege Affe Hahn Hund Schwein **Günstig:** Handel, Geschäftseröffnungen, Hochzeiten und andere Feste planen. **Ungünstig:** Beerdigungen, Reisen, Arztbesuche.
23. Wasser Ratte	Ratte Büffel Tiger Hase Drache Schlange Pferd Ziege Affe Hahn Hund Schwein **Günstig:** Handwerkliche Aktivitäten, Handel, Hochzeiten, Reisen. **Ungünstig:** Trauerfeiern und Beerdigungen, schwere körperliche Arbeit.
24. Wasser Büffel	Ratte Büffel Tiger Hase Drache Schlange Pferd Ziege Affe Hahn Hund Schwein **Günstig:** Ankündigungen machen, Beerdigungen, Trauerfeiern. **Ungünstig:** Handel, Vergnügungen, Freizeitaktivitäten.
25. Holz Tiger	Ratte Büffel Tiger Hase Drache Schlange Pferd Ziege Affe Hahn Hund Schwein **Günstig:** Kleidung schneidern, Handel, Buchhaltung, Ausflüge, neue Dinge beginnen. **Ungünstig:** Geschäfte eröffnen, Kraftanstrengungen, Reisen, Ersparnisse ausgeben.
26. Holz Hase	Ratte Büffel Tiger Hase Drache Schlange Pferd Ziege Affe Hahn Hund Schwein **Günstig:** Putzen, waschen, fasten, seelische und körperliche Pflege, Arztbesuche. **Ungünstig:** Ausdauersport, Reisen, Hochzeit.
27. Feuer Drache	Ratte Büffel Tiger Hase Drache Schlange Pferd Ziege Affe Hahn Hund Schwein **Günstig:** Umziehen, Reisen, Hochzeiten, Empfänge, wichtige Konferenzen. **Ungünstig:** geistige Arbeiten, Gartenarbeit, häusliche Tätigkeiten.
28. Feuer Schlange	Ratte Büffel Tiger Hase Drache Schlange Pferd Ziege Affe Hahn Hund Schwein **Günstig:** Versammlungen, gerechte Verteilungen, Hochzeit, Konferenzen, Umzug. **Ungünstig:** Gartenarbeit, Dinge zum Abschluss bringen.

TZE
Ratte

Grundtendenz des Monats: Spätestens jetzt sollte die Ratte voll und ganz im Jahr des Hasen ankommen. Der Jahresregent wird in diesem Monat nämlich von einem weiteren Hasen unterstützt. Das macht sich nun auf allen Ebenen bemerkbar.

Wenn Sie sich nun nicht sicher sind, wohin die Reise gehen soll, vertrauen Sie am besten auf Ihr Bauchgefühl. Das starke Yin Holz hilft Ihnen im März, Ihre innere Stimme deutlich besser wahrzunehmen.

Generell dürfte das starke Holzelement in diesen Wochen die Kreativität der Ratte anregen. Nutzen Sie den Schub und bringen Sie Ihre Ideen mit Energie in die Welt!

Liebe, Familie, Freundschaft: Familie und Partnerschaft brauchen in diesen Wochen sicher mehr Aufmerksamkeit als sonst. Schließlich ist der neue Regent sehr darauf bedacht, dass sich die Menschen im engen Umfeld wohl fühlen. Damit das gelingen kann, sollte die Ratte im März mehr darauf achten, wie sie kommuniziert. Gerade empfindliche Seelen wollen nun wirklich mit Samthandschuhen angefasst werden.

Besonders Ihrem Partner gegenüber sollten Sie nun so viel Wertschätzung wie möglich zeigen und sich dabei mit Ihren Gefühlen nicht zurückhalten. Wer sich jetzt emotional öffnet, kann bestehende Bande deutlich vertiefen.

Beruf, Finanzen: Ein schon lange bestehendes Problem können Sie nun mit Hilfe Ihrer Intuition endgültig lösen. Damit das gelingt, müssen Sie allerdings tiefer in die Materie einsteigen. Oberflächlich betrachtet erschließt sich Ihnen die Lösung wahrscheinlich nicht.

Der Hase steht wie sein Vorgänger für die Ausbreitung. Das bedeutet aber nicht, dass Sie nun um jeden Preis Ihren Horizont erweitern müssen. Wenn es Ihnen gefällt, wo Sie sind, können Sie es sich durchaus etwas gemütlicher einrichten. Dann dürfen Sie allerdings nicht erwarten, dass Ihnen der Erfolg in den Schoß fällt.

Tipp des Monats: Vertrauen Sie bitte nicht darauf, dass man Ihnen unangenehme Arbeiten abnimmt. Sie sind jetzt wirklich selbst gefragt.

KIU
Büffel

Grundtendenz des Monats: Gerade Veränderungen in Ihrem Inneren stehen in diesem Monat unter einem besonders guten Stern. Wer sich nun die Zeit nimmt und in die Ruhe geht, wird vor allem auf der seelischen Ebene mehr als reich beschenkt. Dabei geht es nun wirklich ums Annehmen und nicht darum, ständig zu hinterfragen.

Mit einem zweiten Hasen im Monat wird das Yin-Holz im März deutlich hervorgehoben. Das bedeutet für den Büffel, dass er seiner Intuition ruhig mehr trauen darf - vor allem wenn es darum geht, neue Kontakte einzuschätzen. Wenn es sich für Sie richtig anfühlt, ist es auf jeden Fall einen Versuch wert.

Liebe, Familie, Freundschaft: Sie dürfen nun ruhig ein bisschen mehr auf Ihre Lieben zugehen. Vielleicht färbt ja die sanfte Ader der beiden Hasen in diesem Monat ein wenig auf den Büffel ab, der sich zuweilen vielleicht etwas schwer tut, seine verletzlichen Seiten zu zeigen.

Gerade in der Partnerschaft geht es nicht darum, immer Stärke zu zeigen. Trauen Sie sich ruhig mehr, Ihre Gefühle zu zeigen! Auch der stärkste Büffel braucht ab und zu eine Schulter zum anlehnen. Im März geht es in allen Bereichen mehr um die sanften Töne.

Beruf, Finanzen: Schwelende Probleme aus dem letzten Jahr wollen nun erneut angesehen werden. Betrachten Sie die Sache doch einmal aus einem anderen Winkel oder holen Sie sich eine frische Meinung ein. So kommen Sie der Lösung ein gutes Stück näher.

Wenn Sie in den kommenden Monaten Ihre persönliche Entwicklung weiter voranbringen möchten, sind vielleicht einige Kurskorrekturen nötig. Mit dem nötigen Fingerspitzengefühl und respektvoll vorgetragenen Argumenten können Sie sich deutlich stressfreier in die neue Richtung bewegen, als wenn Sie direkt mit dem Kopf durch die Wand wollen.

Tipp des Monats: Eine frische Einstellung hat noch niemandem geschadet. Sie müssen dafür ja nicht gleich alle alten Überzeugungen über Bord werfen.

> Insekten erwachen/Frühlings-Tagnachtgleiche < März

YING Tiger

Grundtendenz des Monats: Der März ist ein weiterer Monat, in dem das Holzelement extrem stark ausgeprägt ist - diesmal allerdings in seiner sanften Yin-Form. Für den Tiger bedeutet das einmal mehr, dass er viele kreative Ideen entwickeln kann. Machen Sie sich nun aber nicht gleich an die Umsetzung, sondern horchen Sie lieber noch einmal in sich hinein, ob das Ganze sich wirklich richtig anfühlt. Wer sich die Intuition des Jahresherrschers zunutze macht, ist in diesem Monat besonders gut beraten.
Ein weiterer Hase unterstützt im März Ihre Pläne zur Selbstverwirklichung. Dabei darf sich der Tiger besonders im spirituellen Bereich weiterentwickeln und neue Wege einschlagen.

Liebe, Familie, Freundschaft: Manche Dinge dürften dem Tiger nun deutlich klarer werden. Teilen Sie Ihre neuen Erkenntnisse mit Ihren Lieben und nutzen Sie das Ganze, damit in den eigenen vier Wänden noch mehr Harmonie herrscht. Der Wasser-Hase kann seine großzügigen Gaben nicht verteilen, wenn auf der privaten Ebene Streit herrscht.
Zärtliche Stunden kann der Tiger immer dann erleben, wenn er sich auf sein Gegenüber voll und ganz einlässt. Ihr Partner verdient jetzt ganz besonders Ihre ungeteilte Aufmerksamkeit. Wer gut zuhört, kann mögliche Probleme elegant umschiffen.

Beruf, Finanzen: Teamarbeit wird im Jahr des Hasen ganz groß geschrieben. Anstatt also nun den Einzelkämpfer zu geben, sollten Sie sich lieber Mitstreiter suchen. Wenn alle gemeinsam an einem Strang ziehen, lassen sich Lösungen auch für solche Projekte finden, die allgemein vielleicht schon abgeschrieben waren.
Sie möchten gerne etwas Neues ausprobieren, lieber Tiger? Was hält Sie davon ab? Wenn Sie eine spannende Richtung gefunden haben, sollten Sie sich nun ruhig der Sache widmen. Wer noch nicht so recht weiß, wo es lang gehen soll, verhält sich lieber erst einmal abwartend.

Tipp des Monats: Ihre Weiterentwicklung ist ein wichtiges Thema in diesem Monat. Nehmen Sie die Chancen wahr, die sich Ihnen jetzt bieten!

MAO Hase

Grundtendenz des Monats: Die starke Yin-Energie lädt den Hasen ein, im März ausgiebig nach innen zu schauen. Was ist Ihnen wichtig? Welche Emotionen wollen gelebt werden? Wie lässt sich die eigene Intuition in den kommenden Monaten am besten nutzen? All diese Fragen bekommen Sie nicht im Außen beantwortet. Nehmen Sie sich jetzt die Zeit für sich selbst und richten Sie sich so aus, wie es Ihrem Wesen entspricht!
Im Jahr des Wasser-Hasen bekommen Sie die Gelegenheit, zu Ihrer Essenz zu finden. Mit dem zweiten Hasen wird in diesem Monat das Fenster zu Ihren eigenen Bedürfnissen noch ein bisschen mehr aufgestoßen.

Liebe, Familie, Freundschaft: Sie mögen in diesen Wochen vielleicht zuweilen sehr emotional auf die Worte und Taten Ihrer Lieben reagieren. Es ist überhaupt nicht schlimm, sich von seiner verletzlichen Seite zu zeigen, lieber Hase! Allerdings dürfen Sie nicht erwarten, dass Ihre Familie immer gleich versteht, was in Ihnen vorgeht. Teilen Sie deshalb rechtzeitig Ihre Gefühle mit.
Sie wünschen sich mehr Harmonie in Ihrer Partnerschaft? Die werden Sie dauerhaft kaum erreichen, wenn Sie immer zu allem ja und amen sagen, obwohl Sie im Grunde anderer Meinung sind. Eine gute Beziehung wird geprägt von gegenseitigem Geben und Nehmen.

Beruf, Finanzen: Auch im Job geht jetzt es nicht darum, es Chef, Mitarbeitern und Kollegen recht zu machen. Vielmehr sind jetzt kreative Ansätze gefragt. Dafür müssen Sie unter Umständen unorthodoxe Wege einschlagen und können nicht groß um Erlaubnis fragen. Wer mutig etwas Neues wagt, kann am Ende sicher eine gute Lösung präsentieren.
Unter der neuen Regentschaft ist auch die soziale Komponente auf der beruflichen Ebene nicht zu vernachlässigen. Wenn es in Ihrer Hand liegt, sollten Sie sich dieses Themas annehmen und aktiv werden.

Tipp des Monats: Was ist Ihnen wirklich wichtig? In diesem Monat kommen Sie der Antwort auf diese Frage vielleicht ein gutes Stück näher.

SHENG
Drache

Grundtendenz des Monats: Eine starke Holz-Energie regt im März die Fantasie des Drachen an. Das bedeutet aber nicht, dass Sie einfach losstürmen sollten. Gerade jetzt ist es wichtig, auf die Bedürfnisse aller einzugehen. Der Jahresregent bekommt nämlich in diesen Wochen Unterstützung von einem zweiten Hasen und legt deshalb noch mehr Wert darauf, dass jetzt niemand zu kurz kommt. Übergeht der Drache die Gefühle seines Gegenübers, kann das unangenehme Folgen haben.

Liebe, Familie, Freundschaft: Wer meint, in seinem privaten Umfeld ohne Wenn und Aber seinen Willen durchsetzen zu können, wird nun eines Besseren belehrt. Sie sollten sich nun bemühen, Ihre Lieben an Ihren Entscheidungen teilhaben zu lassen. Gerade in der Partnerschaft können so in den nächsten Monaten Auseinandersetzungen verhindert werden.

Das Yin-Holz des Hasen steht unter anderem für die Intuition. Die sollten Sie jetzt vor allem auf der emotionalen Ebene verstärkt einsetzen. Zeigen Sie den Menschen und seine ehrlichen Gefühle hinter der schimmernden Fassade. Dann sollte es auch nicht schwer sein, ein neues Herz zu gewinnen.

Beruf, Finanzen: Auch auf der finanziellen Ebene dürfen Sie jetzt ruhig mehr auf Ihr Bauchgefühl vertrauen. Das bedeutet allerdings nicht, dass der Drache nun alle Vorsicht über Bord werfen sollte. Vielmehr geht es darum, ein gutes Gleichgewicht zu finden zwischen kalkulierbarem Risiko und konservativem Handeln.

Wie weit Sie sich mit Ihren Ideen aus dem Fenster lehnen, müssen Sie letztendlich selbst entscheiden. Bedenken Sie bitte, dass in den kommenden Monaten Alleingänge wahrscheinlich keine so gute Idee sind. Suchen Sie sich jetzt schon engagierte Mitstreiter und stellen Sie sicher, dass alle Beteiligten etwas von der Sache haben.

Tipp des Monats: Gewonnene Erkenntnisse wollen geteilt werden. Suchen Sie das Gespräch!

SZE
Schlange

Grundtendenz des Monats: Ein doppelter Hase begleitet die Schlange im März und zeigt Ihnen jetzt, dass man nicht immer laut werden muss, um recht zu bekommen. Mit seiner diplomatischen Art erreicht der Jahresregent am Ende immer sein Ziel. Wenn Sie seinem Beispiel jetzt folgen, müssen Sie dafür vielleicht einige Umwege in Kauf nehmen. Dafür treten Sie aber auch niemandem auf die Füße.

Auch in diesem Monat geht es um Ihr persönliches Wachstum. Gemeinsam mit dem Hasen darf die Schlange sich weiterentwickeln - allerdings nur, wenn das nicht auf fremde Kosten geschieht.

Liebe, Familie, Freundschaft: Im Bereich der zwischenmenschlichen Beziehungen können Sie nun von der starken Intuition des neuen Regenten profitieren. Horchen Sie nach innen, wenn Sie neue Menschen treffen! Sie werden sicher spüren, ob sich da etwas anbahnen darf. Wenn Ihr Herz Ihnen den Weg weist, kann das nur gut enden.

Die nonverbale Kommunikation ist nun im Familienkreis genauso wichtig wie das gesprochene Wort. Achten Sie deshalb jetzt ganz besonders darauf, niemanden mit unbeabsichtigten Gesten oder Verhaltensweisen zu verletzen.

Beruf, Finanzen: Auf der beruflichen Ebene weiß die Schlange in der Regel, was sie zu tun hat. Wer nun allerdings glaubt, dass er einfach ungestört seiner Arbeit nachgehen kann, wird unter Umständen eines Besseren belehrt. Leider ist nicht jeder in Ihrem Umfeld so selbständig wie Sie, liebe Schlange. Da müssen Sie nun wohl dem einen oder anderen Kollegen unter die Arme greifen.

Rein aus dem Gefühl heraus sollten Sie auch jetzt keine Investitionen tätigen. Überprüfen Sie Ihr Bauchgefühl lieber noch einmal, bevor Sie viel Geld ausgeben. Sie sichern sich doch auch sonst lieber doppelt und dreifach ab.

Tipp des Monats: Was bewegt Sie innerlich im Augenblick am meisten? Darauf sollten Sie sich jetzt konzentrieren!

WU
Pferd

Grundtendenz des Monats: Im März kommt auch das Pferd voll und ganz im neuen Jahr an. Mit einem zweiten Hasen im Monat wird klar angezeigt, wohin die Reise 2023 gehen sollte. Ein klarer Schwerpunkt ist, dass alle einen Beitrag zum Wohl der Allgemeinheit zu leisten haben. Wie genau das für Sie aussehen wird, haben Sie selbst in der Hand. Überlegen Sie am besten gleich jetzt, was Sie in den kommenden Monaten konkret tun können, um Menschen zu unterstützen, die es nicht so gut angetroffen haben wie Sie selbst.

Das Yin-Holz ist nun besonders stark ausgeprägt. Das können Sie nutzen und Ihre Intuition trainieren. Die besten Entscheidungen werden immer mit Herz und Verstand getroffen.

Liebe, Familie, Freundschaft: In der Liebe kann es nun entspannte Zeiten für das Pferd geben. Begegnen Sie einander auf Augenhöhe und setzen Sie alles daran, einander gut zu tun. Auf diese Weise kann die Bindung enorm vertieft werden.

Es mag für das yangbetonte Pferd nicht immer ganz einfach sein, seine Gefühle zuzulassen. Mit Hilfe des Hasen sollte es jedoch in diesem Monat sicher gelingen, die eigenen Emotionen besser zu spüren und zu teilen. Das wird vor allem Ihren Partner freuen, der so einfach besser weiß, woran er ist.

Der Hase wirbt nun außerdem für mehr Verständnis für die Bedürfnisse Ihrer Familie. Sind Sie in der Lage, dem nachzukommen?.

Beruf, Finanzen: Verändern Sie nun doch einfach mal Ihre Sichtweise. Wenn Sie das Problem von einer ungewohnten Seite betrachten, kommt Ihnen die Lösung vielleicht schneller in den Sinn.

Im Jahr des Hasen wird es für Sie auf der beruflichen Ebene vielleicht nicht so schnell vorangehen, wie Sie es sich wünschen. Bleiben Sie trotzdem bei der Stange und gehen Sie entschlossen und geduldig Ihren Weg weiter.

Tipp des Monats: Lernen Sie, zwischen den Zeilen zu lesen! Das erspart Ihnen so manche Überraschung.

WEI
Ziege

Grundtendenz des Monats: Gleich zwei Hasen begleiten den März und schmeicheln der Ziege auf allen Ebenen. Schließlich teilen diese beiden Tierzeichen die gleichen Werte und kümmern sich mit Begeisterung um diejenigen, die es ihrer Meinung nach nötig haben.

Soziales Engagement steht deshalb in diesen Wochen ganz oben auf der Liste der Aktivitäten der Ziege. Achten Sie jedoch darauf, dass Sie nicht mehr geben, als Sie können. Es ist wichtig, dass die eigene Batterie gut gefüllt bleibt.

Nachdem sich die Energie des Tigers nun endgültig verabschiedet hat, besteht erst einmal kein Grund mehr für Sie, die Ellenbogen auszufahren. Mit dem Hasen an der Seite lassen sich die Dinge diplomatisch lösen.

Liebe, Familie, Freundschaft: Sind Sie der Familienmanager? Dann müssen Sie jetzt sicher einiges organisieren und planen für Ihre Lieben. Dabei kann es passieren, dass Sie Ihre eigenen Aktivitäten um die Bedürfnisse Ihrer Lieben herum gestalten müssen.

In der Liebe geht es mit dem Hasen noch mehr darum, den eigenen Gefühlen zu folgen. Hüten Sie sich davor, sich dem Partner zuliebe zu verbiegen. Sie tun weder sich selbst noch Ihrer besseren Hälfte einen Gefallen, wenn Sie zu allem ja sagen.

Beruf, Finanzen: Ein starkes Yin-Holz kann Ihr Gespür auch auf der geschäftlichen Ebene schärfen. Wer nun mit einem neuen Vorschlag kommt, muss sich deshalb darauf einstellen, dass Sie sich nicht einfach so darauf einlassen. Es muss Sinn machen und sich gut anfühlen - sonst wird das Ganze nichts.

Manchmal hat man ein Problem so lange vor sich hergeschoben, dass es einem absolut unlösbar erscheint. In diesem Monat bietet sich unter Umständen doch noch eine Lösung für das Ganze an, wenn Sie bereit sind, den Blickwinkel zu ändern.

Tipp des Monats: Treffen Sie Ihre Entscheidungen nun ruhig mehr aus dem Bauch heraus. Am Ende des Tages muss es Ihnen damit gut gehen.

SUNG
Affe

Grundtendenz des Monats: Im Jahr des Wasser-Hasen kann es wirklich nicht schaden, mehr auf die innere Stimme zu hören. Gerade im März zahlt sich das nun aus, denn der Monat wird von einem weiteren Hasen begleitet, der Ihre Intuition nun noch einmal zusätzlich stärkt. Es ist jetzt geradezu sträflich, wenn Sie das ignorieren.

Gehen Sie nun möglichst nicht über Ihre Grenzen hinaus! Das wird sich spätestens in den nächsten Monaten rächen, wenn Sie sich dann nicht so einsetzen können wie es nötig wäre. Ihre Gesundheit ist Ihr höchstes Gut - also beachten Sie bitte die Signale, die Ihnen Ihr Unterbewusstsein nun sendet. Schalten Sie rechtzeitig einen Gang zurück und kümmern Sie sich mehr um Ihr Wohlbefinden.

Liebe, Familie, Freundschaft: Dem Hasen ist es enorm wichtig, dass sich alle wohlfühlen. Damit das gewährleistet ist, muss der Affe nun unter Umständen Kompromisse machen, die ihm nicht wirklich schmecken. Aufgeschoben ist aber nicht aufgehoben, lieber Affe. Dann legen Sie eben einfach ein bisschen später los.

Harmonie auf der partnerschaftlichen Ebene kann immer dann erreicht werden, wenn man sich nicht zu sehr von äußeren Dingen beeinflussen lässt. Im Grunde wissen Sie doch ganz genau, was Sie aneinander haben, oder?

Beruf, Finanzen: Mit der Brechstange lassen sich nun keine guten Ergebnisse erzielen. Der Hase wünscht sich da eher sanftere Methoden. Wie wäre es zum Beispiel, wenn sich alle an einen Tisch setzen und offen über die bestehenden Probleme sprechen. Sind diese erst einmal bekannt, lässt sich nun sicher eine kreative Lösung für das Ganze finden.

Mit einer freundlichen Verbindlichkeit können Sie nun am besten überzeugen. Dabei müssen Sie gar nicht so wahnsinnig laut klappern. Man merkt auch ohne große Gesten, was Sie wirklich drauf haben.

Tipp des Monats: Es ist wichtig, alle auf Ihrer Reise mit ins Boot zu nehmen. Setzen Sie nicht voraus, dass das automatisch passiert.

YU
Hahn

Grundtendenz des Monats: Es mag ein wenig ungewohnt für den Hahn sein, nicht genau zu wissen, was ihn erwartet. Nehmen Sie sich deshalb jetzt genug Zeit, um sich zu orientieren. Haben Sie ein festes Ziel vor Augen, können Sie sich danach ausrichten. Ist noch nicht ganz klar, wohin die Reise gehen soll, schauen Sie am besten nach innen und hören auf Ihr Bauchgefühl.

Gleich zwei Hasen begleiten den Hahn im März. Das bringt wahrscheinlich vor allem auf der sozialen Ebene einiges an Verpflichtungen mit sich, denen Sie gewissenhaft nachkommen sollten. Man wünscht sich nun, dass Sie Ihren Beitrag zum Wohl der Allgemeinheit leisten.

Liebe, Familie, Freundschaft: Sie sollten jetzt wirklich keine Arbeit mit nach Hause bringen, sondern sich lieber mehr um Partner und Nachwuchs kümmern. Schließlich gehört der aktuelle Herrscher nicht umsonst zu den Tierzeichen, die das Wohl der Familie über fast alles stellen.

Wer darüber nachdenkt, seine Familie zu erweitern, kann nun mit der Planung beginnen. Auch wer seine Beziehung auf die nächste Stufe bringen möchte, ist gut beraten, gleich jetzt mit seiner besseren Hälfte zu sprechen. Zeigen Sie dabei Ihre wahren Gefühle, kann die Antwort nur positiv ausfallen.

Beruf, Finanzen: Hase und Hahn stehen sich im Tierkreis direkt gegenüber. Das heißt unter anderem, dass die Beiden vollkommen unterschiedliche Herangehensweisen haben, wenn es um Problemlösungen geht. Wenn der Hahn jetzt im März bereit ist, vom neuen Regenten zu lernen, kann er intuitiv die Wurzel der Schwierigkeiten erkennen. Eine Entschärfung der Situation sollte dann nicht mehr schwierig sein.

Frische Ideen wollen nun auf ihre Machbarkeit überprüft werden. Manchmal entpuppen sich die tollsten Pläne als nicht durchführbar. Das sollte Sie aber nicht weiter grämen. Schließlich gibt es 2023 noch genug andere Möglichkeiten.

Tipp des Monats: Vertrauen Sie ruhig ein bisschen mehr auf Ihr Gefühl! Man kann nicht immer alles nur mit dem Kopf entscheiden.

> Insekten erwachen/Frühlings-Tagnachtgleiche < März

SHIH
Hund

Grundtendenz des Monats: Ein starkes Yin-Holz bringt der März mit. Damit verbunden ist die Aufforderung für den Hund, mehr auf sein Bauchgefühl zu achten. Sie können sich in den kommenden Monaten einigen Aufwand ersparen, wenn Sie mehr auf das vertrauen, was Ihr Inneres Ihnen einflüstert. Sagen Sie jetzt ruhig nein, wenn es sich nicht richtig anfühlt.

Konzentrieren Sie sich auf die kleinen Dinge, die Sie persönlich betreffen. Die großen Zusammenhänge zu interpretieren und die Gesellschaft im Allgemeinen zu kritisieren, bringt Sie nicht weiter, sondern verschlechtert nur Ihre Laune.

Liebe, Familie, Freundschaft: Die üblichen Alltagsprobleme wollen scheinbar alle auf einmal gelöst werden. Das erfordert nicht nur eine gute Koordination, sondern auch einiges an Einfallsreichtum. Auch wenn Sie gerne die Verantwortung für Ihre Lieben übernehmen, sollten Sie nicht versuchen, alles auf einmal in die richtigen Bahnen zu lenken. Es schadet außerdem nicht, den Rest der Familie mit einzuspannen.

Im Jahr des Hasen geht es in der Liebe oft um die persönliche Gefühlslage. Es spricht nichts dagegen, wenn auch der zuverlässige Hund zuweilen einmal Schwäche zeigt.

Beruf, Finanzen: Sie konzentrieren sich nun besser auf Ihre laufenden Projekte, lieber Hund. Gerade wenn um Sie herum viel los ist, können Sie es sich nicht leisten abzuschweifen. Da mag Ihnen der Hase nun gerade noch so viele gute Gelegenheiten vor die Nase halten - kümmern Sie sich erst einmal um das, was ohnehin schon auf dem richtigen Weg ist.

Wenn die privaten Verpflichtungen in diesen Wochen zu viel sind, müssen Sie eben beruflich erst einmal ein wenig zurückstecken. Wenn Sie das rechtzeitig ankündigen, wird sicher niemand etwas dagegen haben, dass Sie sich etwas zurückziehen.

Tipp des Monats: Probleme sollten jetzt nicht auf die lange Bank geschoben werden. Kümmern Sie sich sofort darum, dann gibt es wahrscheinlich auch eine schnelle Lösung.

HAN
Schwein

Grundtendenz des Monats: Wer im Grunde mit seiner aktuellen Situation zufrieden ist, braucht in den kommenden Monaten sicher nicht viel zu tun, sondern darf mit dem Hasen an der Spitze seine Zeit mit lieben Menschen genießen. Hat das Schwein dagegen das Gefühl, dass sich einiges in seinem Leben verbessern darf, ist es an der Zeit aktiv zu werden. Mit einem derart wohlgesinnten Jahresherrscher ist vorsichtiger Optimismus durchaus angebracht.

Im März wird die sanfte Yin-Holzenergie des neuen Herrschers durch einen zweiten Hasen noch verstärkt. Gehen Sie jetzt in sich und erspüren Sie, was Sie wirklich von Ihrem Leben erwarten. Wenn Sie sich dann von Ihrem Bauchgefühl leiten lassen, kann kaum noch etwas schiefgehen.

Liebe, Familie, Freundschaft: Das Privatleben dürfte von der Energie des Hasen 2023 am meisten profitieren. Achten Sie bei allem Bedürfnis nach Harmonie aber bitte darauf, dass Sie nicht zu viele Kompromisse machen. Es wäre doch schade, wenn Sie am Ende nicht zu Ihrem Recht kommen, nur weil Sie die Bedürfnisse der Anderen über Ihre eigenen stellen.

Der Hase gehört zu den kinderliebsten Zeichen im Chinesischen Tierkreis. Deshalb eignet sich sein Jahr durchaus für die Familienplanung, falls diese noch nicht abgeschlossen ist.

Beruf, Finanzen: Manche Probleme lassen sich einfach nicht lösen, wenn man sie immer nur von außen betrachtet. Ändern Sie nun Ihren Blickwinkel und steigen tiefer in das Thema ein, mag sich die Lösung fast wie von selbst zeigen. Wenn es Ihr Impuls war, der die Sache zu einem guten Abschluss gebracht hat, dürfen Sie sich ruhig einmal selbst auf die Schulter klopfen.

Viele Ideen und wenig Energie, um Sie umzusetzen? Dann sollten Sie jetzt das Feuer-Element stärken oder einfach bis zum nächsten oder übernächsten Monat warten.

Tipp des Monats: Sie können das Jahr wirklich optimistisch beginnen. Der Jahresregent steht voll und ganz auf Ihrer Seite.

März 2023	Jahreskonstellation – Wasser Hase Monatskonstellation – Holz Hase

1. Erd Pferd	Ratte Büffel Tiger Hase Drache Schlange Pferd Ziege Affe Hahn Hund Schwein **Günstig:** Gartenarbeit, Feiern, Hochzeit, Dinge zum Abschluss bringen. **Ungünstig:** keine Anschuldigungen gegen Dritte erheben.
2. Erd Ziege	Ratte Büffel Tiger Hase Drache Schlange Pferd Ziege Affe Hahn Hund Schwein **Günstig:** Gartenarbeit, Hochzeit, Dinge zum Abschluss bringen. **Ungünstig:** Umzug, Reisen, Geschäftseröffnung.
3. Metall Affe	Ratte Büffel Tiger Hase Drache Schlange Pferd Ziege Affe Hahn Hund Schwein **Günstig:** Ausruhen, Meditation, seinen Hobbys nachgehen. **Ungünstig:** wichtige Unternehmungen.
4. Metall Hahn	Ratte Büffel Tiger Hase Drache Schlange Pferd Ziege Affe Hahn Hund Schwein **Günstig:** Amüsieren, mit Freunden ausgehen, Freizeitaktivitäten. **Ungünstig:** geschäftliche Aktivitäten, neue Dinge anfangen.
5. Wasser Hund	Ratte Büffel Tiger Hase Drache Schlange Pferd Ziege Affe Hahn Hund Schwein **Günstig:** Amüsieren, mit Freunden ausgehen, Freizeitaktivitäten. **Ungünstig:** geschäftliche Aktivitäten, neue Dinge anfangen.
6. Wasser Schwein	Ratte Büffel Tiger Hase Drache Schlange Pferd Ziege Affe Hahn Hund Schwein **Günstig:** für die meisten Aktivitäten, Geschäftsabschlüsse, Partnerschaft. **Ungünstig:** negative Bemerkungen über andere Menschen.
7. Holz Ratte	Ratte Büffel Tiger Hase Drache Schlange Pferd Ziege Affe Hahn Hund Schwein **Günstig:** Handel, Geschäftseröffnungen, Hochzeiten und andere Feste planen. **Ungünstig:** Beerdigungen, Reisen, Arztbesuche.
8. Holz Büffel	Ratte Büffel Tiger Hase Drache Schlange Pferd Ziege Affe Hahn Hund Schwein **Günstig:** Handwerkliche Aktivitäten, Handel, Hochzeiten, Reisen. **Ungünstig:** Trauerfeiern und Beerdigungen, schwere körperliche Arbeit.
9. Feuer Tiger	Ratte Büffel Tiger Hase Drache Schlange Pferd Ziege Affe Hahn Hund Schwein **Günstig:** Ankündigungen machen, Beerdigungen, Trauerfeiern. **Ungünstig:** Handel, Vergnügungen, Freizeitaktivitäten.
10. Feuer Hase	Ratte Büffel Tiger Hase Drache Schlange Pferd Ziege Affe Hahn Hund Schwein **Günstig:** Kleidung schneidern, Handel, Buchhaltung, Ausflüge, neue Dinge beginnen. **Ungünstig:** Geschäfte eröffnen, Kraftanstrengungen, Reisen, Ersparnisse ausgeben.
11. Erd Drache	Ratte Büffel Tiger Hase Drache Schlange Pferd Ziege Affe Hahn Hund Schwein **Günstig:** Putzen, waschen, fasten, seelische und körperliche Pflege, Arztbesuche. **Ungünstig:** Ausdauersport, Reisen, Hochzeit.
12. Erd Schlange	Ratte Büffel Tiger Hase Drache Schlange Pferd Ziege Affe Hahn Hund Schwein **Günstig:** Umziehen, Reisen, Hochzeiten, Empfänge, wichtige Konferenzen. **Ungünstig:** geistige Arbeiten, Gartenarbeit, häusliche Tätigkeiten.
13. Metall Pferd	Ratte Büffel Tiger Hase Drache Schlange Pferd Ziege Affe Hahn Hund Schwein **Günstig:** Versammlungen, gerechte Verteilungen, Hochzeit, Konferenzen, Umzug. **Ungünstig:** Gartenarbeit, Dinge zum Abschluss bringen.
14. Metall Ziege	Ratte Büffel Tiger Hase Drache Schlange Pferd Ziege Affe Hahn Hund Schwein **Günstig:** Gartenarbeit, Feiern, Hochzeit, Dinge zum Abschluss bringen. **Ungünstig:** keine Anschuldigungen gegen Dritte erheben.
15. Wasser Affe	Ratte Büffel Tiger Hase Drache Schlange Pferd Ziege Affe Hahn Hund Schwein **Günstig:** Gartenarbeit, Feiern, Hochzeit, Dinge zum Abschluss bringen. **Ungünstig:** keine Anschuldigungen gegen Dritte erheben.

Ob ein Tag besonders günstig für Ihr Tierzeichen ist, sehen Sie an folgenden Farben:
Rot = sehr günstig, Grau = günstig, Schwarz = nicht günstig

16. Wasser Hahn	Ratte Büffel Tiger Hase Drache Schlange Pferd Ziege Affe Hahn Hund Schwein **Günstig:** Ausruhen, Meditation, seinen Hobbys nachgehen. **Ungünstig:** wichtige Unternehmungen.
17. Holz Hund	Ratte Büffel Tiger Hase Drache Schlange Pferd Ziege Affe Hahn Hund Schwein **Günstig:** Amüsieren, mit Freunden ausgehen, Freizeitaktivitäten. **Ungünstig:** geschäftliche Aktivitäten, neue Dinge anfangen.
18. Holz Schwein	Ratte Büffel Tiger Hase Drache Schlange Pferd Ziege Affe Hahn Hund Schwein **Günstig:** für die meisten Aktivitäten, Geschäftsabschlüsse, Partnerschaft. **Ungünstig:** negative Bemerkungen über andere Menschen.
19. Feuer Ratte	Ratte Büffel Tiger Hase Drache Schlange Pferd Ziege Affe Hahn Hund Schwein **Günstig:** Handel, Geschäftseröffnungen, Hochzeiten und andere Feste planen. **Ungünstig:** Beerdigungen, Reisen, Arztbesuche.
20. Feuer Büffel	Ratte Büffel Tiger Hase Drache Schlange Pferd Ziege Affe Hahn Hund Schwein **Günstig:** Handwerkliche Aktivitäten, Handel, Hochzeiten, Reisen. **Ungünstig:** Trauerfeiern und Beerdigungen, schwere körperliche Arbeit.
21. Erd Tiger	Ratte Büffel Tiger Hase Drache Schlange Pferd Ziege Affe Hahn Hund Schwein **Günstig:** Ankündigungen machen, Beerdigungen, Trauerfeiern. **Ungünstig:** Handel, Vergnügungen, Freizeitaktivitäten.
22. Erd Hase	Ratte Büffel Tiger Hase Drache Schlange Pferd Ziege Affe Hahn Hund Schwein **Günstig:** Kleidung schneiden, Handel, Buchhaltung, Ausflüge, neue Dinge beginnen. **Ungünstig:** Geschäfte eröffnen, Kraftanstrengungen, Reisen, Ersparnisse ausgeben.
23. Metall Drache	Ratte Büffel Tiger Hase Drache Schlange Pferd Ziege Affe Hahn Hund Schwein **Günstig:** Putzen, waschen, fasten, seelische und körperliche Pflege, Arztbesuche. **Ungünstig:** Ausdauersport, Reisen, Hochzeit.
24. Metall Schlange	Ratte Büffel Tiger Hase Drache Schlange Pferd Ziege Affe Hahn Hund Schwein **Günstig:** Umziehen, Reisen, Hochzeiten, Empfänge, wichtige Konferenzen. **Ungünstig:** geistige Arbeiten, Gartenarbeit, häusliche Tätigkeiten.
25. Wasser Pferd	Ratte Büffel Tiger Hase Drache Schlange Pferd Ziege Affe Hahn Hund Schwein **Günstig:** Versammlungen, gerechte Verteilungen, Hochzeit, Konferenzen, Umzug. **Ungünstig:** Gartenarbeit, Dinge zum Abschluss bringen.
26. Wasser Ziege	Ratte Büffel Tiger Hase Drache Schlange Pferd Ziege Affe Hahn Hund Schwein **Günstig:** Gartenarbeit, Feiern, Hochzeit, Dinge zum Abschluss bringen. **Ungünstig:** keine Anschuldigungen gegen Dritte erheben.
27. Holz Affe	Ratte Büffel Tiger Hase Drache Schlange Pferd Ziege Affe Hahn Hund Schwein **Günstig:** Gartenarbeit, Hochzeit, Dinge zum Abschluss bringen. **Ungünstig:** Umzug, Reisen, Geschäftseröffnung.
28. Holz Hahn	Ratte Büffel Tiger Hase Drache Schlange Pferd Ziege Affe Hahn Hund Schwein **Günstig:** Ausruhen, Meditation, seinen Hobbys nachgehen. **Ungünstig:** wichtige Unternehmungen.
29. Feuer Hund	Ratte Büffel Tiger Hase Drache Schlange Pferd Ziege Affe Hahn Hund Schwein **Günstig:** Amüsieren, mit Freunden ausgehen, Freizeitaktivitäten. **Ungünstig:** geschäftliche Aktivitäten, neue Dinge anfangen.
30. Feuer Schwein	Ratte Büffel Tiger Hase Drache Schlange Pferd Ziege Affe Hahn Hund Schwein **Günstig:** für die meisten Aktivitäten, Geschäftsabschlüsse, Partnerschaft. **Ungünstig:** negative Bemerkungen über andere Menschen.
31. Erd Ratte	Ratte Büffel Tiger Hase Drache Schlange Pferd Ziege Affe Hahn Hund Schwein **Günstig:** Handel, Geschäftseröffnungen, Hochzeiten und andere Feste planen. **Ungünstig:** Beerdigungen, Reisen, Arztbesuche.

TZE
Ratte

Grundtendenz des Monats:
Wer sich nun weiter auf sein Bauchgefühl verlässt und die richtigen Entscheidungen trifft, dürfte im April auf den meisten Ebenen Erfolg haben. Mit einem charismatischen Feuer-Drachen als Monatsbegleiter kann die Ratte einmal mehr erstaunliche Visionen entwickeln. Die Frage ist allerdings, ob Sie später in der Lage sind, das Ganze auch umzusetzen oder ob die wundervollen Ideen eher auf der geistigen Ebene stecken bleiben.
Drache und Ratte sind ein tolles Team, wenn es darum geht, Ideen zu entwickeln und zu präsentieren. Das dürfte in diesen Wochen aber nicht ausreichen, um wirklich loszulegen. Krempeln Sie also beizeiten die Arme hoch.

Liebe, Familie, Freundschaft: .
Einsame Ratten können sich mit Hilfe des charismatischen Drachen sicher besser in Szene setzen als noch im letzten Monat. Allerdings sollten Sie bedenken, dass es dem Jahresregenten vor allem um tiefe und wahrhaftige Gefühle geht. Nach oberflächlichem Geplänkel steht dem Hasen sicher nicht der Sinn.
Der familiäre Alltag mag die Ratte jetzt besonders fordern. Vor allem, wenn es wenig Abwechslung gibt, kann die Aufmerksamkeit nachlassen und der Schlendrian einkehren.

Beruf, Finanzen: Ein bisschen mehr Struktur würde nun sicher nicht schaden, liebe Ratte. Es ist ja gut und schön, dass Sie fleißig Pläne schmieden. Aber am Ende des Tages bedarf es eben schon Einiges an Organisation, damit sich das Ganze auch umsetzen lässt. Wenn Ihnen das zu lästig ist, suchen Sie sich jetzt am besten Unterstützung - und zwar von der Sorte, die auch wirklich aktiv mit anpackt.
Bei finanziellen Angelegenheiten sollte sich die Ratte im Monat des Drachens nicht zu weit aus dem Fenster lehnen. Riskante Aktionen mag der Wasser-Hase nicht und wird auch kaum helfend eingreifen, wenn die Ratte sich verspekuliert.

Tipp des Monats:
Lassen Sie sich nun nicht auf Diskussionen ein, sondern zeigen Sie sich kompromissbereit!

KIU
Büffel

Grundtendenz des Monats:
Vielleicht fragen Sie sich in diesen Wochen, was der richtige Weg für Sie sein mag im Jahr des Wasser-Hasen. Der aktuelle Regent zeigt sich enorm flexibel, wenn es um die Möglichkeiten geht, die er seinen Untertanen bietet. Da liegt es nun zum größten Teil am Büffel selbst zu entscheiden, ob und wie er von der kreativen Energie profitieren will.
Mit dem Feuer-Drachen im Monat mag selbst der sonst eher konservative Büffel ins Schwärmen geraten und sich von den Visionen und der Aufbruchstimmung in seiner Umgebung anstecken lassen. Sie sollten jedoch keine überstürzten Entscheidungen treffen, sondern darauf achten, dass neue Pläne Ihrer Grundeinstellung zum Leben entsprechen.

Liebe, Familie, Freundschaft: Vermeiden Sie in diesen Wochen unnötigen Streit, lieber Büffel. Manche Dinge sind es wirklich nicht wert, dass man sich dafür in eine Auseinandersetzung stürzt. Der Haussegen lässt sich recht schnell gerade rücken, wenn Sie sich öfters einmal einsichtig zeigen.
Mit dem Drachen ist es im April sicher einfacher, sich nach außen zu präsentieren. Dabei sollten Sie jetzt aber bitte keinen falschen Eindruck erwecken. Vor allem, wenn Sie auf der Suche nach einer dauerhaften neuen Beziehung sind, ist Ehrlichkeit von Anfang an am besten.

Beruf, Finanzen: Wenn es Sie schon länger stört, dass Sie im Beruf vor allem die Ideen und Pläne der Anderen umsetzen, könnte nun ein guter Zeitpunkt sein, das zu ändern. Setzen Sie Ihre Fähigkeiten einfach mehr für Ihre eigene Belange ein. Mit Hilfe des Hasen können Sie Ihr kreatives Potential entdecken. Der Drache hilft nun dabei, es der Außenwelt zu präsentieren.
Investitionen können in diesen Wochen großen Erfolg bringen. Allerdings gilt es, gut zu beobachten und es mit dem Risiko nicht zu übertreiben.

Tipp des Monats:
Trauen Sie sich ruhig ein bisschen mehr aus Ihrer Komfortzone heraus! Es gibt spannende Dinge zu entdecken.

> Klar und hell / Getreideregen < April

YING Tiger

Grundtendenz des Monats:
Wer sagt Ihnen eigentlich, was richtig und was falsch ist? In der Regel lässt sich der Tiger eine Meinung nicht von aussen aufzwingen - da muss der Gegenüber schon wirklich gut argumentieren! Wenn Sie das Gefühl haben, das Richtige zu tun, sollten Sie sich davon nicht abbringen lassen. Solange unter Ihrer Entscheidung niemand leiden muss, bekommen Sie die volle Unterstützung des Wasser-Hasen.

Geht es um die Planung Ihrer Aktivitäten dürfen Sie sich nun ruhig helfen lassen, wenn es Ihnen zu viel wird. Das Metall-Element ist im April nicht besonders gut ausgeprägt, so dass Sie bei der Organisation vielleicht etwas Unterstützung gebrauchen können.

Liebe, Familie, Freundschaft: Der April wird von einem Feuer-Drachen begleitet. Da sollte es vor allem Tiger auf Freiersfüßen gut gelingen, sich vorteilhaft zu präsentieren. Wenn Sie Ihren Charme sprühen lassen, können Sie fast Jeden um den Finger wickeln. Im Jahr des Wasser-Hasen sollte es dem Tiger mehr um eine ehrliche Beziehung als um ein kurzes Abenteuer gehen. Lassen Sie bitte keine unberechtigten Hoffnungen aufkommen, wenn Sie es nicht ernst meinen. Vielleicht wäre es nun eine gute Idee, über die Aufgabenverteilung in der Familie nachzudenken. Je besser Sie das organisieren, desto weniger Stress bereitet Ihnen der Alltag.

Beruf, Finanzen: Sie dürfen in diesen Wochen endlich einmal wieder zeigen, was Sie drauf haben! Mit Hilfe des charismatischen Drachen lassen sich neue Projekte wunderbar präsentieren und der eigene Einsatz ins rechte Licht rücken. Auch wer bislang eher hinter den Kulissen gewirkt hat, darf sich nun ins Scheinwerferlicht wagen. Wenn Ihnen das nicht angenehm oder nicht wichtig genug ist, können Sie selbstverständlich auch weiterhin in der zweiten Reihe bleiben. Es ist allerdings fraglich, ob Sie so die Anerkennung bekommen, die Sie verdienen.

Tipp des Monats:
Konsequentes Handeln wird nun belohnt - vor allem, wenn Sie fest an Ihren Erfolg glauben.

MAO Hase

Grundtendenz des Monats:
Der April wird von einem charismatischen Feuer-Drachen begleitet, der beim Hasen durchaus die Fantasie anregen kann. Trotzdem sollten Sie sich nun nicht dazu verleiten lassen, zu viele Luftschlösser zu bauen. In Ihrem Umfeld könnte das nämlich dazu führen, dass man Sie nicht so ernst nimmt, wie Sie das verdient haben. Was richtig und was falsch ist lässt sich in diesen Wochen vielleicht nicht immer so einfach sagen. Wahrscheinlich liegt die Wahrheit irgendwo in der Mitte. Hören Sie einfach auf Ihr Herz und vertrauen Sie auf Ihr Gefühl - damit liegen Sie im Jahr des Wasser-Hasen auf keinen Fall falsch.

Liebe, Familie, Freundschaft: Lassen Sie sich nicht ständig für Dinge einspannen, die erst einmal nur Partner und Familie zugute kommen. Es fühlt sich nicht richtig an, dass Sie Ihren Lieben die Arbeit abnehmen und am Ende des Tages nichts davon haben. Besonders wenn es um den Nachwuchs geht, ist es wichtig, dass eigene Erfahrungen gemacht werden. Im späteren Leben können Sie auch nicht jederzeit für Ihre Kinder da sein.

Wenn es Ihnen in einer frischen Beziehung zu schnell geht, müssen Sie das bitte sagen! Treten Sie ruhig auf die Bremse und nehmen Sie sich mehr Zeit, einander kennenzulernen. Der Hase verschenkt sein Herz eben nicht leichtfertig.

Beruf, Finanzen: Wer jetzt die richtige Entscheidung trifft, braucht sich für den Rest des Jahres nicht mehr ganz so sehr ins Zeug zu legen. Allerdings ist es für so manchen Hasen unter Umständen nicht wirklich ersichtlich, was der korrekte Weg für ihn ist. Wenn es Ihnen an visionären Ideen mangelt, suchen Sie sich am besten einen Mentor.

Gehen Sie im Monat des Drachen bitte keine unnötigen Risiken ein, wenn es um Ihre Finanzen geht. Gerade, wenn es um einen nicht unerheblichen Teil Ihrer Ersparnisse geht, sollten Sie sich lieber doppelt und dreifach absichern.

Tipp des Monats:
Glauben Sie an Ihren Erfolg! Sonst wird er sich kaum einstellen.

SHENG Drache

Grundtendenz des Monats:
Im April kann der Drache wieder besser in seine Kraft kommen, denn er wird von einem Artgenossen unterstützt. Da dieser jetzt auch noch zusätzlich Feuer im Gepäck hat, sollte auch die allgemeine Motivation steigen. So können Sie es nun wagen, auch scheinbar eingefahrene Projekte noch einmal zu reaktivieren. Behalten Sie in diesen Wochen Ihre Gesundheit im Auge! Es besteht nun die Tendenz, kleinere Befindlichkeiten einfach zu übergehen. Kümmern Sie sich lieber gleich darum, dann kann sich die Sache auch nicht ausweiten.

Liebe, Familie, Freundschaft: In der Partnerschaft ist in diesem Monat Fantasie gefragt. Vor allem, wenn es zurzeit ein wenig an Leidenschaft fehlt, darf der Drache jetzt aktiver werden. Sie sind doch sonst auch nicht um Einfälle verlegen. Zeigen Sie Ihrer besseren Hälfte, was in Ihnen steckt!

Was richtig und was falsch ist im Umgang mit dem eigenen Nachwuchs ist manchmal gar nicht so einfach zu sagen. Vor allem, wenn die Kinder schon größer sind, lassen sie sich in der Regel ungern etwas vorschreiben. Sicher können Sie am meisten erreichen, wenn Sie ein gutes Beispiel geben.

Beruf, Finanzen: Sie können wirklich sehr überzeugend sein, wenn Sie das wollen, lieber Drache! Setzen Sie dieses Talent jetzt immer dann ein, wenn Sie aktiv die Richtung mitbestimmen wollen, in die sich Ihre Arbeit in Zukunft bewegen soll. Dabei spielt es keine große Rolle, ob Sie im kleinen oder größeren Rahmen aktiv werden. Hauptsache, sie tun Ihre Meinung auf eine respektvolle Weise kund.

Finanzielle Risiken sind jetzt unbedingt zu vermeiden. Auch wenn sich die Angebote verlockend anhören, ist eine gründliche Prüfung im nächsten Monat wichtig. Schließlich haben Sie kein Geld zu verschenken, oder?

Tipp des Monats:
Der Erfolg stellt sich ein, wenn Sie die richtigen Weichen gestellt haben. Überprüfen Sie Ihre Entscheidungen!

SZE Schlange

Grundtendenz des Monats:
Wenn der Drache im April auftaucht, treten für die meisten Schlangen Themen in den Vordergrund, die sich nicht immer mit dem Verstand erklären lassen. Drache und Schlange teilen sich das Haus der Spiritualität und stärken sich gegenseitig, wenn es um einen guten Draht nach oben geht. Dazu kommt im aktuellen Jahr noch die stark ausgeprägte Intuition des Hasen. Wenn Sie sich schon länger ausgiebiger mit Ihrer Spiritualität beschäftigen wollten, ist nun der perfekte Zeitpunkt gekommen.

Ihr Feuer-Element wird in diesen Wochen zusätzlich unterstützt. Da fällt unter anderem leichter, transformative Prozesse anzustoßen.

Liebe, Familie, Freundschaft: Sie dürfen ab und an schon ein bisschen mehr aus sich heraus gehen, liebe Schlange. Gerade Ihrem Partner gegenüber sollten Sie nun Ihr wahres Selbst nicht verstecken. Mit dem Drachen an Ihrer Seite sollte es nun leichter fallen, sich ins rechte Licht zu rücken. Sie haben wirklich nichts zu verstecken.

Wer sich Harmonie wünscht, muss auch aktiv daran arbeiten, dass Sie sich einstellen kann. Vermitteln Sie jetzt zwischen potentiellen Streithähnen oder verschaffen Sie denjenigen Gehör, die in der Regel im Familien- oder Freundeskreis zu kurz kommen.

Beruf, Finanzen: Der Drache hat in der Regel kein Problem damit, etwas zu riskieren. Wer jetzt nicht jeden Groschen zweimal umdrehen muss, darf sich im Bereich der Finanzen ruhig ein bisschen mehr trauen. Vor allem, wenn Sie die Situation vorher lange genug beobachtet haben, sollten Sie sich recht sicher mit Ihrer Entscheidung fühlen.

Offene Kritik ist immer die bessere Option. Sie müssen lediglich darauf achten, dass Sie das Ganze diplomatisch rüberbringen und vor allen Dingen sachlich bleiben. Dann kommt es auch auf der anderen Seite an und es besteht die Chance, dass sich wirklich etwas ändert.

Tipp des Monats:
Sie dürfen sich ruhig ein bisschen mehr zutrauen! Setzen Sie Ihre Fähigkeiten selbstbewusst ein!

Grundtendenz des Monats:
Mit dem Feuer-Drachen an Ihrer Seite können Sie im April wieder forscher auftreten. Bedenken Sie, dass man Ihr Verhalten mehr unter die Lupe nimmt, wenn Sie mehr wahrgenommen werden. Wer seine Emotionen nicht gut unter Kontrolle hat, tut vielleicht besser daran, mehr im Verborgenen zu wirken.
Zielgerichtete Aktivitäten können nun sicher gut auf den Weg gebracht werden. Sollte es dem Pferd dafür im Augenblick an Struktur fehlen, wäre es nicht schlecht, dass Metall-Element zu stärken. Dafür wird es wahrscheinlich schon reichen, wenn Sie eine gewisse Regelmäßigkeit in Ihr Tun bringen und mehr Zeit in die Planung investieren.

Liebe, Familie, Freundschaft: Der Jahresherrscher spielt mit offenen Karten, wenn es um die Gefühle geht. Da kann das Pferd unter Umständen lernen, mehr Rücksicht auf die Befindlichkeiten von Freunden und Familie zu nehmen. Gerade empfindsame Seelen in Ihrem persönlichen Umfeld werden es sicher zu schätzen wissen, wenn Sie etwas weniger direkt sind.
In der Liebe ist nun vielleicht nicht alles Gold, was glänzt. Sie tun gut daran, erst einmal hinter die Fassade zu schauen, bevor Sie sich tiefer auf Ihr Gegenüber einlassen. Wenn das Blendwerk erst einmal verschwunden ist, zeigt sich der wahre Charakter.

Beruf, Finanzen: Auch wenn dem Pferd der Erfolg des gesamten Teams wichtig ist, wünscht es sich zuweilen doch etwas mehr Anerkennung für seinen Einsatz. Gerade jetzt im April macht sich das mehr bemerkbar als in den vergangenen Monaten, denn der Drache ist es gewohnt, Aufmerksamkeit auf sich zu ziehen.
Erwarten Sie nun nicht zu viel von Ihren Investitionen! Mit dem aktuellen Regenten herrscht eine grundsätzliche Vorsicht in Geldangelegenheiten vor, so dass die Ergebnisse vielleicht hinter Ihren Erwartungen zurückbleiben.

Tipp des Monats:
Wenn Sie nicht wissen, was die richtige Entscheidung ist, halten Sie einfach erst einmal inne.

Grundtendenz des Monats:
Auch im Jahr des eher zurückhaltenden Hasen darf die Ziege zuweilen glänzen. Im April bekommt sie dafür einen Feuer-Drachen an Ihre Seite gestellt. Der sorgt jetzt gerne dafür, dass Sie sich aus der Deckung trauen und zeigen können, was Sie wirklich drauf haben. Das sollte aber keinesfalls als Verpflichtung verstanden werden.
So langsam sollten Sie sich daran gewöhnt haben, dass der neue Jahresregent sich nicht um jeden Preis durchsetzen will. Um sein Ziel zu erreichen setzt er deutlich subtilere Methoden als der Tiger ein. Damit können Sie nun aber genauso erfolgreich sein.

Liebe, Familie, Freundschaft: Innere Unsicherheiten lassen sich nicht auf Dauer vor dem Partner verstecken. Da wäre es nun wirklich besser, wenn Sie das Thema ansprechen und offen zu Ihren vermeintlichen Defiziten stehen. So bekommen Sie den nötigen Zuspruch und werden wahrscheinlich feststellen, dass die andere Seite das ganz anders sieht. Mit dem entsprechenden Zuspruch lassen sich derartige Zweifel viel leichter ausräumen.
Wer am lautesten auf sein Recht pocht, muss nicht automatisch seinen Willen bekommen, liebe Ziege. Machen Sie Ihrer Familie nun klar, dass in Ihren vier Wänden immer ein Konsens gesucht wird, der möglichst für alle passt.

Beruf, Finanzen: Finanzielle Unterfangen erscheinen nun vielleicht in einem günstigeren Licht, als sie es verdienen. Im Monat des Drachen ist vorsichtiger Optimismus sicher angebracht. Gleichzeitig sollten Sie sich aber nicht zu unbedachten Handlungen hinreißen lassen.
Ihre strukturierte Arbeitsweise findet im April sicher viel Anklang. Jetzt fehlt nämlich in der Gesamtkonstellation das ordnende Metall-Element. Da ist man der Ziege sicher dankbar, wenn Sie die Planung übernimmt und für die nötige Methodik sorgt.

Tipp des Monats:
Wer jetzt beherzt voranschreitet, dem werden sicher keine Steine in den Weg gelegt.

SUNG
Affe

Grundtendenz des Monats:
Im April wird dem Affen ein Drache an die Seite gestellt - eines der Tierzeichen, das seine Fantasie am meisten anregen kann. So können sich nun sicher viele neue Ideen entwickeln, die vielleicht nicht immer ganz alltagstauglich sind, dafür dem Affen aber viel Spaß machen. Wenn Sie es sich zeitlich erlauben können, dürfen Sie nun ruhig ein bisschen abschweifen. Es muss ja nicht immer alles ernsthaft und sinnvoll sein, was Sie tun.
Alle fünf Elemente vereinen sich im April für den Affen zu einem harmonischen Ganzen. Da sollte Ihnen wirklich alles gelingen, was Sie anpacken.
Liebe, Familie, Freundschaft: Sollten nun ein paar kleinere Wolken am Beziehungshimmel aufziehen, liegt das vielleicht daran, dass Sie Ihre Prioritäten unterschiedlich setzen. Der Hase wünscht sich mehr Nähe und Zurückgezogenheit, während der Drache versucht, Sie mehr ins Rampenlicht zu ziehen. Sicher können Sie einen Kompromiss finden, der beiden Seiten gerecht wird.
Wer immer noch auf der Suche nach einem Partner ist, kann sich nun deutlich besser ins rechte Licht setzen als noch in den Wochen zuvor. Bleiben Sie dabei aber auf jeden Fall authentisch! Am Ende des Tages wollen Sie doch um Ihrer selbst Willen geliebt werden.
Beruf, Finanzen: Es nützt nichts, wenn Sie viel tun, es dann aber nicht nach außen präsentieren. Mit dem Drachen kann der Affe nun viel besser seine Ergebnisse zeigen und bekommt so das verdiente Feedback. Das kann sich übrigens auch finanziell positiv auswirken und seinen Wert generell steigern.
Nur weil theoretisch viel möglich ist, heißt das nicht, dass Sie nun wieder einmal alles auf einmal machen sollten. Entscheiden Sie sich bewusst für Ihre Projekte und konzentrieren Sie sich darauf. Der Rest läuft Ihnen nicht davon - da können Sie sich später noch drum kümmern.
Tipp des Monats:
Sie sollten nun wirklich mit Ihren Kräften haushalten. Das Jahr ist schließlich noch lang.

YU
Hahn

Grundtendenz des Monats:
Im April darf sich der Hahn wieder mehr auf das äußere Geschehen konzentrieren. Damit er dabei auf keinen Fall übersehen wird, steht ihm nun ein charismatischer Feuer-Drache zur Seite. Das kann Sie unter anderem nun wunderbar unterstützen, wenn es darum geht, die eigenen Pläne in einem kleinen oder großen Rahmen zu präsentieren.
Alle fünf Elemente sind nun in der Konstellation präsent. Das bedeutet, dass Sie potentielle Defizite nun ausgleichen können und sich durchaus auch an Dinge wagen können, die Sie bislang nicht wirklich auf dem Schirm hatten.
Liebe, Familie, Freundschaft: Es ist gar nicht immer nötig, in allem perfekt zu erscheinen. Gerade für die Menschen, die Sie lieben, ist es in diesem Jahr nicht nötig, eine Fassade aufrecht zu erhalten. Sparen Sie sich den Aufwand und geben Sie sich so, wie Sie sind. Dem Jahresherrscher mit seiner guten Intuition können Sie ohnehin nichts vormachen.
Sicher ist der erste Eindruck wichtig, wenn Sie auf der Suche nach einem neuen Partner sind. Jetzt überzeugen Sie jedoch deutlich mehr mit einfühlsamen Verhalten als mit großen Gesten. Lassen Sie sich bitte nicht vom Drachen dazu verleiten, allzu extravagant aufzutreten.
Beruf, Finanzen: Finanzielle Angelegenheiten dürfen sich nun durchaus positiv für den Hahn entwickeln. Ihr Gespür für die richtigen Investitionen und die neuesten Trends kombinieren nun mit dem sprichwörtlichen Glück des Drachens. Das bedeutet aber nicht, dass Sie zu viel riskieren sollten.
Einsame Entscheidungen sind im Jahr des Hasen nicht gefragt. Deshalb sollte es jetzt auch nicht darum gehen, den eigenen Willen um jeden Preis durchzusetzen. Finden Sie lieber eine Möglichkeit, die Zustimmung aller Beteiligten zu bekommen und machen Sie gemeinsame Sache.
Tipp des Monats:
Wenn Sie sich nun in die richtige Richtung bewegen, steht dem Erfolg nichts im Wege.

> Klar und hell / Getreideregen < April

SHIH
Hund

Grundtendenz des Monats:
Mit dem Drachen kommt im April mehr Fantasie ins Leben des Hundes. Schließlich handelt es sich um ein Fabelwesen, dass schon in viele Geschichten mehr Exotik und mehr Farbe gebracht hat. Für den pragmatischen Hund mag es nicht immer ganz einfach sein, sich auf Themen einzulassen, die sich nicht sofort erklären lassen. Versuchen Sie es jetzt einfach einmal! Sie werden sich wundern, wie wunderbar Sie Ihren Horizont damit erweitern können.
Fehlt es in diesem Monat ein wenig an Struktur, kann das daran liegen, dass das Metall-Element gerade nicht gut ausgeprägt ist. Ein genauer Terminplan kann jetzt sehr hilfreich sein.

Liebe, Familie, Freundschaft: Es mag Ihnen nicht so leicht fallen, sich mehr in den Vordergrund zu stellen. Wenn Sie allerdings einen neuen Partner finden wollen, müssen Sie sich schon bewusst da draußen zeigen. Wer immer nur in den eigenen vier Wänden hockt, wird sein Herz nur schwer neu verschenken können.
Ein bisschen mehr Fantasie kann in langjährigen Beziehungen sicher nicht schaden. Überraschen Sie Ihre bessere Hälfte jetzt mit etwas Außergewöhnlichem! Das kann ein romantisches Rendezvous, ein liebevoll zubereitetes Abendessen oder ein ausgefallenes Geschenk sein - je origineller, umso besser!

Beruf, Finanzen: Der Drache hat in der Regel ein gutes Händchen in geschäftlichen Angelegenheiten. Allerdings zeigt er meistens auch ein deutlich riskanteres Verhalten als es dem sicherheitsliebenden Hund behagt. In diesem Monat müssen Sie sich entscheiden, ob Sie auf Nummer Sicher gehen wollen oder sich einfach einmal etwas mehr trauen.
Sie wünschen sich schon länger neue Aufgaben oder eine Gehaltserhöhung? Dann sollten Sie jetzt mal ganz konkret nachfragen! Wer nicht den Mund aufmacht, kann seine Ansprüche nicht geltend machen.

Tipp des Monats:
Es gibt keinen Grund, sich zu verstecken. Zeigen Sie jetzt mutig, was in Ihnen steckt!

HAN
Schwein

Grundtendenz des Monats:
Draußen glänzen oder sich hinter den Kulissen um alles kümmern… die Wahl mag für das Schwein im April gar nicht so einfach sein. Mit dem Drachen gesellt sich nun ein Tierzeichen zum Jahresregenten, dass gerne seine Fähigkeiten einem großen Publikum präsentiert. Es ist ein guter Zeitpunkt, um aus dem Schatten mehr ins Licht zu treten.
Der Drache mag darüber hinaus bei so manchem Schwein die Fantasie anregen. Schließlich ist dieses Tierzeichen dafür bekannt, Visionen zu entwickeln und große Pläne zu machen. Inwieweit sich davon für das Schwein in den nächsten Monaten etwas umsetzen lässt, muss sich zeigen. Im Jahr des Wasser-Hasen stehen die Chancen dafür aber gar nicht so schlecht.

Liebe, Familie, Freundschaft: Wenn in diesen Wochen der Haussegen ein wenig schief hängt, ist das kein Grund, sich zu viel Sorgen zu machen. Wahrscheinlich gibt es Diskrepanzen zwischen dem Einsatz für die Familie und dem Willen, mehr selbständig zu unternehmen. Sicher kann das Schwein vermitteln, so dass ein guter Kompromiss gefunden wird.
Es bringt Sie wirklich nicht weiter bei der Partnersuche, wenn Sie sich zu Hause verstecken. Zeigen Sie sich jetzt selbstbewusst auch außerhalb Ihres gewohnten Umfeldes.

Beruf, Finanzen: Ihr Einsatz kann sich nur dann auszahlen, wenn man auch wirklich sehen kann, was Sie gemacht haben. Deshalb gehört das Schwein nun klar in die erste Reihe und sollte auf sich aufmerksam machen. Sie wollen doch sicher nicht, dass jemand Anderes die Lorbeeren für Sie erntet, oder?
In finanziellen Angelegenheiten sollten Sie jetzt niemandem vertrauen, den Sie nicht auf Herz und Nieren geprüft haben. Holen Sie sich besser mehrere weitere Meinungen ein, bevor Sie Ihr gutes Geld in etwas investieren, was Ihnen selbst kaum etwas nützt.

Tipp des Monats:
Wer jetzt die richtigen Entscheidungen trifft, kann einiges in Bewegung setzen.

April 2023

Jahreskonstellation – Wasser Hase
Monatskonstellation – Feuer Drache

1. Erd Büffel	Ratte Büffel Tiger Hase Drache Schlange Pferd Ziege Affe Hahn Hund Schwein **Günstig:** Handwerkliche Aktivitäten, Handel, Hochzeiten, Reisen. **Ungünstig:** Trauerfeiern und Beerdigungen, schwere körperliche Arbeit.
2. Metall Tiger	Ratte Büffel Tiger Hase Drache Schlange Pferd Ziege Affe Hahn Hund Schwein **Günstig:** Ankündigungen machen, Beerdigungen, Trauerfeiern. **Ungünstig:** Handel, Vergnügungen, Freizeitaktivitäten.
3. Metall Hase	Ratte Büffel Tiger Hase Drache Schlange Pferd Ziege Affe Hahn Hund Schwein **Günstig:** Kleidung schneidern, Handel, Buchhaltung, Ausflüge, neue Dinge beginnen. **Ungünstig:** Geschäfte eröffnen, Kraftanstrengungen, Reisen, Ersparnisse ausgeben.
4. Wasser Drache	Ratte Büffel Tiger Hase Drache Schlange Pferd Ziege Affe Hahn Hund Schwein **Günstig:** Putzen, waschen, fasten, seelische und körperliche Pflege, Arztbesuche. **Ungünstig:** Ausdauersport, Reisen, Hochzeit.
5. Wasser Schlange	Ratte Büffel Tiger Hase Drache Schlange Pferd Ziege Affe Hahn Hund Schwein **Günstig:** Putzen, waschen, fasten, seelische und körperliche Pflege, Arztbesuche. **Ungünstig:** Ausdauersport, Reisen, Hochzeit.
6. Holz Pferd	Ratte Büffel Tiger Hase Drache Schlange Pferd Ziege Affe Hahn Hund Schwein **Günstig:** Umziehen, Reisen, Hochzeiten, Empfänge, wichtige Konferenzen. **Ungünstig:** geistige Arbeiten, Gartenarbeit, häusliche Tätigkeiten.
7. Holz Ziege	Ratte Büffel Tiger Hase Drache Schlange Pferd Ziege Affe Hahn Hund Schwein **Günstig:** Versammlungen, gerechte Verteilungen, Hochzeit, Konferenzen, Umzug. **Ungünstig:** Gartenarbeit, Dinge zum Abschluss bringen.
8. Feuer Affe	Ratte Büffel Tiger Hase Drache Schlange Pferd Ziege Affe Hahn Hund Schwein **Günstig:** Gartenarbeit, Feiern, Hochzeit, Dinge zum Abschluss bringen. **Ungünstig:** keine Anschuldigungen gegen Dritte erheben.
9. Feuer Hahn	Ratte Büffel Tiger Hase Drache Schlange Pferd Ziege Affe Hahn Hund Schwein **Günstig:** Gartenarbeit, Hochzeit, Dinge zum Abschluss bringen. **Ungünstig:** Umzug, Reisen, Geschäftseröffnung.
10. Erd Hund	Ratte Büffel Tiger Hase Drache Schlange Pferd Ziege Affe Hahn Hund Schwein **Günstig:** Ausruhen, Meditation, seinen Hobbys nachgehen. **Ungünstig:** wichtige Unternehmungen.
11. Erd Schwein	Ratte Büffel Tiger Hase Drache Schlange Pferd Ziege Affe Hahn Hund Schwein **Günstig:** Amüsieren, mit Freunden ausgehen, Freizeitaktivitäten. **Ungünstig:** geschäftliche Aktivitäten, neue Dinge anfangen.
12. Metall Ratte	Ratte Büffel Tiger Hase Drache Schlange Pferd Ziege Affe Hahn Hund Schwein **Günstig:** für die meisten Aktivitäten, Geschäftsabschlüsse, Partnerschaft. **Ungünstig:** negative Bemerkungen über andere Menschen.
13. Metall Büffel	Ratte Büffel Tiger Hase Drache Schlange Pferd Ziege Affe Hahn Hund Schwein **Günstig:** Handel, Geschäftseröffnungen, Hochzeiten und andere Feste planen. **Ungünstig:** Beerdigungen, Reisen, Arztbesuche.
14. Wasser Tiger	Ratte Büffel Tiger Hase Drache Schlange Pferd Ziege Affe Hahn Hund Schwein **Günstig:** Handwerkliche Aktivitäten, Handel, Hochzeiten, Reisen. **Ungünstig:** Trauerfeiern und Beerdigungen, schwere körperliche Arbeit.
15. Wasser Hase	Ratte Büffel Tiger Hase Drache Schlange Pferd Ziege Affe Hahn Hund Schwein **Günstig:** Ankündigungen machen, Beerdigungen, Trauerfeiern. **Ungünstig:** Handel, Vergnügungen, Freizeitaktivitäten.

Ob ein Tag besonders günstig für Ihr Tierzeichen ist, sehen Sie an folgenden Farben:
Rot = sehr günstig, Grau = günstig, Schwarz = nicht günstig

16. Holz Drache	Ratte Büffel Tiger Hase Drache Schlange Pferd Ziege Affe Hahn Hund Schwein **Günstig:** Kleidung schneidern, Handel, Buchhaltung, Ausflüge, neue Dinge beginnen. **Ungünstig:** Geschäfte eröffnen, Kraftanstrengungen, Reisen, Ersparnisse ausgeben.
17. Holz Schlange	Ratte Büffel Tiger Hase Drache Schlange Pferd Ziege Affe Hahn Hund Schwein **Günstig:** Putzen, waschen, fasten, seelische und körperliche Pflege, Arztbesuche. **Ungünstig:** Ausdauersport, Reisen, Hochzeit.
18. Feuer Pferd	Ratte Büffel Tiger Hase Drache Schlange Pferd Ziege Affe Hahn Hund Schwein **Günstig:** Umziehen, Reisen, Hochzeiten, Empfänge, wichtige Konferenzen. **Ungünstig:** geistige Arbeiten, Gartenarbeit, häusliche Tätigkeiten.
19. Feuer Ziege	Ratte Büffel Tiger Hase Drache Schlange Pferd Ziege Affe Hahn Hund Schwein **Günstig:** Versammlungen, gerechte Verteilungen, Hochzeit, Konferenzen, Umzug. **Ungünstig:** Gartenarbeit, Dinge zum Abschluss bringen.
20. Erd Affe	Ratte Büffel Tiger Hase Drache Schlange Pferd Ziege Affe Hahn Hund Schwein **Günstig:** Gartenarbeit, Feiern, Hochzeit, Dinge zum Abschluss bringen. **Ungünstig:** keine Anschuldigungen gegen Dritte erheben.
21. Erd Hahn	Ratte Büffel Tiger Hase Drache Schlange Pferd Ziege Affe Hahn Hund Schwein **Günstig:** Gartenarbeit, Hochzeit, Dinge zum Abschluss bringen. **Ungünstig:** Umzug, Reisen, Geschäftseröffnung.
22. Metall Hund	Ratte Büffel Tiger Hase Drache Schlange Pferd Ziege Affe Hahn Hund Schwein **Günstig:** Ausruhen, Meditation, seinen Hobbys nachgehen. **Ungünstig:** wichtige Unternehmungen.
23. Metall Schwein	Ratte Büffel Tiger Hase Drache Schlange Pferd Ziege Affe Hahn Hund Schwein **Günstig:** Amüsieren, mit Freunden ausgehen, Freizeitaktivitäten. **Ungünstig:** geschäftliche Aktivitäten, neue Dinge anfangen.
24. Wasser Ratte	Ratte Büffel Tiger Hase Drache Schlange Pferd Ziege Affe Hahn Hund Schwein **Günstig:** für die meisten Aktivitäten, Geschäftsabschlüsse, Partnerschaft. **Ungünstig:** negative Bemerkungen über andere Menschen.
25. Wasser Büffel	Ratte Büffel Tiger Hase Drache Schlange Pferd Ziege Affe Hahn Hund Schwein **Günstig:** Handel, Geschäftseröffnungen, Hochzeiten und andere Feste planen. **Ungünstig:** Beerdigungen, Reisen, Arztbesuche.
26. Holz Tiger	Ratte Büffel Tiger Hase Drache Schlange Pferd Ziege Affe Hahn Hund Schwein **Günstig:** Handwerkliche Aktivitäten, Handel, Hochzeiten, Reisen. **Ungünstig:** Trauerfeiern und Beerdigungen, schwere körperliche Arbeit.
27. Holz Hase	Ratte Büffel Tiger Hase Drache Schlange Pferd Ziege Affe Hahn Hund Schwein **Günstig:** Ankündigungen machen, Beerdigungen, Trauerfeiern. **Ungünstig:** Handel, Vergnügungen, Freizeitaktivitäten.
28. Feuer Drache	Ratte Büffel Tiger Hase Drache Schlange Pferd Ziege Affe Hahn Hund Schwein **Günstig:** Kleidung schneidern, Handel, Buchhaltung, Ausflüge, neue Dinge beginnen. **Ungünstig:** Geschäfte eröffnen, Kraftanstrengungen, Reisen, Ersparnisse ausgeben.
29. Feuer Schlange	Ratte Büffel Tiger Hase Drache Schlange Pferd Ziege Affe Hahn Hund Schwein **Günstig:** Putzen, waschen, fasten, seelische und körperliche Pflege, Arztbesuche. **Ungünstig:** Ausdauersport, Reisen, Hochzeit.
30. Erd Pferd	Ratte Büffel Tiger Hase Drache Schlange Pferd Ziege Affe Hahn Hund Schwein **Günstig:** Umziehen, Reisen, Hochzeiten, Empfänge, wichtige Konferenzen. **Ungünstig:** geistige Arbeiten, Gartenarbeit, häusliche Tätigkeiten.

TZE
Ratte

Grundtendenz des Monats:
„Schuster, bleib bei deinen Leisten" könnte das Motto für die Ratte im Mai sein. Wer sich nun unvorbereitet in unbekannte Gefilde vorwagt, setzt sich unnötigen Risiken aus. Das bedeutet, dass es jetzt wirklich besser ist, sich in allen Bereichen des Lebens auf Bewährtes zu besinnen. Das mag zwar nicht so spannend sein, bewahrt Sie aber in den nächsten Wochen vor unangenehmen Überraschungen.

Bei so mancher Ratte herrscht im Mai eine starke Diskrepanz zwischen der Gedankenwelt und dem wirklichen Tun. Das starke Feuerelement lädt Sie in diesen Wochen ein, sich mehr mit der Umsetzung als mit der Planung zu beschäftigen.

Liebe, Familie, Freundschaft: Langjährige Partner dürften in diesem Monat in recht ruhigen Gewässern segeln und können harmonische Stunden miteinander verbringen. Der Jahresregent kombiniert nun mit der Feuer-Schlange, was für glückliche Zeiten spricht.

Wer auf der Suche nach einer neuen Beziehung ist, hat es dagegen vielleicht nicht ganz so leicht - die Schlange sorgt nämlich unter Umständen dafür, dass man sich zu zögerlich oder zurückhaltend gibt, um die Aufmerksamkeit auf sich zu ziehen. Das gilt vor allem dann, wenn Sie sich nun in unbekannten Gefilden befinden. Machen Sie sich lieber in einer vertrauten Umgebung auf die Suche.

Beruf, Finanzen: Betreiben Sie nun lieber keinen unnötigen Aufwand, um frischen Wind ins Geschehen zu bringen. Mit der Schlange im Monat geht es vielmehr darum, bestehenden Dingen auf den Grund zu gehen und sich in der Tiefe mit laufenden Projekten zu befassen. Auf diese Weise können Sie sich nun hervorragend für die nächsten Monate vorbereiten.

Sie haben sich schon länger nicht mehr mit Ihren Finanzen befasst? Dann wird es aber wirklich Zeit! Schauen Sie genauer hin, damit Sie wissen, wieviel Sie zur Verfügung haben.

Tipp des Monats:
Es geht im Mai um die Balance zwischen Denken und Tun.

KIU
Büffel

Grundtendenz des Monats:
Mit der Schlange ist im April wieder mehr Vorsicht angesagt. Der Büffel tut nun gut daran, ausstehenden Entscheidungen noch einmal genauer zu betrachten. Vor allem, wenn damit tiefgreifende Veränderungen verbunden sind, sollten Sie alles wirklich genauestens auf Herz und Nieren prüfen.

Mit dem starken Feuer-Element können Sie in diesen Wochen einiges bewegen. Achten Sie darauf, sich Ihre Kräfte vernünftig einzuteilen. Wer zu viel Energie auf Nebenschauplätzen verschwendet, dem fehlt vielleicht an der entscheidenden Stelle das letzte Quäntchen.

Liebe, Familie, Freundschaft: Schlange und Hase sind eine wunderbare Kombination wenn es um die Liebe geht. Das wird schon in den traditionellen Schriften immer wieder hervorgehoben. Der Büffel kann sich das jetzt zunutze machen und seine romantische Ader weiterentwickeln. Überraschen Sie Ihren Partner mit gefühlvollen Worten oder zeigen Sie sich bei neuen Bekanntschaften von der verletzlichen Seite. Solange Sie dabei auf Ihr Bauchgefühl vertrauen, kann das kaum schiefgehen.

Viele Büffel wünschen sich vor allem Beständigkeit und finden es eher irritierend, wie der aktuelle Jahresregent frischen Wind in persönliche Beziehungen bringen will. Aber vielleicht schadet es jetzt wirklich nicht, einmal den Blickwinkel zu wechseln.

Beruf, Finanzen: Schlange und Büffel sind gerade auf der beruflichen Ebene eine wirklich gute Tierkombination. Das darf sich jetzt für Sie immer dann bemerkbar machen, wenn Sie sich wirklich tief in die Materie eingearbeitet haben. Es mag in diesen Wochen noch nicht den kompletten Durchbruch geben, aber die Zeichen stehen deutlich besser als noch im letzten Jahr.

Sie wünschen sich präzise Vorgaben für Ihre Arbeit? Dann fordern Sie diese jetzt bitte ein, damit Sie mit Ihren Projekten vorankommen.

Tipp des Monats:
Es darf ruhig alles beim Alten bleiben, wenn Sie noch nicht bereit sind für Veränderungen.

> Sommerbeginn / Kleines Getreide < Mai

YING
Tiger

Grundtendenz des Monats:
Im Mai ist zum ersten Mal in diesem Jahr etwas mehr Zurückhaltung für den Tiger angesagt. Mit der Schlange tritt nun ein Tierzeichen auf den Plan, was in allen Bereichen zu mehr Vorsicht mahnt. Das gilt nun besonders dann, wenn der Tiger sich in unbekanntes Terrain vorgewagt hat. Vertrauen Sie Ihren Instinkten und bleiben Sie lieber erst einmal in Deckung, wenn sich das Ganze nicht hundertprozentig richtig anfühlt.
Das starke Feuer-Element könnte in Ihnen auf den ersten Blick das Gefühl erwachsen lassen, dass Sie unbedingt aktiv werden müssen. Da es sich jedoch hier um den Yin-Feuer Aspekt handelt, sollte sich Ihre Aufmerksamkeit eher auf das innere Feuer konzentrieren.

Liebe, Familie, Freundschaft: Hase und Schlange sind eine vortreffliche Tierkombination, wenn es um die Liebe geht. Lebt der Tiger in einer festen Beziehung, so stehen ihm nun rosige Zeiten bevor. Nehmen Sie sich genug Zeit für gemeinsame Aktivitäten und sprechen Sie offen aus, was Sie aneinander schätzen.
Warum in der Ferne schweifen? Das Gute ist gerade jetzt wahrscheinlich eher in Ihrer unmittelbaren Umgebung zu finden. Wer sich also einen neuen Partner wünscht, sollte sich nun besser in bekannten Gefilden umschauen.

Beruf, Finanzen: Mit der Schlange an seiner Seite kann sich der Tiger in diesen Wochen vielleicht genau das Wissen aneignen, was ihm noch gefehlt hat, um seine Pläne zu perfektionieren. Je solider die Basis ist, die Sie nun schaffen, desto dauerhafter kann sich der Erfolg erweisen. Halten Sie sich fern von Aktivitäten, für die es Ihnen noch an Hintergrundwissen fehlt.
Manchmal ist es das Beste, sich erst einmal auf einen sicheren Beobachtungsposten zu verziehen. Das gilt nun vor allem für Ihre Finanzen, lieber Tiger. Schließlich wollen Sie ja keine Verluste machen, oder?

Tipp des Monats:
Entscheiden Sie bitte erst dann, wenn alles gut geprüft wurde.

MAO
Hase

Grundtendenz des Monats:
Ein starkes Feuer-Element treibt den Hasen im Mai unter Umständen zu mehr Aktivität an. Es ist wirklich eine gute Gelegenheit, kreative Konzepte anzugehen. Geben Sie Ihren Aktionen eine tiefere Bedeutung, bekommt die Umsetzung gleich noch einmal eine ganz andere Qualität.
Mit Neid und Missgunst kann der Hase nur schlecht umgehen. Werden Sie in diesen Wochen mit solchen Gefühlen konfrontiert, dürfen Sie sich getrost zurückziehen. Es ist reine Energieverschwendung, sich mit derartig negativen Einflüssen zu beschäftigen. Fokussieren Sie lieber auf die positiven Dinge in Ihrem Leben!

Liebe, Familie, Freundschaft: Im Mai stehen alle Zeichen auf Liebe. Dabei sind bestehende Verbindungen genauso begünstigt wie die Bande, die nun frisch geknüpft werden. Schlange und Hase sind wirklich eine der besten Kombinationen, wenn es um Herzensangelegenheiten geht. Lassen Sie sich den Monat bitte nicht durch Selbstzweifel oder Kritik von außen verderben, sondern genießen Sie lieber so viele zweisame Stunden wie möglich.
Sie sind sich Ihrer Gefühle nicht sicher? Dann sollten sie jetzt noch einmal in sich gehen und prüfen, ob Sie sich wirklich binden wollen.

Beruf, Finanzen: Bei neuen Unternehmungen sollten Sie sich nun lieber erst einmal zurückhalten. Beobachten Sie lieber das umliegende Terrain und lassen Sie im Zweifelsfall anderen den Vortritt.
Geht es dagegen um Bereiche, in denen Sie sich auskennen, müssen Sie sich keinesfalls bremsen. Spielen Sie Ihr Wissen aus und zeigen Sie allen, dass Sie durchaus in der Lage sind, die Führung zu übernehmen.
Investitionen wollen gut geprüft werden wie schon im Monat zuvor. Diesmal können Sie dafür aber Hilfe bekommen, so dass Sie die Entscheidung nicht alleine treffen müssen.

Tipp des Monats:
Öffnen Sie Ihr Herz nur dann, wenn Sie sich Ihrer Gefühle sicher sind!

> Sommerbeginn / Kleines Getreide <

Mai

SHENG
Drache

Grundtendenz des Monats:

Die Feuer-Energie aus dem letzten Monat wird jetzt im Mai mit der Schlange noch einmal verstärkt. Das kann sich nun allerdings nicht nur auf die Aktivitäten des Drachen, sondern auch auf seine emotionale Entwicklung auswirken. Neue Kontakte dürfen immer dann geknüpft werden, wo Sie mit offenem Herzen auf die andere Seite zugehen.

Wie der Drache hat auch die Schlange einen starken Bezug zum Thema Spiritualität. In Verbindung mit dem Yin-Wasser des aktuellen Jahresregenten dürften Themen aus diesem Bereich für Sie jetzt besonders wichtig werden.

Liebe, Familie, Freundschaft: Es ist schön, wenn Sie Ihre Gefühle am liebsten mit der ganzen Welt teilen wollen. Allerdings könnte es nun sein, dass das Ihrem Partner nicht ganz so angenehm ist. Bevor Sie öffentliche Bekundungen machen sollten Sie sich deshalb lieber mit Ihrer besseren Hälfte abstimmen.

Zu viel Veränderung bekommt dem häuslichen Frieden in diesem Monat nicht gut. Zum Einen kann es schnell passieren, dass Sie Ihre Lieben damit überfordern. Zum Anderen verbauen Sie sich mit vorschnellem Handeln vielleicht die Möglichkeit, dem Problem wirklich auf den Grund zu gehen.

Beruf, Finanzen: Auch auf der beruflichen Ebene sollte man sich mit neuen Aktivitäten jetzt lieber etwas zurückhalten. Gerade wenn dazu unbekanntes Terrain betreten werden muss, ist es besser, erst einmal alle Parameter gründlich zu überprüfen. Sowohl die Schlange als auch der Jahresregent gehören zu den vorsichtigeren Zeitgenossen.

Wenn Ihnen Zahlenwerk eher wie böhmische Dörfer vorkommt, dann sollten Sie sich nun dringend jemanden suchen, der sich mit der Materie auskennt und Ihnen entsprechend unter die Arme greifen kann.

Tipp des Monats:

Erkennen Sie jetzt die wirklich wichtigen Themen in Ihrem Leben und konzentrieren Sie sich in den nächsten Monaten darauf!

SZE
Schlange

Grundtendenz des Monats:

Mahnt Ihr Gefühl Sie nun zu Zurückhaltung ist wirklich Warten angesagt. Sie sind jetzt am besten beraten, wenn Sie sich auf den ersten Impuls verlassen und nichts unternehmen, wenn Sie sich nicht absolut sicher sind.

Wer seine Zeit perfekt nutzen will, sollte nun in die eigene Weiterbildung investieren. Neues Wissen kann sich schon in den nächsten Monaten als sehr hilfreich erweisen. Außerdem können Sie so vielleicht noch die eine oder andere Lücke schließen. Mal ganz abgesehen davon, dass die Schlange eigentlich nie genug lernen kann…

Liebe, Familie, Freundschaft: Dauerhafte Bindungen stehen in diesem Monat unter den denkbar besten Vorzeichen. Vielleicht wäre nun ein guter Zeitpunkt, gemeinsam den nächsten Schritt zu wagen? Der Hase freut sich ganz besonders, wenn Beziehungen besiegelt, Familien gegründet und allgemein der Zusammenhalt verstärkt wird.

Eifersucht kommt im Jahr des sanften Hasen überhaupt nicht gut an. Der aktuelle Herrscher wünscht sich uneingeschränktes Vertrauen auf allen Ebenen und kann überhaupt nicht nachvollziehen, wenn Misstrauen eine Beziehung vergiftet. Bevor Sie nun also Verdächtigungen aussprechen, sollten Sie sich wirklich sehr sicher sein, dass an der Sache etwas dran ist.

Beruf, Finanzen: Wenn Sie sich nun nicht absolut sicher in Ihrem Bereich fühlen, sollten Sie wirklich überlegen, woran das liegen mag. Brauchen Sie mehr Informationen? Oder liegt Ihnen die zugeteilte Aufgabe einfach nicht? Anstatt sich zurückzuziehen und sich mit Selbstzweifeln zu plagen, wäre es nun besser aktiv zu werden und nach einer dauerhaften Lösung zu suchen.

Wer gut mit Zahlen umgehen kann, ist im Mai klar im Vorteil. Das gilt übrigens für die eigenen Finanzen genauso wie für die entsprechenden Tätigkeitsfelder bei der Arbeit.

Tipp des Monats:

Nutzen Sie das starke Feuer-Element, um sich selbst und andere zu motivieren!

> Sommerbeginn / Kleines Getreide < Mai

WU Pferd

Grundtendenz des Monats:
Es mag in diesem Monat nicht immer ganz einfach für das Pferd sein, sein Temperament unter Kontrolle zu halten. Das liegt an dem starken Feuer-Element, dass im Mai präsent ist und die Gefühle zuweilen hochkochen lässt. Setzen Sie sich jetzt lieber keiner herausfordernden Situation aus, wenn Sie nicht sicher sind, dass Sie sich gut im Griff haben. Es besteht sonst die Gefahr, dass Sie Menschen aus Ihrer Umgebung vor den Kopf stoßen. Im Zweifelsfall ist es besser, sich in allen Bereichen etwas zurückzuhalten anstatt hinterher die Scherben zusammenkehren zu müssen.

Liebe, Familie, Freundschaft: Die Harmonie in den eigenen vier Wänden hängt nun stark davon ab, wie Sie auf die Wünsche Ihrer Lieben reagieren. Lassen Sie sich auf keinen Fall provozieren, sondern bleiben Sie bei jeder Diskussion sachlich.

Hase und Schlange treffen sich im Mai und bringen gute Aussichten für die Partnerschaft mit sich. Das bedeutet, dass sich eine neue Liebe ergeben kann - selbst wenn Sie vielleicht gar nicht so richtig auf der Suche sind. Aber auch auf bestehende Verbindungen wirkt sich die Tierkombination aus und kann Ihnen jetzt einige romantische Stunden bescheren.

Beruf, Finanzen: Mittlerweile sollte sich das Pferd daran gewöhnt haben, dass es im Jahr des Wasser-Hasen keine rasante Entwicklung erwarten kann. Hören Sie auf den Jahresregenten und konzentrieren Sie sich jetzt lieber auf laufende Projekte, an denen Sie konkret arbeiten können. Damit machen Sie vielleicht keine großen Sprünge, gewinnen aber an Zuversicht und Erfahrung.

Unbekannte Gefilde sollte das Pferd in diesem Monat lieber vermeiden - sei es auf der beruflichen oder finanziellen Ebene. Verlassen Sie sich lieber auf das, was Sie sicher wissen.

Tipp des Monats:
Lassen Sie sich nun nicht provozieren, sondern nutzen Sie das starke Feuer lieber für die eigene Transformation!

WEI Ziege

Grundtendenz des Monats:
In diesen Wochen ist in allen Bereichen ein wenig mehr Vorsicht angebracht. Fangen Sie jetzt lieber nichts an, wenn Sie nicht ganz sicher sind, wie sich die Sache entwickeln könnte. Auch wenn der Hase sich im Grunde freut, wenn die Ziege über den Tellerrand schaut, sollten Sie sich im Mai besser nicht in neue Gefilde wagen. Mit der Schlange begleitet Sie nun ein Tierzeichen, was gerne mehr in die Tiefe geht. Gibt es Bereiche, wo Sie das Gefühl haben, noch nicht genug zu wissen? Dann können Sie diese Lücken jetzt schließen und sich fortbilden. Halten Sie rechtzeitig Ausschau, damit Sie die Quellen finden, die wirklich zu Ihnen passen!

Liebe, Familie, Freundschaft: Schlange und Hase stehen in der Chinesischen Astrologie unter anderem für Harmonie in der Beziehung. Gerade langjährige Bindungen stehen in diesem Monat deshalb unter einem besonders günstigen Stern. Wer auf der Suche nach einem dauerhaften Partner ist, kann jetzt ebenfalls auf die Hilfe des Jahresregenten bauen. Einmal mehr ist es wichtig, nichts zu überstürzen und auf die eigene Intuition zu vertrauen.

Mischen Sie sich jetzt lieber nicht ein, wenn es kleinere Auseinandersetzungen in Ihrem privaten Umfeld gibt, die Sie selbst im Grunde nicht betreffen.

Beruf, Finanzen: Das Feuer-Element ist in diesen Wochen besonders stark ausgeprägt. Zum Einen kann sich das sicher positiv auf Ihre Motivation und Ihren Elan bei der Arbeit auswirken. Zum Anderen kann man in Ihrer Umgebung dadurch aber auch schnell gereizter reagieren, wenn es nicht so läuft, wie es soll.

Sorgfältige Planung zahlt sich in diesem Monat garantiert aus. Übertreiben Sie es aber bitte nicht, sonst verlieren Sie unter Umständen zu viel Zeit mit der Vorbereitung und die Umsetzung bleibt auf der Strecke.

Tipp des Monats:
Wenn Sie ruhig bleiben, können Sie nun in kniffligen Situationen vermitteln. Ansonsten sollten Sie sich lieber zurückhalten.

SUNG
Affe

Grundtendenz des Monats:
Ein starkes Feuer begleitet den Mai und kann bei so manchem Affen den persönlichen Ehrgeiz anfachen. Solange das nicht dazu führt, dass Sie zu schnell über Ihre Grenzen gehen, dürfen Sie Ihre Ambitionen ruhig ausleben. Vor allem, wenn Ihr Tun zum Wohle der Allgemeinheit beiträgt, wird niemand etwas dagegen haben. Mit der Schlange bekommt der Affe ein Tierzeichen an seine Seite gestellt, das deutlich introvertierter agiert. Da auch der Hase ein eher in sich gekehrtes Wesen hat, ist es nun sicher nicht so einfach wie sonst, neue Kontakte zu machen.

Liebe, Familie, Freundschaft: Wenn man Ihnen ein Geheimnis anvertraut, wird erwartet, dass Sie die Sache auch wirklich für sich behalten. Halten Sie also lieber Ihre Zunge im Zaum, wenn Sie ihr gutes Verhältnis nicht aufs Spiel setzen wollen. Gerade enge Freunde und Familienangehörige können sehr gereizt reagieren, wenn sie ihr Vertrauen missbraucht sehen.
Hase und Schlange begünstigen in der Chinesischen Astrologie unter anderen das Thema Partnerschaft und begünstigen ein friedliches Miteinander. Vermeiden Sie Themen, die diese Harmonie jetzt stören könnten oder drücken Sie sich diplomatisch aus, wenn sie sie zur Sprache bringen müssen.

Beruf, Finanzen: In der aktuellen Konstellation ist es nicht förderlich, wenn Sie sich unvorbereitet in fremde Gefilde begeben. Entweder setzen Sie sich erst einmal intensiv mit dem neuen Thema auseinander oder Sie warten einfach noch ein paar Wochen ab und starten dann einen weiteren Versuch.
Auf Kritik mag man in diesen Wochen empfindlicher reagieren als Sie das vielleicht gewohnt sind. Da ist es allerdings auch keine Lösung, unter der Hand den eigenen Unmut zu äußern. Ein unbedachtes Wort an der falschen Stelle kann Sie schnell in Erklärungsnot bringen.

Tipp des Monats:
Auch wenn es sehr reizvoll erscheint, sollten Sie jetzt nicht einfach losstürmen. Beobachten Sie Situation, bevor Sie sich in Bewegung setzen!

YU
Hahn

Grundtendenz des Monats:
Mit der Schlange bekommt der Hahn im Mai Gesellschaft ganz nach seinem Geschmack. Schließlich arbeiten diese beiden auf allen Ebenen sehr gut zusammen. Möglichkeiten, die sich in den letzten beiden Monaten herauskristallisiert haben, lassen sich nun überprüfen und vernünftig einschätzen. Gepaart mit der guten Intuition des Wasser-Hasen lassen sich so sicher fundierte Entscheidungen treffen.
Jetzt sollte der Hahn allerdings darauf achten, dass er seine Erkenntnisse nicht gleich mit der ganzen Welt teilt. Überlegen Sie sich gut, wem Sie sich anvertrauen.

Liebe, Familie, Freundschaft: Die Kombination aus Schlange und Hase verspricht harmonische Zeiten vor allem in bereits seit längerem bestehenden Beziehungen. Dafür braucht es nun keine besonderen Aktivitäten. Zeigen Sie einander durch einfache Gesten, wie sehr Sie sich lieben. Größere Veränderungen sollten Sie im Kreise Ihrer Lieben nun nicht anstreben, sondern sich lieber erst einmal auf das konzentrieren, was Sie bereits vorhanden ist. Nutzen Sie die gemeinsame Zeit lieber dafür, einander zuzuhören. Das Hier und Jetzt mit Familie und Freunden ist deutlich wichtiger als jeder Plan, der nun gemacht werden könnte.

Beruf, Finanzen: Die meisten Hähne haben ohnehin ein Gespür für geschäftliche Angelegenheiten und sind recht diszipliniert in Ihrem täglichen Tun. Gemeinsam mit der Schlange können Sie jetzt noch tiefer in die Materie eintauchen. Das birgt allerdings potentiell die Gefahr, dass Sie sich zu sehr in Details vertiefen, die für das Ergebnis im Grunde irrelevant sind.
Das Alleingänge im Jahr des geselligen Hasen keine so gute Idee sind, haben die meisten Hähne sicher schon gemerkt. Wenn es Ihnen schwerfällt, im Team zu arbeiten, können Sie sich nun langsam daran gewöhnen.

Tipp des Monats:
Lassen Sie sich nicht dazu verleiten, zu sehr voranzuschreiten! Zurückhaltung ist jetzt die bessere Option.

> Sommerbeginn / Kleines Getreide < Mai

SHIH
Hund

Grundtendenz des Monats:
Ein starkes Feuer-Element ist im Mai aktiv und kann so manche Diskussion anfachen. Sie sollten sich jetzt auf keinen Fall provozieren lassen. Denken Sie immer daran, dass der aktuelle Jahresherrscher diplomatisches Handeln hitzigen Auseinandersetzungen klar vorzieht. Wenn es Ihnen gelingt, einen kühlen Kopf zu bewahren, können Sie sich am Ende durchsetzen, ohne die andere Seite dauerhaft zu verärgern.
Auch wenn sich der Hase mehr Gefühl von seinen Untertanen wünscht, heißt das nicht, dass Sie Ihre Inneres bei jeder Gelegenheit nach außen kehren sollen. Es muss sich schon richtig anfühlen, bevor Sie sich offenbaren.

Liebe, Familie, Freundschaft: Mit der Schlange kommt in diesem Monat ein durchaus verführerischer Aspekt in Ihre Beziehung. Dabei dürfen Sie entscheiden, welche Seite Sie einnehmen. Wenn Sie das Ganze spielerischer angehen, wird es Ihnen sicher leicht fallen, sich auf die neue Rolle einzulassen.
Im Familienalltag sollte nun möglichst alles beim Alten bleiben. Veränderungen bringen nun auf allen Seite viel Unruhe ins Spiel, die sich dann auch in Auseinandersetzungen entladen kann. Rütteln Sie also jetzt lieber nicht an Dingen, die schon immer so gemacht wurden.

Beruf, Finanzen: Auch im Beruf ist es nun besser für den Hund, wenn er in dem Bereich bleibt, in dem er sich auskennt. Sicher bietet der Hase viele neue kreative Ansätze, aber Sie sollten sich wirklich Zeit nehmen und diese genauestens betrachten. Fühlt sich die eine oder andere Sache ganz gut an, machen Sie sich in Ruhe damit vertraut und treffen eine endgültige Entscheidung erst, wenn Sie ganz sicher sind.
Die eigenen Finanzen brauchen nun vielleicht eine Revision. Wenn Sie sich damit überfordert fühlen, fragen Sie einfach jemanden, der sich damit auskennt.

Tipp des Monats:
Wer zufrieden ist mit dem, was er hat, muss sich nicht um jeden Preis verändern. Bleiben Sie sich selbst treu!

HAN
Schwein

Grundtendenz des Monats:
Mit der Schlange wird das Schwein im Mai dazu aufgefordert, sich wieder etwas zurückhaltender als noch im Monat zuvor zu zeigen. Gerade wenn es um vertrauliche Informationen geht, sollten Sie nun wirklich überlegen, wem Sie das anvertrauen. Eine gesunde Portion Misstrauen ist vor allem dann angebracht, wenn Sie in einer neuen Situation auf neugierige Menschen treffen.
Das Feuer-Element ist in diesem Monat besonders stark ausgeprägt, was sich jetzt positiv auf Ihr Energielevel auswirken kann. So manches Schwein könnte nun wirklich Bäume ausreißen.

Liebe, Familie, Freundschaft: Langjährige Verbindungen stehen in diesen Wochen unter einem besonders günstigen Stern, denn Hase und Schlange halten ein wachsames Auge darauf, dass dort besonders viel Harmonie herrscht. Da braucht es nicht viel Abwechslung, sondern man kann ohne großen Schnickschnack die traute Zweisamkeit genießen.
Eifersüchteleien im Familien- oder Freundeskreis sollten Sie nun am besten gleich im Keim ersticken. Verteilen Sie Ihre Aufmerksamkeit möglichst gleichmäßig, dann sollte sich niemand beschweren können.

Beruf, Finanzen: Die Motivation dürfte bei Ihnen in diesem Monat recht hoch sein - dafür sorgt das starke Feuer-Element. Aber gelingt es Ihnen auch, Ihre Mitstreiter mitzunehmen? Vielleicht ist es hilfreich, sich einige zusätzliche Maßnahmen zum Ansporn auszudenken, damit sich alle mehr Mühe geben.
Große Veränderungen sind nun wirklich nicht nötig. Wer bleibt, wo er ist, wird davon mittelfristig sicher profitieren. Warum sich unnötig Gefahren aussetzen, in dem man sich unvorbereitet auf unbekanntes Terrain vorwagt? Schauen Sie sich die Sache lieber erst noch einmal wirklich genau an.

Tipp des Monats:
Finden Sie die richtige Mischung aus Herzenswärme und Willenskraft. Dann bekommen Sie sicher, was Sie wollen.

Mai 2023	Jahreskonstellation – Wasser Hase Monatskonstellation – Feuer Schlange

1. Erd Ziege	Ratte Büffel Tiger Hase Drache Schlange Pferd Ziege Affe Hahn Hund Schwein **Günstig:** Versammlungen, gerechte Verteilungen, Hochzeit, Konferenzen, Umzug. **Ungünstig:** Gartenarbeit, Dinge zum Abschluss bringen.
2. Metall Affe	Ratte Büffel Tiger Hase Drache Schlange Pferd Ziege Affe Hahn Hund Schwein **Günstig:** Gartenarbeit, Feiern, Hochzeit, Dinge zum Abschluss bringen. **Ungünstig:** keine Anschuldigungen gegen Dritte erheben.
3. Metall Hahn	Ratte Büffel Tiger Hase Drache Schlange Pferd Ziege Affe Hahn Hund Schwein **Günstig:** Gartenarbeit, Hochzeit, Dinge zum Abschluss bringen. **Ungünstig:** Umzug, Reisen, Geschäftseröffnung.
4. Wasser Hund	Ratte Büffel Tiger Hase Drache Schlange Pferd Ziege Affe Hahn Hund Schwein **Günstig:** Ausruhen, Meditation, seinen Hobbys nachgehen. **Ungünstig:** wichtige Unternehmungen.
5. Wasser Schwein	Ratte Büffel Tiger Hase Drache Schlange Pferd Ziege Affe Hahn Hund Schwein **Günstig:** Amüsieren, mit Freunden ausgehen, Freizeitaktivitäten. **Ungünstig:** geschäftliche Aktivitäten, neue Dinge anfangen.
6. Holz Ratte	Ratte Büffel Tiger Hase Drache Schlange Pferd Ziege Affe Hahn Hund Schwein **Günstig:** Amüsieren, mit Freunden ausgehen, Freizeitaktivitäten. **Ungünstig:** geschäftliche Aktivitäten, neue Dinge anfangen.
7. Holz Büffel	Ratte Büffel Tiger Hase Drache Schlange Pferd Ziege Affe Hahn Hund Schwein **Günstig:** für die meisten Aktivitäten, Geschäftsabschlüsse, Partnerschaft. **Ungünstig:** negative Bemerkungen über andere Menschen.
8. Feuer Tiger	Ratte Büffel Tiger Hase Drache Schlange Pferd Ziege Affe Hahn Hund Schwein **Günstig:** Handel, Geschäftseröffnungen, Hochzeiten und andere Feste planen. **Ungünstig:** Beerdigungen, Reisen, Arztbesuche.
9. Feuer Hase	Ratte Büffel Tiger Hase Drache Schlange Pferd Ziege Affe Hahn Hund Schwein **Günstig:** Handwerkliche Aktivitäten, Handel, Hochzeiten, Reisen. **Ungünstig:** Trauerfeiern und Beerdigungen, schwere körperliche Arbeit.
10. Erd Drache	Ratte Büffel Tiger Hase Drache Schlange Pferd Ziege Affe Hahn Hund Schwein **Günstig:** Ankündigungen machen, Beerdigungen, Trauerfeiern. **Ungünstig:** Handel, Vergnügungen, Freizeitaktivitäten.
11. Erd Schlange	Ratte Büffel Tiger Hase Drache Schlange Pferd Ziege Affe Hahn Hund Schwein **Günstig:** Kleidung schneidern, Handel, Buchhaltung, Ausflüge, neue Dinge beginnen. **Ungünstig:** Geschäfte eröffnen, Kraftanstrengungen, Reisen, Ersparnisse ausgeben.
12. Metall Pferd	Ratte Büffel Tiger Hase Drache Schlange Pferd Ziege Affe Hahn Hund Schwein **Günstig:** Putzen, waschen, fasten, seelische und körperliche Pflege, Arztbesuche. **Ungünstig:** Ausdauersport, Reisen, Hochzeit.
13. Metall Ziege	Ratte Büffel Tiger Hase Drache Schlange Pferd Ziege Affe Hahn Hund Schwein **Günstig:** Umziehen, Reisen, Hochzeiten, Empfänge, wichtige Konferenzen. **Ungünstig:** geistige Arbeiten, Gartenarbeit, häusliche Tätigkeiten.
14. Wasser Affe	Ratte Büffel Tiger Hase Drache Schlange Pferd Ziege Affe Hahn Hund Schwein **Günstig:** Versammlungen, gerechte Verteilungen, Hochzeit, Konferenzen, Umzug. **Ungünstig:** Gartenarbeit, Dinge zum Abschluss bringen.
15. Wasser Hahn	Ratte Büffel Tiger Hase Drache Schlange Pferd Ziege Affe Hahn Hund Schwein **Günstig:** Gartenarbeit, Feiern, Hochzeit, Dinge zum Abschluss bringen. **Ungünstig:** keine Anschuldigungen gegen Dritte erheben.

Ob ein Tag besonders günstig für Ihr Tierzeichen ist, sehen Sie an folgenden Farben:
Rot = sehr günstig, Grau = günstig, Schwarz = nicht günstig

Jahreskonstellation – Wasser Hase Monatskonstellation – Feuer Schlange	Mai 2023

16. Holz Hund	Ratte Büffel Tiger Hase Drache Schlange Pferd Ziege Affe Hahn Hund Schwein **Günstig:** Gartenarbeit, Hochzeit, Dinge zum Abschluss bringen. **Ungünstig:** Umzug, Reisen, Geschäftseröffnung.
17. Holz Schwein	Ratte Büffel Tiger Hase Drache Schlange Pferd Ziege Affe Hahn Hund Schwein **Günstig:** Ausruhen, Meditation, seinen Hobbys nachgehen. **Ungünstig:** wichtige Unternehmungen.
18. Feuer Ratte	Ratte Büffel Tiger Hase Drache Schlange Pferd Ziege Affe Hahn Hund Schwein **Günstig:** Amüsieren, mit Freunden ausgehen, Freizeitaktivitäten. **Ungünstig:** geschäftliche Aktivitäten, neue Dinge anfangen.
19. Feuer Büffel	Ratte Büffel Tiger Hase Drache Schlange Pferd Ziege Affe Hahn Hund Schwein **Günstig:** für die meisten Aktivitäten, Geschäftsabschlüsse, Partnerschaft. **Ungünstig:** negative Bemerkungen über andere Menschen.
20. Erd Tiger	Ratte Büffel Tiger Hase Drache Schlange Pferd Ziege Affe Hahn Hund Schwein **Günstig:** Handel, Geschäftseröffnungen, Hochzeiten und andere Feste planen. **Ungünstig:** Beerdigungen, Reisen, Arztbesuche.
21. Erd Hase	Ratte Büffel Tiger Hase Drache Schlange Pferd Ziege Affe Hahn Hund Schwein **Günstig:** Handwerkliche Aktivitäten, Handel, Hochzeiten, Reisen. **Ungünstig:** Trauerfeiern und Beerdigungen, schwere körperliche Arbeit.
22. Metall Drache	Ratte Büffel Tiger Hase Drache Schlange Pferd Ziege Affe Hahn Hund Schwein **Günstig:** Ankündigungen machen, Beerdigungen, Trauerfeiern. **Ungünstig:** Handel, Vergnügungen, Freizeitaktivitäten.
23. Metall Schlange	Ratte Büffel Tiger Hase Drache Schlange Pferd Ziege Affe Hahn Hund Schwein **Günstig:** Kleidung schneiden, Handel, Buchhaltung, Ausflüge, neue Dinge beginnen. **Ungünstig:** Geschäfte eröffnen, Kraftanstrengungen, Reisen, Ersparnisse ausgeben.
24. Wasser Pferd	Ratte Büffel Tiger Hase Drache Schlange Pferd Ziege Affe Hahn Hund Schwein **Günstig:** Putzen, waschen, fasten, seelische und körperliche Pflege, Arztbesuche. **Ungünstig:** Ausdauersport, Reisen, Hochzeit.
25. Wasser Ziege	Ratte Büffel Tiger Hase Drache Schlange Pferd Ziege Affe Hahn Hund Schwein **Günstig:** Umziehen, Reisen, Hochzeiten, Empfänge, wichtige Konferenzen. **Ungünstig:** geistige Arbeiten, Gartenarbeit, häusliche Tätigkeiten.
26. Holz Affe	Ratte Büffel Tiger Hase Drache Schlange Pferd Ziege Affe Hahn Hund Schwein **Günstig:** Versammlungen, gerechte Verteilungen, Hochzeit, Konferenzen, Umzug. **Ungünstig:** Gartenarbeit, Dinge zum Abschluss bringen.
27. Holz Hahn	Ratte Büffel Tiger Hase Drache Schlange Pferd Ziege Affe Hahn Hund Schwein **Günstig:** Gartenarbeit, Feiern, Hochzeit, Dinge zum Abschluss bringen. **Ungünstig:** keine Anschuldigungen gegen Dritte erheben.
28. Feuer Hund	Ratte Büffel Tiger Hase Drache Schlange Pferd Ziege Affe Hahn Hund Schwein **Günstig:** Gartenarbeit, Hochzeit, Dinge zum Abschluss bringen. **Ungünstig:** Umzug, Reisen, Geschäftseröffnung.
29. Feuer Schwein	Ratte Büffel Tiger Hase Drache Schlange Pferd Ziege Affe Hahn Hund Schwein **Günstig:** Ausruhen, Meditation, seinen Hobbys nachgehen. **Ungünstig:** wichtige Unternehmungen.
30. Erd Ratte	Ratte Büffel Tiger Hase Drache Schlange Pferd Ziege Affe Hahn Hund Schwein **Günstig:** Amüsieren, mit Freunden ausgehen, Freizeitaktivitäten. **Ungünstig:** geschäftliche Aktivitäten, neue Dinge anfangen.
31. Erd Büffel	Ratte Büffel Tiger Hase Drache Schlange Pferd Ziege Affe Hahn Hund Schwein **Günstig:** für die meisten Aktivitäten, Geschäftsabschlüsse, Partnerschaft. **Ungünstig:** negative Bemerkungen über andere Menschen.

> Getreide reift / Sommersonnenwende < Juni

TZE
Ratte

Grundtendenz des Monats:
Das Jahr des Hasen ist wirklich keine gute Zeit für die Ratte, großen Projekten hinterher zu jagen. 2023 geht es für Sie vor allem darum, im kleineren Rahmen zu punkten. Ist es wirklich so schwer, die Zügel ein wenig lockerer zu lassen? Gerade jetzt im Juni wäre das Leben wirklich deutlich leichter für Sie, wenn Sie das Gedankenkarussel abschalten könnten und einfach mehr das Hier und Jetzt genießen. Da können Sie noch so viel im Kopf planen - am Ende kommt es jetzt doch meistens anders, als Sie sich das vorgestellt haben.

Das liegt in diesem Monat auch an dem energetischen Pferd, dass in direkter Opposition zur Ratte steht.

Liebe, Familie, Freundschaft: Je mehr Sie sich nun auf der äußeren Ebene zurückhalten, desto mehr können Sie Ihr Privatleben genießen. Planen Sie vor allem Aktivitäten mit Ihren Lieben, wo Sie den Kopf abschalten können. Sport und Freizeitaktivitäten an der frischen Luft stehen nun besonders hoch im Kurs und helfen Ihnen, sich auch auf der emotionalen Ebene noch besser mit dem Partner, dem Nachwuchs oder auch den Freunden zu verbinden.

Behalten Sie Ihre privaten Angelegenheiten im Auge in diesen Wochen. So können Sie reagieren, wenn das Gleichgewicht gestört wird.

Beruf, Finanzen: Wenn Sie sich in diesen Wochen auf beruflicher Ebene zu sehr gestresst fühlen, ist es vielleicht an der Zeit, eine Pause einzulegen. Alternativ könnten Sie auch einfach einen lieben Kollegen um Unterstützung bitten. Sicher hilft man Ihnen nun gerne, wenn Sie sich das diplomatische Geschick des Wasser-Hasen zunutze machen.

Veränderungen, die 2022 angeschoben worden sind, können sich nun manifestieren. Dabei ist es wichtig, dass den beteiligten Menschen keinen Nachteil aus der neuen Situation erwächst.

Tipp des Monats:
Verschwenden Sie Ihre Energie nicht an Dinge, die Sie nicht ändern können!

KIU
Büffel

Grundtendenz des Monats:
Die meisten Büffel wissen aus Erfahrung, dass man nicht immer ganz vorne mitmischen muss, um Erfolg zu haben. Sollte man Ihnen jetzt in Ihrer Umgebung also suggerieren, dass Sie mehr Gas geben müssen, dürfen Sie das geflissentlich ignorieren. Geben Sie selbst das Tempo vor, dann geraten Sie auch nicht unnötig außer Atem.

Wenn Sie sich nun in einer Situation nicht wohlfühlen, dürfen Sie sich gerne zurückziehen. Manchmal ist es einfach besser, in gewohnten Gefilden zu bleiben, selbst dann, wenn der aktuelle Jahresherrscher sanften Druck auf Sie auszuüben scheint. Veränderungen sind für viele Büffel nicht einfach - nehmen Sie sich alle Zeit, die Sie brauchen.

Liebe, Familie, Freundschaft: Der Schlüssel zu einer guten Zeit im Kreise Ihrer Lieben liegt in diesen Wochen in der Natur. Gehen Sie vor die Tür und genießen Sie den Frühsommer in allen Facetten. Gemeinsame Aktivitäten können Sie noch enger zusammenbringen.

Gerade dem Partner gegenüber darf sich der Büffel nun toleranter zeigen. Lassen Sie ruhig auch Meinungen zu, die sich von der eigenen unterscheiden. Vor allem, wenn es um Themen geht, die das Zusammenleben nur am Rande berühren, müssen Sie sich nicht um jeden Preis durchsetzen.

Beruf, Finanzen: Sollten sich nun Hindernisse auftun, kann der Büffel seine Stärken ausspielen. Zeigen Sie sich als besonnener Problemlöser und ducken Sie sich nun auf keinen Fall weg, lieber Büffel. Das mag im Augenblick mehr Arbeit bedeuten, bringt aber langfristig nicht nur mehr Anerkennung sondern auch mehr Erfahrung.

Auf Ihre Finanzen sollten Sie weiterhin ein wachsames Auge behalten. Im Augenblick wäre es wahrscheinlich besser, bei bestehenden Plänen zu bleiben, anstatt etwas Neues zu versuchen.

Tipp des Monats:
Vernünftiges Abwägen ist Ihre Stärke, die Sie nun nutzen sollten, bevor Sie die nächsten Schritte tun.

YING
Tiger

Grundtendenz des Monats:
Im Juni darf der Tiger seinen persönlichen Ambitionen folgen. Mit dem Pferd bekommt er dafür jetzt den perfekten Partner an seine Seite gestellt. Im Team können die beiden gesetzte Ziele mit hoher Motivation angehen. Auch der Jahresregent wird Ihre Projekte in diesem Monat besonders gut unterstützen, sobald sie die eigene Entwicklung fördern.

An Durchsetzungskraft sollte es dem Tiger nun wirklich nicht mangeln. Achten Sie darauf, dass Sie weiterhin freundlich, aber bestimmt auftreten und die Krallen nur dann ausfahren, wenn es wirklich nötig ist. Sanfte Methoden sind mit dem aktuellen Jahresregenten deutlich erfolgreicher als der Holzhammer.

Liebe, Familie, Freundschaft: Ist der Tiger auf Abenteuer aus, kann er sicher einiges erleben in diesen Wochen. Der Wasser-Hase gönnt Ihnen jetzt Ihr Vergnügen, solange Sie damit die Gefühle auf der anderen Seite nicht verletzen.

Bestehenden Beziehungen tun gemeinsame Aktivitäten nun besonders gut.

Gemeinsam mit dem Pferd kann der Tiger sich auch auf der privaten Ebene messen. Sie sollten das Ganze aber spielerisch angehen. Schließlich möchten Sie ja nicht, dass Ihre Lieben den Spaß an der Sache verlieren, oder? Wenn Sie es jetzt geschickt anstellen, können Sie vor allem Ihren Nachwuchs wunderbar motivieren.

Beruf, Finanzen: Von alleine fällt Ihnen der Erfolg in diesem Monat nicht in den Schoß. Auch wenn die Zeichen sehr günstig stehen, heißt das nicht, das nun alles automatisch geschieht. Sie müssen schon selbst aktiv werden, damit sich die Dinge zu Ihrem Vorteil entwickeln können.

Es kann nun von Vorteil sein, wenn Sie nicht ganz vorne mitmischen, sondern sich mehr im Hintergrund halten. So lässt sich die aktuelle Entwicklung besser beobachten und Sie können schneller eingreifen, wenn es nötig ist.

Tipp des Monats:
Es ist wichtig zu wissen, aus welchem Gefühl heraus Sie etwas tun. Überprüfen Sie Ihre Motivation, bevor Sie loslegen!

MAO
Hase

Grundtendenz des Monats:
Sie können noch so viele wunderbare Pläne machen, lieber Hase. Irgendwann müssen Sie auch einmal anfangen, sie umzusetzen. Warum nutzen Sie nicht jetzt gleich die yangige Energie des Erd-Pferdes und gehen konkret ans Werk? Von alleine werden Ihre Träume auch in Ihrem eigenen Jahr nicht wahr. Wenn Sie die Ärmel allerdings hochkrempeln und beherzt zur Sache gehen, stehen die Chancen 2023 deutlich besser als in vielen anderen Jahren.

Ein bisschen mehr Pragmatik kann Ihnen nun sicher nicht schaden. Damit lässt sich jetzt der eine oder andere Stein aus dem Weg räumen.

Liebe, Familie, Freundschaft: Haben Sie mit dem Gedanken gespielt, in den eigenen vier Wänden mehr die Führung zu übernehmen? Sie haben wahrscheinlich ohnehin den besten Überblick. Da sollten Sie auch die entsprechenden Entscheidungen treffen. Im Grunde ist man Ihnen dankbar, wenn Sie sich kümmern.

Freundschaften wollen auch im Jahr des Hasen gepflegt werden. Es mag ja sein, dass Sie Familie und Partner zurzeit besonders fordern. Trotzdem können Sie sicher ein wenig Zeit für Aktivitäten mit Ihren Freunden abzwacken. Das ist schließlich auch eine gute Gelegenheit, den eigenen Akku aufzufüllen.

Beruf, Finanzen: Teamplayer kommen im Juni besonders gut voran. Dabei ist es wichtig, dass jeder die Aufgaben bekommt, die ihm am besten liegen. Belasten Sie sich nicht mit Arbeiten, die Ihnen schwer fallen, selbst wenn man Sie jetzt darum bittet. Sicher gibt es jemand Anderen, der das viel besser als Sie erledigen kann. Machen Sie freundlich den entsprechenden Vorschlag und melden Sie sich lieber für Dinge, die Sie sicher mit Bravour erledigen können.

Sie tun gut daran, für die kommenden Monate vorauszuplanen. So können Sie Ihre Zeit von Anfang an richtig einteilen.

Tipp des Monats:
Konzentrieren Sie sich jetzt auf laufende Projekte. Es ist keine gute Zeit, etwas Neues anzufangen.

SHENG
Drache

Grundtendenz des Monats:
Manchmal muss man sich mit den Dingen zufrieden geben, die in unmittelbarer Reichweite sind. Wer seine Visionen umsetzen will, muss schließlich erst einmal eine gute Basis dafür schaffen. Mit dem Wasser-Hasen als aktuellen Regenten geht es darüber hinaus auch darum, wie gut die eigenen Pläne mit dem Wohl der Allgemeinheit in Einklang zu bringen sind.
Das bedeutet, dass der Drache im Juni trotz der aktiven Energie des begleitenden Pferdes auf keinen Fall zu sehr nach vorne galoppieren sollte. Agieren Sie mit Herz und Augenmaß und finden Sie einen gehbaren Mittelweg, dann bekommen Sie die besten Ergebnisse.

Liebe, Familie, Freundschaft: Im Juni ist es für die häusliche Harmonie am besten, wenn Sie bleiben, wo Sie sind. Konzentrieren Sie sich auf die Probleme von Partner und Familie! Dafür müssen Sie wahrscheinlich die eigenen Aktivitäten jetzt ein wenig zurückstellen, was dem freiheitsliebenden Drachen nicht unbedingt gefallen wird.
Mit dem Pferd bekommt der Drache in diesem Monat deutlich mehr Bodenhaftung. Vielleicht möchten Sie das nutzen und jetzt mit dem Partner ganz praktische Dinge zu besprechen und pragmatische Lösungen für bestehende Herausforderungen zu finden.

Beruf, Finanzen: Manche Dinge lassen sich einfach nicht mal eben schnell erledigen. Da braucht es einen längeren Atem. Falls Sie den im Augenblick nicht aufbringen können, wenden Sie sich lieber machbaren Projekten zu und setzen Ihre Energie für etwas ein, was ein erreichbares Ergebnis verspricht.
Ein gewisser Ehrgeiz kann nun nicht schaden, wenn Sie eine bestimmte Position erreichen wollen. Allerdings sollten Sie nicht zu verbissen ans Werk gehen, sondern realistisch in der Selbsteinschätzung bleiben. Es kann durchaus sein, dass am Ende des Tages jemand anderes besser geeignet ist als Sie.

Tipp des Monats:
Sie müssen nicht immer ganz vorne mit dabei sein. Halten Sie sich etwas mehr zurück.

SZE
Schlange

Grundtendenz des Monats:
Es gibt wirklich keinen Grund, es sich jetzt unnötig schwer zu machen, liebe Schlange. Anstatt also daran zu denken, was eventuell alles schief gehen könnte, sollten Sie jetzt lieber auf die Dinge fokussieren, die im Augenblick ganz hervorragend laufen. Schließlich ist Ihnen der aktuelle Jahresregent sehr wohl gesonnen. Machen Sie sich jetzt noch einmal klar, dass Sie immer Unterstützung bekommen, wenn Sie danach fragen.
Übernehmen Sie die Verantwortung für Ihr eigenes Glück und warten Sie nicht darauf, dass es schon jemand Anderes richten wird. Es liegt allein an Ihnen, was Sie aus den jetzt gebotenen Möglichkeiten wirklich machen.

Liebe, Familie, Freundschaft: Es mag Ihnen im Grunde genügen, wenn sie ein harmonisches Familienleben haben. In diesen Wochen sollten Sie sich jedoch auch um Ihren Freundeskreis kümmern. Frischen Sie alte Kontakte auf und organisieren Sie gemeinsame Aktivitäten.
Mit dem Pferd wird in diesem Monat das Yang gestärkt. Wenn Sie bislang das Gefühl hatten, dass diese Seite in der Partnerschaft zu kurz gekommen ist, können Sie das nun bis zu einem gewissen Grad ausgleichen. Langfristig geht es darum, eine gute Balance zu finden zwischen Ihren weiblichen und männlichen Anteilen.

Beruf, Finanzen: Die Schlange versteht es in der Regel gut, sich im Zweifelsfall erst einmal zurückzuhalten. Diese abwartende Verhalten kann sich nun bezahlt machen und Ihnen die eine oder andere Fehlentscheidung ersparen. Sie wissen eben genau, dass man nicht immer überall der Erste sein muss und trotzdem seine Schäfchen ins Trockene bekommt.
Bei der Arbeitsteilung sollten Sie darauf achten, dass Sie das tun dürfen, was Ihnen am Besten liegt. So manche Schlange wird sich lieber mit theoretischen Grundlagen beschäftigen wollen, als sich um die Umsetzung zu kümmern.

Tipp des Monats:
Eine realistische Einschätzung der Situation bewahrt Sie jetzt vor unnötigen Enttäuschungen.

> Getreide reift / Sommersonnenwende < Juni

WU
Pferd

Grundtendenz des Monats:
Sie haben das Gefühl, dass sich Ihr Einsatz im Augenblick nicht lohnt, liebes Pferd? Dann sollten Sie im Juni vielleicht einfach einmal eine längere Pause einlegen. Mit frischen Energien aufgeladen, können Sie sich sicher wieder deutlich besser selbst motivieren.
Im Juni begleitet Sie ein weiteres Pferd, dass Sie in anderen Jahren sicher zu mehr Aktivität aufgefordert hätte. In Kombination mit dem Hasen ist es nun aber tatsächlich besser, wenn das Pferd im Stall bleibt und sich mit inneren Themen beschäftigt. In diesem Bereich können Sie nun eine erfreuliche Entwicklung erreichen, wenn Sie das wirklich wollen.

Liebe, Familie, Freundschaft: Wer sich nun auf die eigenen vier Wände konzentriert, kann nicht nur viel über sich selbst lernen, sondern auch über die gefühlsmäßigen Verstrickungen im Familien- und Freundeskreis. Stellen Sie sich der Herausforderung, werden Sie am Ende mit wichtigen Erkenntnissen belohnt.
Wie wertvoll Freundschaften sind, merkt man in der Regel dann besonders, wenn man seine Freunde wirklich braucht. Lassen Sie es jetzt nicht so weit kommen, sondern kümmern Sie sich um Ihr soziales Umfeld. Manchmal reicht schon ein kurzer Anruf oder eine kurze Nachricht, um zu zeigen, dass man aneinander denkt.

Beruf, Finanzen: Der Juni ist kein guter Monat, um sich finanziell zu sehr aus dem Fenster zu lehnen. Gerade wenn Sie im Augenblick mit Ihrem Inneren beschäftigt sind, kann es schnell passieren, dass Sie nicht mit der nötigen Konzentration bei der Sache sind und sich verkalkulieren. Spätestens in zwei Monaten gestaltet sich die Sache ganz anders.
Der berufliche Alltag mag sich im Juni mühsamer anfühlen, als er wirklich ist. Überprüfen Sie Ihre mentale Einstellung zu Ihrem Job - ist es wirklich das, was Sie wollen? Dann sollten Sie kürzere Durststrecken locker überstehen können.

Tipp des Monats:
Lassen Sie den Dingen Zeit, sich zu entwickeln! Rom ist nicht an einem Tag gebaut worden.

WEI
Ziege

Grundtendenz des Monats:
Auch das Pferd, das den Juni begleitet, hat ein gut ausgeprägtes Feuer-Element, was allerdings jetzt von einer pragmatischen Yang-Erde ausgeglichen wird. Das bedeutet, dass es für die Ziege weiterhin von Vorteil ist, sich eher zurückhaltend zu verhalten. Konzentrieren Sie sich jetzt auf die Dinge, die Sie ohne zu viel Aufwand bewältigen können. Eine realistische Einschätzung Ihrer eigenen Kräfte bewahrt Sie davor, sich unnötig zu verausgaben.
Machen Sie sich nicht zu viele Gedanken darüber, wie Sie alles geschafft bekommen. Das, was getan werden muss, bekommen Sie im Juni locker auf die Reihe.

Liebe, Familie, Freundschaft: Die Kombination aus Pferd und Ziege steht in der Chinesischen Astrologie unter anderem für das Thema Partnerschaft. Wer in einer festen Beziehung lebt, darf nun genauer hinschauen, wie die Rollen verteilt sind. Vergessen Sie nicht, dass beide Seiten ihre Yin- und Yang-Anteile ausleben sollten, damit die Harmonie gesichert ist.
Das Glück liegt in diesen Wochen mehr innerhalb der eigenen vier Wände als irgendwo dort draußen. Das sollt den meisten Ziegen ganz recht sein, denn so müssen Sie sich jetzt nicht in unbekannte Gefilde wagen und Dinge tun, die Ihnen nicht so recht behagen.

Beruf, Finanzen: Sicher ist ein gewisser Ehrgeiz hilfreich, wenn man auf der Karriereleiter weiter nach oben klettern will. Für die Ziege stellt sich allerdings die Frage, ob das wirklich ihr Ziel ist. Im Jahr des Hasen sind Ihre Prioritäten wahrscheinlich eher in eine andere Richtung gelagert.
Die Ellenbogen zu benutzen, um voran zu kommen, entspricht nicht wirklich Ihrem Naturell. Spätestens jetzt sollten Sie merken, dass es in diesem Jahr wahrscheinlich mehr um die innere als um die äußere Weiterentwicklung geht.

Tipp des Monats:
Auch wenn das Neue Sie jetzt lockt, sollten Sie in diesem und im nächsten Monat lieber in bekannten Gefilden bleiben.

SUNG
Affe

Grundtendenz des Monats:
Der Juni ist ein weiterer Monat, in dem der Affe ein wenig mehr Geduld haben sollte. Sie mögen es vielleicht gewohnt sein, sich schnell zu begeistern und dann sofort an die Umsetzung zu gehen. Im Jahr des Wasser-Hasen wollen die Dinge allerdings erst einmal gründlich durchdacht werden. Vor allem, wenn von Ihren Aktionen Ihr Umfeld unmittelbar betroffen ist, geht es immer erst einmal darum, niemandem auf die Füsse zu treten.
Das Pferd, das den Monat begleitet, ist wahrscheinlich nicht gerade hilfreich, wenn der Affe sich bremsen muss. Schließlich gehört es auch eher zu den aktiveren Tierzeichen. In diesem Monat sollte es aber lieber erst einmal im Stall bleiben.

Liebe, Familie, Freundschaft: Ihre Lieben freuen sich, wenn Sie jetzt nicht zu viel unterwegs sind. So bleibt mehr Zeit für gute Gespräche und gemeinsame Aktivitäten, die Sie noch enger zusammen schweißen können. Einmal mehr sind alle fünf Elemente in diesem Monat für den Affen vertreten. So kann er sich jetzt besonders gut auf Partner und Nachwuchs einstellen und deren Bedürfnisse erspüren.
In der Liebe geht es sicher auch darum, wer wann die Zügel in der Hand hält. Am Besten ist es, wenn jeder in dem Bereich führen darf, wo er die meiste Erfahrung hat.

Beruf, Finanzen: Laufende Projekte sollten nun ohne großes Zutun voran kommen, so lange Sie nicht ständig irgendwelche Änderungen durchführen. Vertrauen Sie einfach darauf, dass die getroffene Entscheidung richtig war und ziehen Sie das Ganze beherzt durch.
Sowohl der Jahresherrscher als auch das Pferd sind echte Teamplayer. Versuchen Sie jetzt besser erst gar nicht, alles alleine zu machen. Gemeinsam ein Ziel zu verfolgen, bringt viel mehr Spaß - und Zeit sparen Sie auch.

Tipp des Monats:
Sie müssen nicht immer in der ersten Reihe mitmischen. Lassen Sie jetzt ruhig auch einmal Anderen den Vortritt.

YU
Hahn

Grundtendenz des Monats:
Wie schon im Monat zuvor ist auch im Juni eher Zurückhaltung für den Hahn angesagt. Es entspricht zwar nicht unbedingt Ihrem Naturell, aber Sie sollten sich nun trotzdem lieber in die zweite Reihe zurückziehen und abwarten, was von außen auf Sie zukommt. Wohl überlegte Reaktionen darauf bringen Sie in die beste Ausgangsposition.
Mit dem aktiven Pferd an Ihrer Seite ist es in diesen Wochen gar nicht so einfach, die Ruhe zu bewahren. Vielleicht können Sie Ihre Aktivitäten ja mehr auf Ihre Freizeit beziehen.

Liebe, Familie, Freundschaft: Das Pferd kann in diesen Wochen durchaus den persönlichen Ehrgeiz anfachen. Sie können sich gerne spielerisch mit Freunden und Familie messen. Vergessen Sie dabei aber bitte nicht, dass es hier nicht darum geht, wer der Beste ist, sondern vielmehr darum, gemeinsam Spaß zu haben. Vor allem, wenn Sie der eigene Nachwuchs herausfordert, sollten Sie darauf achten, dass mit der Aktion vor allem das Selbstbewusstsein Ihrer Kinder gestärkt werden sollte.
In Beziehungsfragen sollten Sie sich jetzt nicht zu dominant verhalten. Geben Sie der anderen Seite die Gelegenheit, eigene Entscheidungen zu treffen, auch wenn Sie glauben, es besser zu wissen.

Beruf, Finanzen: Es mag in diesem Monat nicht ganz einfach sein, realistische Budgets für bestimmte Projekte festzulegen. Wahrscheinlich wäre es besser, wenn Sie Entscheidungen zu diesem Thema noch etwas vertagen. Sorgen Sie lieber erst einmal dafür, dass Sie auch wirklich alle relevanten Zahlen zusammen bekommen.
Für das berufliche Fortkommen stehen die Zeichen in diesem Monat nicht schlecht. Allerdings wird sicher noch ein bisschen mehr Geduld erforderlich sein, bis sich das gewünschte Ergebnis zeigt.

Tipp des Monats:
Geldangelegenheiten sollten Sie klar auf den nächsten Monat vertagen. Die Sache läuft Ihnen nicht davon.

SHIH
Hund

Grundtendenz des Monats:
Mit einem willensstarken Pferd an der Seite kann der Hund in diesem Monat immer dann punkten, wenn es darum geht, die eigenen Interessen zu vertreten. Einmal mehr wird dabei das Feuer-Element gestärkt und damit auch Ihre Motivation, wirklich etwas für sich selbst zu bewegen. Der Hase legt Ihnen da garantiert keine Steine in den Weg, solange Ihre Pläne sich mit den Bedürfnissen der Menschen in Ihrer Umgebung vertragen.
Wie schon in den vergangenen Monaten ist es auch im Juni nicht immer ganz leicht, genug Zeit für die eigenen Aktivitäten zu finden. Vielleicht sollten Sie doch öfters einmal nein sagen.

Liebe, Familie, Freundschaft: Wer auf der familiären Ebene gerade stark eingespannt ist, sollte sich nicht mit zusätzlichen Aufgaben belasten. Sorgen Sie jetzt lieber dafür, dass die wesentlichen Dinge laufen. Vielleicht lässt sich ja auch die eine oder andere Sache delegieren?
Pferd und Hund sind eine Tierkombination, die den persönlichen Ehrgeiz recht gut anfachen können. Das ist aber nicht unbedingt auf Ihren Nachwuchs zu übertragen, den Sie nicht mit Ihren Ansprüchen überfordern sollten. Gestehen Sie jedem sein eigenes Tempo zu.

Beruf, Finanzen: Auch wenn Sie gerade nicht an vorderster Front tätig sind, kann es nicht schaden, mehr Motivation zu zeigen. So empfehlen Sie sich in Zukunft für interessantere Projekte und hinterlassen an den wichtigen Stellen einen guten Eindruck.
Im Augenblick mögen Sie am richtigen Platz sein. Aber das bedeutet nicht, dass das auf Dauer so bleiben muss. Vielleicht kann Sie der Wasser-Hase ja motivieren, jetzt schon einmal darüber nachzudenken, wohin die berufliche Reise langfristig gehen soll. In den kommenden Monaten bekommen Sie dann Gelegenheiten, sich in verschiedenen Bereichen auszuprobieren.

Tipp des Monats:
Man muss wirklich nicht immer mit dem Strom schwimmen. Schauen Sie sich jetzt die Alternativen an!

HAN
Schwein

Grundtendenz des Monats:
Mit dem Pferd begleitet das Schwein nun ein Tierzeichen auf seinem Weg, das vor allem für seine Teamfähigkeit bekannt ist. Wenn Sie jetzt allerdings gemeinsam mit Anderen etwas entwickeln, zeigen Sie sich nicht zu nachgiebig, sonst bleibt vielleicht von Ihrer Grundidee am Ende nicht mehr so viel übrig.
Man muss nicht immer mit der Menge mitlaufen - das wird auf Dauer viel zu anstrengend. Außerdem gehen dabei schnell die Dinge verloren, die Ihnen wichtig sind. Im Jahr des Hasen geht es um Ihre persönliche Entwicklung und nicht darum, anderen etwas recht zu machen.

Liebe, Familie, Freundschaft: Wenn Sie einen potentiellen Partner auf sich aufmerksam machen wollen, sollten Sie das nun mit Ihrem natürlichen Charme tun. Es bringt gar nichts, sich zu verstellen. Im Hasenjahr gilt es, authentisch zu sein und sich mit den eigenen Gefühlen nicht zurückzuhalten. So können Sie sicher das Herz Ihres Gegenübers für sich gewinnen.
Einmal mehr ist Ihre Kompromiss- und Vermittlungsfähigkeit gefragt, wenn sich Ihre Lieben in mehrere Lager spalten. Die einen wünschen sich mehr Aktivität und Aufregung, während der Rest damit zufrieden ist, in Ruhe das traute Heim zu genießen. Sicher ist es möglich, beide Aspekte in den Alltag einzubauen.

Beruf, Finanzen: An Ideen sollte es dem Schwein 2023 sicher nicht mangeln. Die Frage ist nun, ob Vorgesetzte, Kollegen oder Kunden bereit sind, Ihre Innovationen mitzutragen. Verbündete finden Sie immer dann am besten, wenn Sie gut vorbereitet und strukturiert Ihre Projekte vorstellen. Überlassen Sie dabei bitte nichts dem Zufall! Wahrscheinlich wäre es keine schlechte Idee, sich einen Experten mit ins Boot zu holen.
Wer sich nun zu sehr vom ursprünglichen Plan entfernt, läuft Gefahr, das eigentliche Ziel aus den Augen zu verlieren.

Tipp des Monats:
Wägen Sie sorgfältig ab, wo Ihr Einsatz nun mehr gebraucht wird - in der Familie oder im Job.

Juni 2023	Jahreskonstellation – Wasser Hase Monatskonstellation – Erd Pferd

1. Metall Tiger	Ratte Büffel Tiger Hase Drache Schlange Pferd Ziege Affe Hahn Hund Schwein **Günstig:** Handel, Geschäftseröffnungen, Hochzeiten und andere Feste planen. **Ungünstig:** Beerdigungen, Reisen, Arztbesuche.
2. Metall Hase	Ratte Büffel Tiger Hase Drache Schlange Pferd Ziege Affe Hahn Hund Schwein **Günstig:** Handwerkliche Aktivitäten, Handel, Hochzeiten, Reisen. **Ungünstig:** Trauerfeiern und Beerdigungen, schwere körperliche Arbeit.
3. Wasser Drache	Ratte Büffel Tiger Hase Drache Schlange Pferd Ziege Affe Hahn Hund Schwein **Günstig:** Ankündigungen machen, Beerdigungen, Trauerfeiern. **Ungünstig:** Handel, Vergnügungen, Freizeitaktivitäten.
4. Wasser Schlange	Ratte Büffel Tiger Hase Drache Schlange Pferd Ziege Affe Hahn Hund Schwein **Günstig:** Kleidung schneidern, Handel, Buchhaltung, Ausflüge, neue Dinge beginnen. **Ungünstig:** Geschäfte eröffnen, Kraftanstrengungen, Reisen, Ersparnisse ausgeben.
5. Holz Pferd	Ratte Büffel Tiger Hase Drache Schlange Pferd Ziege Affe Hahn Hund Schwein **Günstig:** Putzen, waschen, fasten, seelische und körperliche Pflege, Arztbesuche. **Ungünstig:** Ausdauersport, Reisen, Hochzeit.
6. Holz Ziege	Ratte Büffel Tiger Hase Drache Schlange Pferd Ziege Affe Hahn Hund Schwein **Günstig:** Putzen, waschen, fasten, seelische und körperliche Pflege, Arztbesuche. **Ungünstig:** Ausdauersport, Reisen, Hochzeit.
7. Feuer Affe	Ratte Büffel Tiger Hase Drache Schlange Pferd Ziege Affe Hahn Hund Schwein **Günstig:** Umziehen, Reisen, Hochzeiten, Empfänge, wichtige Konferenzen. **Ungünstig:** geistige Arbeiten, Gartenarbeit, häusliche Tätigkeiten.
8. Feuer Hahn	Ratte Büffel Tiger Hase Drache Schlange Pferd Ziege Affe Hahn Hund Schwein **Günstig:** Versammlungen, gerechte Verteilungen, Hochzeit, Konferenzen, Umzug. **Ungünstig:** Gartenarbeit, Dinge zum Abschluss bringen.
9. Erd Hund	Ratte Büffel Tiger Hase Drache Schlange Pferd Ziege Affe Hahn Hund Schwein **Günstig:** Gartenarbeit, Feiern, Hochzeit, Dinge zum Abschluss bringen. **Ungünstig:** keine Anschuldigungen gegen Dritte erheben.
10. Erd Schwein	Ratte Büffel Tiger Hase Drache Schlange Pferd Ziege Affe Hahn Hund Schwein **Günstig:** Gartenarbeit, Hochzeit, Dinge zum Abschluss bringen. **Ungünstig:** Umzug, Reisen, Geschäftseröffnung.
11. Metall Ratte	Ratte Büffel Tiger Hase Drache Schlange Pferd Ziege Affe Hahn Hund Schwein **Günstig:** Ausruhen, Meditation, seinen Hobbys nachgehen. **Ungünstig:** wichtige Unternehmungen.
12. Metall Büffel	Ratte Büffel Tiger Hase Drache Schlange Pferd Ziege Affe Hahn Hund Schwein **Günstig:** Amüsieren, mit Freunden ausgehen, Freizeitaktivitäten. **Ungünstig:** geschäftliche Aktivitäten, neue Dinge anfangen.
13. Wasser Tiger	Ratte Büffel Tiger Hase Drache Schlange Pferd Ziege Affe Hahn Hund Schwein **Günstig:** für die meisten Aktivitäten, Geschäftsabschlüsse, Partnerschaft. **Ungünstig:** negative Bemerkungen über andere Menschen.
14. Wasser Hase	Ratte Büffel Tiger Hase Drache Schlange Pferd Ziege Affe Hahn Hund Schwein **Günstig:** Handel, Geschäftseröffnungen, Hochzeiten und andere Feste planen. **Ungünstig:** Beerdigungen, Reisen, Arztbesuche.
15. Holz Drache	Ratte Büffel Tiger Hase Drache Schlange Pferd Ziege Affe Hahn Hund Schwein **Günstig:** Handwerkliche Aktivitäten, Handel, Hochzeiten, Reisen. **Ungünstig:** Trauerfeiern und Beerdigungen, schwere körperliche Arbeit.

Ob ein Tag besonders günstig für Ihr Tierzeichen ist, sehen Sie an folgenden Farben:
Rot = sehr günstig, Grau = günstig, Schwarz = nicht günstig

16. Holz Schlange	Ratte Büffel Tiger Hase Drache Schlange Pferd Ziege Affe Hahn Hund Schwein **Günstig:** Ankündigungen machen, Beerdigungen, Trauerfeiern. **Ungünstig:** Handel, Vergnügungen, Freizeitaktivitäten.
17. Feuer Pferd	Ratte Büffel Tiger Hase Drache Schlange Pferd Ziege Affe Hahn Hund Schwein **Günstig:** Kleidung schneidern, Handel, Buchhaltung, Ausflüge, neue Dinge beginnen. **Ungünstig:** Geschäfte eröffnen, Kraftanstrengungen, Reisen, Ersparnisse ausgeben.
18. Feuer Ziege	Ratte Büffel Tiger Hase Drache Schlange Pferd Ziege Affe Hahn Hund Schwein **Günstig:** Putzen, waschen, fasten, seelische und körperliche Pflege, Arztbesuche. **Ungünstig:** Ausdauersport, Reisen, Hochzeit.
19. Erd Affe	Ratte Büffel Tiger Hase Drache Schlange Pferd Ziege Affe Hahn Hund Schwein **Günstig:** Umziehen, Reisen, Hochzeiten, Empfänge, wichtige Konferenzen. **Ungünstig:** geistige Arbeiten, Gartenarbeit, häusliche Tätigkeiten.
20. Erd Hahn	Ratte Büffel Tiger Hase Drache Schlange Pferd Ziege Affe Hahn Hund Schwein **Günstig:** Versammlungen, gerechte Verteilungen, Hochzeit, Konferenzen, Umzug. **Ungünstig:** Gartenarbeit, Dinge zum Abschluss bringen.
21. Metall Hund	Ratte Büffel Tiger Hase Drache Schlange Pferd Ziege Affe Hahn Hund Schwein **Günstig:** Gartenarbeit, Feiern, Hochzeit, Dinge zum Abschluss bringen. **Ungünstig:** keine Anschuldigungen gegen Dritte erheben.
22. Metall Schwein	Ratte Büffel Tiger Hase Drache Schlange Pferd Ziege Affe Hahn Hund Schwein **Günstig:** Gartenarbeit, Hochzeit, Dinge zum Abschluss bringen. **Ungünstig:** Umzug, Reisen, Geschäftseröffnung.
23. Wasser Ratte	Ratte Büffel Tiger Hase Drache Schlange Pferd Ziege Affe Hahn Hund Schwein **Günstig:** Ausruhen, Meditation, seinen Hobbys nachgehen. **Ungünstig:** wichtige Unternehmungen.
24. Wasser Büffel	Ratte Büffel Tiger Hase Drache Schlange Pferd Ziege Affe Hahn Hund Schwein **Günstig:** Amüsieren, mit Freunden ausgehen, Freizeitaktivitäten. **Ungünstig:** geschäftliche Aktivitäten, neue Dinge anfangen.
25. Holz Tiger	Ratte Büffel Tiger Hase Drache Schlange Pferd Ziege Affe Hahn Hund Schwein **Günstig:** für die meisten Aktivitäten, Geschäftsabschlüsse, Partnerschaft. **Ungünstig:** negative Bemerkungen über andere Menschen.
26. Holz Hase	Ratte Büffel Tiger Hase Drache Schlange Pferd Ziege Affe Hahn Hund Schwein **Günstig:** Handel, Geschäftseröffnungen, Hochzeiten und andere Feste planen. **Ungünstig:** Beerdigungen, Reisen, Arztbesuche.
27. Feuer Drache	Ratte Büffel Tiger Hase Drache Schlange Pferd Ziege Affe Hahn Hund Schwein **Günstig:** Handwerkliche Aktivitäten, Handel, Hochzeiten, Reisen. **Ungünstig:** Trauerfeiern und Beerdigungen, schwere körperliche Arbeit.
28. Feuer Schlange	Ratte Büffel Tiger Hase Drache Schlange Pferd Ziege Affe Hahn Hund Schwein **Günstig:** Ankündigungen machen, Beerdigungen, Trauerfeiern. **Ungünstig:** Handel, Vergnügungen, Freizeitaktivitäten.
29. Erd Pferd	Ratte Büffel Tiger Hase Drache Schlange Pferd Ziege Affe Hahn Hund Schwein **Günstig:** Kleidung schneidern, Handel, Buchhaltung, Ausflüge, neue Dinge beginnen. **Ungünstig:** Geschäfte eröffnen, Kraftanstrengungen, Reisen, Ersparnisse ausgeben.
30. Erd Ziege	Ratte Büffel Tiger Hase Drache Schlange Pferd Ziege Affe Hahn Hund Schwein **Günstig:** Putzen, waschen, fasten, seelische und körperliche Pflege, Arztbesuche. **Ungünstig:** Ausdauersport, Reisen, Hochzeit.

> Kleine Hitze / große Hitze < Juli

TZE
Ratte

Grundtendenz des Monats:
Ein starkes Erd-Element bringt im Juli mehr Stabilität für die Ratte. Damit verbunden ist allerdings auch weniger Aktivität, als Sie es sich wünschen. Sicher appelliert man in diesen Wochen deutlich mehr an Ihr Mitgefühl als sonst. Das liegt unter anderem daran, dass sich neben dem Jahresregenten auch eine sanfte Ziege als Monatsbegleiterin um das allgemeine Wohlergehen sorgt. Vielleicht ist es Ihnen möglich, sich noch mehr für die Menschen einzusetzen, die es nicht so gut im Leben haben wie Sie.
Auf der emotionalen Ebene darf sich die Ratte in diesen Wochen sicher noch mehr öffnen als bisher. Der Jahresherrscher schafft dafür nun in allen Bereichen einen sicheren Rahmen.

Liebe, Familie, Freundschaft: Wenn Ziege und Hase sich treffen, geht es in der Regel um das Wohlergehen von Familie und Freunden. Der aktuelle Regent schätzt es generell, wenn sich seine Untertanen verstärkt um die Menschen kümmern, die ihnen wichtig sind. Nehmen Sie sich jetzt also bitte genug Zeit, um den Bedürfnissen Ihrer Lieben gerecht zu werden.
Wer den Alltag mit Partner und Nachwuchs bislang gut gemanagt hat, darf sich nun entspannt zurücklehnen und den Sommer genießen. Für alle anderen Ratten heißt es nun, die Ärmel hochzukrempeln.

Beruf, Finanzen: Mit der Erd-Ziege sind jetzt keine großen Veränderungen zu erwarten. Dafür dürfen sich laufende Projekte in einem langsamen, aber stetigen Tempo weiterentwickeln. Das bedeutet auf der einen Seite weniger Stress im Job für die Ratte. Auf der anderen Seite werden Ihre intellektuellen Fähigkeiten im Juli nicht unbedingt gefordert.
Vielleicht nutzen Sie die etwas ruhigere Zeit, um mal wieder für Ordnung in Ihrem beruflichen Umfeld zu sorgen. Wann haben Sie das letzte Mal den Schreibtisch aufgeräumt, die Mailbox geleert oder wichtige Dokumente sortiert?

Tipp des Monats:
Setzen Sie sich für Ihre Umgebung ein! Das, was Sie jetzt geben, kommt doppelt zurück.

KIU
Büffel

Grundtendenz des Monats:
Mit einer sanften Ziege im Monat sollte es für den Büffel jetzt relativ ruhig zugehen. Allerdings stehen Ziege und Büffel im Chinesischen Tierkreis in direkter Opposition zueinander, was im Juli für kleinere Widerstände sorgen könnte. Diese lassen sich immer dann beseitigen, wenn man rechtzeitig aufeinander zu geht und miteinander spricht. Je offener Sie nun Ihre Bedenken äußern, desto schneller lassen sich bestehende Hindernisse aus dem Weg räumen. Mitgefühl und Hilfsbereitschaft werden in diesen Wochen ganz groß geschrieben, denn nun herrscht eine starke mütterliche Yin-Erdenergie.

Liebe, Familie, Freundschaft: Die Kombination aus Ziege und Hase legt in diesem Monat einen klaren Schwerpunkt auf die Familie. Das kann sich auf den eigenen Nachwuchs genauso beziehen wie auf die betagten Eltern oder entferntere Verwandtschaft. Bieten Sie jetzt großzügig Ihre Hilfe an und unterstützen Sie Ihre Lieben auf allen Ebenen.
Auch in der Partnerschaft geht es nun mehr um gegenseitige Unterstützung. Vor allem, wenn es das persönliche Wachstum betrifft ist es unabdingbar, dass beide Seiten sich weiterentwickeln dürfen und nicht einer von beiden aus Rücksichtnahme auf der Strecke bleibt.

Beruf, Finanzen: Legen Sie Ihr Augenmerk einmal mehr auf die kleinen Dinge. Der Teufel steckt oftmals im Detail. Wer diese nun übersieht, macht sich unter Umständen doppelt Arbeit für die nächsten Monate. Da macht es auf jeden Fall Sinn, jetzt etwas mehr Zeit zu investieren. Das holen Sie später locker wieder auf.
Auch der Büffel kann nicht alles wissen. Wenn Sie nun das Gefühl haben, Ihre Aufgaben nicht gut genug erledigen zu können, weil Ihnen Informationen fehlen, dann fragen Sie bitte nach! Das schmälert Ihre Kompetenz überhaupt nicht und erleichtert die Arbeit enorm.

Tipp des Monats:
Fokussieren Sie jetzt nicht zu sehr auf das Ziel, sondern konzentrieren Sie sich mehr auf den Weg dorthin.

> Kleine Hitze / große Hitze < Juli

YING
Tiger

Grundtendenz des Monats:
Treffen sich der sanfte Hase und die mitfühlende Ziege wie es in diesem Monat der Fall ist, stehen alle Zeichen auf Solidarität. Der Tiger darf nun vor allem in den Bereichen unterstützen, in denen er einen guten Wissensvorsprung hat und sich gut auskennt. Wer immer schon darüber nachgedacht hat, sich mehr ehrenamtlich zu engagieren, möchte nun vielleicht Nägel mit Köpfen machen. Dabei ist es wichtig, die zur Verfügung stehende Zeit realistisch einzuschätzen, damit die eigenen Projekte nicht leiden.
Die sorgende Yin-Erde ist in diesen Wochen besonders stark ausgeprägt. Da steht es dem Tiger gut zu Gesicht, wenn er sich in allen Bereichen mehr kümmert.

Liebe, Familie, Freundschaft: Im Juli gibt es eine klare Betonung auf Ihr Familienleben. Stellen Sie das bitte nicht in Frage, sondern setzen Sie Ihre Prioritäten entsprechend. Wer sich nun ausreichend Zeit für seine Lieben nimmt, wird nicht nur mit angenehmen gemeinsamen Stunden belohnt. Mit dem entsprechenden Mitgefühl lassen sich nun auch vertrackte Situationen lösen und die emotionale Bindung stärken.
In Liebesangelegenheiten kann der Tiger immer dann eine wunderbare Zeit erleben, wenn er sich fallen lässt. Dafür ist es nötig, dass Sie Ihrem Partner hundertprozentig vertrauen.

Beruf, Finanzen: Konfrontationen sollten Sie jetzt möglichst vermeiden. Auch wenn Sie sich im Recht fühlen, kommt es nicht gut an, wenn Sie das direkt und unverblümt zum Ausdruck bringen. Setzen Sie lieber auf Diplomatie! Das erwartet man nicht unbedingt vom Tiger und ist deshalb eher geneigt, Ihnen zuzuhören.
Mit Hilfe der Ziege können Sie jetzt im Juli sicher für mehr Ordnung am Arbeitsplatz sorgen. Trennen Sie sich von Dingen, die Sie nicht mehr brauchen und archivieren Sie abgeschlossene Projekte. Ist der Schreibtisch aufgeräumt überträgt sich das gleich auch auf Ihren Geist.

Tipp des Monats:
Zeigen Sie Ihre Hilfsbereitschaft nur dort, wo sie wirklich geschätzt wird.

MAO
Hase

Grundtendenz des Monats:
Es ist Zeit, sich zu entspannen. Im Juli dürften für den Hasen alle Dinge in geregelten Bahnen verlaufen. Es geht langsam aber stetig voran - auch wenn das von außen betrachtet vielleicht nicht immer so erscheinen mag.
An der Seite der Yin-betonten Ziege bekommt der Hase in diesem Monat die Gelegenheit, sich in allen Bereichen zurückzunehmen. Sie können diese Zeit nutzen, indem Sie sich mehr Ihren eigenen Interessen zuwenden. Sie können sie aber auch weiterhin dafür verwenden, es anderen Menschen schön zu machen. Vielleicht liegt die beste Lösung irgendwo in der Mitte? Ihre Entscheidung sollte davon abhängen, wie gut Ihre persönlichen Reserven gefüllt sind.

Liebe, Familie, Freundschaft: Die starke Yin-Erde weckt in diesen Wochen bei so manchem Hasen vielleicht das schlechte Gewissen. Haben Sie sich wirklich genug um Familie und Freunde gekümmert? Auch wenn der Jahresregent viel für das Wohl seiner Mitmenschen tut, muss das nicht heißen, dass Sie sich um alles kümmern müssen. Schließlich geht es 2023 auch darum, wie Sie Ihre eigenen Horizont erweitern können.
In der Liebe sollten Sie wirklich Ihrem Herzen mehr vertrauen als Ihrem Verstand. Geben Sie sich der Magie des Augenblicks hin!

Beruf, Finanzen: Ihre Projekte dürfen sich nun in einem Tempo entwickeln, welches Ihnen genug Zeit lässt, das Ganze auch zu genießen. Schnelle Lösungen sind in der Regel nichts, was auf Dauer halten kann. Wer im Jahr des Wasser-Hasen nachhaltig etwas erreichen will, sollte mit Bedacht und Ruhe die entsprechenden Schritte tun.
Sanfte Überzeugungsarbeit funktioniert jetzt besonders gut. Wer die Kunst der Diplomatie beherrscht, kann seinen Zielen nun ein gutes Stück näher kommen. Denken Sie daran, dass neben dem richtigen Ton eine gute Planung unverzichtbar ist.

Tipp des Monats:
Achten Sie auf Ihre Gesundheit und tun Sie jetzt etwas für Ihre innere und äußere Stärke!

> Kleine Hitze / große Hitze < Juli

SHENG Drache

Grundtendenz des Monats:
Hase und Ziege treffen sich im Juli und wünschen sich von allen Untertanen mehr Umsicht im Umgang miteinander. Das bezieht sich zum einen auf den gemäßigten Ton, den Sie nun in Gesprächen anschlagen sollten. Zum anderen geht es aber nun sicher auch darum, inwiefern man andere Leben beeinflussen kann. Der Drache darf sich ruhig ein wenig mehr Gedanken über die Konsequenzen seines Handelns machen.
Geduld gehört nicht unbedingt zu den Stärken des Drachen, ist aber in diesem Monat sicher in allen Bereichen des Lebens erforderlich. Die Dinge entwickeln sich im Juli einfach langsamer als noch in den Monaten zuvor.

Liebe, Familie, Freundschaft: Familienangehörige und Freunde brauchen in diesen Wochen vielleicht noch mehr Ihre Unterstützung als sonst. Das liegt daran, dass Hase und Ziege zum Haus der Familie gehören und es nun leichter ist, erfolgreich an Ihr Mitgefühl zu appellieren. Wenn Sie geben, tun Sie das aus vollem Herzen! Mit oberflächlichen Gesten ist es jetzt nicht getan.
Die starke Yin-Erde stellt die gegenseitige Unterstützung auch in der Liebe klar in den Vordergrund. Zeigen Sie einander nun, wie gerne Sie füreinander da sind und stehen Sie auch öffentlich für Ihren Partner ein.

Beruf, Finanzen: Chaotische Zustände werden am Arbeitsplatz nie gerne gesehen. Mit der methodischen Ziege ist das im Juli überhaupt nicht zu entschuldigen. So mancher Drache dürfte sich deshalb jetzt genötigt sehen, mal wieder so richtig für Ordnung zu sorgen. Das freut die Menschen in Ihrer Arbeitsumgebung und spart Ihnen selbst in den nächsten Monaten ordentlich Zeit.
Es mag sein, dass Sie sich bei allgemeinen Aufgaben mehr engagieren sollten. Das bedeutet aber nicht, dass Sie dafür alle andere Dinge stehen und liegen lassen.

Tipp des Monats:
Schauen Sie entspannt in die Zukunft! Es mag nicht so schnell gehen, wie Sie es sich wünschen, aber es geht voran.

SZE Schlange

Grundtendenz des Monats:
Ziege und Hase treffen sich in diesen Wochen und fordern die Schlange auf, mehr ihren Gefühlen zu folgen. Das kann unter Umständen dazu führen, dass Sie nun deutlich empfindlicher auf Kritik reagieren und sich schneller angegriffen fühlen. In den meisten Fällen ist das Ganze aber überhaupt nicht böse gemeint, sondern eher dazu gedacht, Sie freundlich aber bestimmt auf den richtigen Weg zu bringen.
Mit einer ordnungsliebenden Ziege an Ihrer Seite kommen Sie in diesen Wochen nicht darum herum, endlich einmal wieder auszumisten. Sicher gibt es eine Menge Dinge, die Sie wirklich nicht mehr brauchen und vielleicht einem besseren Zweck zuführen können.

Liebe, Familie, Freundschaft: Eine sehr gut ausgeprägtes Yin-Erde begleitet den Sommermonat Juli. Dadurch werden vor allem mütterliche Aspekte gestärkt. Für die Schlange kann das bedeuten, dass Sie sich nun mehr um Familienangelegenheiten kümmern muss. Auch wenn das nun vielleicht auch etwas lästig erscheint, führt kaum ein Weg daran vorbei.
In der Liebe geht es nun ganz besonders um das gegenseitige Verständnis und die Bereitschaft, den anderen voll und ganz zu unterstützen. Man muss sicher nicht immer einer Meinung sein. Trotzdem kann man nach außen eine geschlossene Einheit bilden.

Beruf, Finanzen: Tun Sie in diesen Wochen etwas Gutes! Das füllt vielleicht nicht Ihren Geldbeutel, aber dafür wärmt es das Herz und gibt Ihnen generell ein gutes Gefühl.
Sie sollten sich nicht von allen Seiten einspannen lassen, sondern selbst entscheiden, wohin Sie Ihre Aufmerksamkeit lenken wollen. Die Kombination aus Hase und Ziege verführt sonst leicht dazu, dass Sie im Dienst am Nächsten alles andere vergessen und das kann wohl nicht in Ihrem Sinne sein, oder?

Tipp des Monats:
Zeigen Sie sich dankbar, wenn man Ihnen nun den richtigen Weg aufzeigt und nehmen Sie angebotene Hilfe an!

> Kleine Hitze / große Hitze < Juli

WU
Pferd

Grundtendenz des Monats:
Mit der Ziege an seiner Seite bekommt die fürsorgliche Seite des Jahresregenten noch mehr Gewicht als bisher. Für das Pferd bedeutet das wahrscheinlich, dass es darum geht, die Menschen in seiner Umgebung in die eigenen Pläne mit einzubeziehen und sich darum zu kümmern, dass dabei niemand zu kurz kommt. Als guter Teamplayer sollte das im Grunde kein Problem für Sie sein, oder?
Einmal mehr ist Geduld angesagt. Eine starke Erd-Energie sorgt im Juli dafür, dass sich wenig bewegt. Ab dem nächsten Monat sollte aber wieder mehr Schwung in Ihr Leben kommen.

Liebe, Familie, Freundschaft: Sicher haben Sie in den vergangenen Monaten schon oft den Einfluss des sanften Jahresregenten bemerkt. Jetzt im Juli ist die Yin-Erde besonders stark ausgeprägt, so dass Ihr Augenmerk mehr auf dem Wohl Ihrer Lieben liegen sollte. Da müssen Sie wahrscheinlich erst einmal zurückstecken.
Pferd und Ziege stehen auch für das Yang und Yin in der Partnerschaft. Beziehungen, die auf gegenseitigem Verständnis basieren und beiden Seiten ihren Raum geben, sind nun besonders vom Glück begünstigt.
Auch wer noch auf der Suche nach einem Partner ist, hat gute Aussichten, jetzt den oder die Richtige zu finden. Verlassen Sie sich dabei einfach auf Ihr Bauchgefühl.

Beruf, Finanzen: Halten Sie sich in diesen Wochen lieber an die Vorgaben, liebes Pferd! Es wird jetzt nicht gerne gesehen, wenn Sie ausscheren und Ihr eigenes Ding machen. Am einfachsten wäre es, wenn Sie das Tempo drosseln und sich für die bestehenden Aufgaben einfach mehr Zeit lassen. So können Sie die Zeit überbrücken, bis es wieder spannender wird.
Entsteht der Eindruck, dass Sie Ihre Angelegenheiten ohne zu viel Stress managen, können Sie sich vielleicht für zukünftige Aufgaben empfehlen.

Tipp des Monats:
Finden Sie Ihre persönliche Balance zwischen Aktivität und Ruhe. Beide Aspekte wollen einen Platz in Ihrem Leben haben.

WEI
Ziege

Grundtendenz des Monats:
In diesen Wochen steht Ihr Einsatz für Andere klar im Mittelpunkt des Geschehens. Mit einer weiteren Ziege und einer starken Yin-Erde zeigt Ihnen der Juli, dass es jetzt besonders wichtig ist, sich um diejenigen zu kümmern, die es nicht so gut angetroffen haben wie Sie selbst. Ob Sie Ihre Hilfsbereitschaft vor allem im gewohnten Umfeld zeigen oder sich in neuen Bereichen sozial engagieren hängt davon ab, wie sicher Sie sich fühlen mit Ihrem Tun.
Auch wenn Sie Ihr Augenmerk zurzeit mehr auf andere Menschen richten, heißt das jedoch nicht, dass Sie nicht gleichzeitig auch selbst weiter ein gutes Stück vorankommen können.

Liebe, Familie, Freundschaft: Die Familie ist für den aktuellen Jahresregenten der wichtigste Dreh- und Angelpunkt. Das sieht die Ziege in der Regel ähnlich und so ist es nun nicht verwunderlich, dass sich alles um das Thema dreht. Dabei sollte die Ziege klar wissen, wer zum inneren Zirkel gehört. Es sorgt für Unverständnis, wenn Sie zum Beispiel Bedürfnisse von entfernten Verwandten nachkommen und dabei Partner und Kinder das Nachsehen haben.
In der Liebe geht es sicher nun mehr um das gegenseitige Geben und Nehmen. Es ist keineswegs selbstverständlich, wenn Sie ständig das Gefühl haben, dass Sie zu kurz kommen.

Beruf, Finanzen: Das Metall-Element war schon in den vergangenen Monaten nicht präsent und ist auch im Juli nicht vorhanden, was es allgemein erschwert, Ordnung zu halten. Da kommt die methodische Arbeitsweise der Ziege nun ganz besonders gut zum Tragen. Sorgen Sie für die nötige Struktur und helfen Sie denjenigen, die damit Probleme haben!
Mit der starken Betonung des Erd-Elementes sollte es in diesem Monat eher darum gehen, bestehende Dinge am Laufen zu halten.

Tipp des Monats:
Mitgefühl und Hilfsbereitschaft sind sicher wichtig, liebe Ziege. Sie sollten sich jetzt aber bitte im Dienst am Nächsten nicht verausgaben!

> Kleine Hitze / große Hitze <

Juli

SUNG
Affe

Grundtendenz des Monats:
Im Juli geht es auch für den Affen erst einmal primär darum, seine Hilfsbereitschaft unter Beweis zu stellen. Schließlich gesellt sich nun eine Ziege zum Jahresregenten und verstärkt sein ohnehin schon stark ausgeprägtes Bedürfnis, für andere Menschen da zu sein. Sie tun also nun gut daran, sich mehr zu kümmern. Ob Sie sich dafür ehrenamtlich betätigen oder einfach mehr Einsatz in Ihrem direkten Umfeld zeigen, bleibt Ihnen überlassen.
Davon abgesehen sollten die Dinge in diesen Wochen gemächlich Ihren Lauf gehen. Erwarten Sie keine großen Sprünge, sondern geben Sie sich mit kleineren Fortschritten zufrieden.

Liebe, Familie, Freundschaft: Achten Sie in diesem Monat vor allem auf das emotionale Gleichgewicht in Ihrer Familie. Partner, Eltern oder auch der eigenen Nachwuchs könnten jetzt recht empfindlich auf die direkte Art des Affen reagieren. Wenn Sie merken, dass das innere Gleichgewicht gestört ist, halten Sie sich bitte vor allem verbal zurück.
Sie haben das Gefühl, dass in Ihrer Beziehung die Leidenschaft zu kurz kommt? Im Juli ist die Yin-Erde so stark ausgeprägt, dass es jetzt wahrscheinlich wichtiger erscheint, sich umsorgen zu lassen. Vor lauter Kümmern im Alltag kann die Zärtlichkeit schon mal auf der Strecke bleiben.

Beruf, Finanzen: Nicht jeder findet sich so gut im Chaos zurecht wie die meisten Affen. Vor allem, wenn Sie mit anderen zusammenarbeiten, sollten Sie wirklich auf Ordnung achten. Aber auch am eigenen Schreibtisch arbeitet es sich gleich viel besser, wenn Sie nicht ständig nach Dingen suchen müssen. Geben Sie jetzt einfach allem seinen festen Platz, dann müssen Sie nicht unnötig Zeit mit suchen verbringen.
Finanziell mag sich im Augenblick nicht so viel bewegen. Da wäre es nun wirklich besser, ein wenig sparsamer zu agieren.

Tipp des Monats:
Zeigen Sie sich in diesen Wochen solidarisch! Mitgefühl und Hilfsbereitschaft sind Qualitäten, die vom aktuellen Herrscher geschätzt werden.

YU
Hahn

Grundtendenz des Monats:
Die Ziege bringt im Juli einen starken Anteil an Yin-Erde mit, die den mütterlichen Aspekt betont. Das bedeutet auch für den Hahn, dass es nun verstärkt um das Wohl der Allgemeinheit gehen dürfte. Damit Sie den Bedürfnissen Ihrer Umgebung gerecht werden können, müssen Sie unter Umständen die eigenen Interessen ein wenig nach hinten stellen.
Mit seiner direkten Art kann der Hahn nun schnell sein Gegenüber vor den Kopf stoßen oder verletzen. Nehmen Sie deshalb jetzt ganz besonders viel Rücksicht auf die Befindlichkeiten auf der anderen Seite und verhalten Sie sich entsprechend sensibel.

Liebe, Familie, Freundschaft: Es gibt gewisse familiäre Angelegenheiten, die sich nun nicht länger aufschieben lassen. Auch wenn Sie das Ganze eher stresst, sollten Sie auf jeden Fall freundlich bleiben. Setzen Sie Ihr diplomatisches Geschick ein, dann lässt sich alles zur allgemeinen Zufriedenheit klären.
Ziege und Hase gehören beide zu den yinigen Tierzeichen im Chinesischen Horoskop. Da dürfte es nun für den Hahn darum gehen, seine weichen Seiten zu zeigen. Den Partner wird es freuen, wenn Sie sich gefühlsbetonter geben.

Beruf, Finanzen: Im Großen und Ganzen sollte es auf der beruflichen Ebene nun glatt laufen für den Hahn. Der aktuelle Fortschritt mag nicht Ihrer hohen Erwartungshaltung entsprechen, aber für die gegebenen Umstände können Sie wirklich zufrieden sein. Sollte man in Ihrem Arbeitsumfeld also gerade nicht allzu motiviert bei der Sache sein, können Sie darüber recht entspannt hinwegsehen.
Sollte es nun Leerlauf geben, können Sie diesen sicher gut füllen, indem Sie sich zum Beispiel im sozialen Bereich engagieren. Das bringt zwar keinen Umsatz, dafür aber sicher eine Menge Anerkennung und Dankbarkeit.

Tipp des Monats:
Mitgefühl zu zeigen bedeutet nicht, zu allem Ja und Amen zu sagen. Stehen Sie zu Ihren Ansichten!

> Kleine Hitze / große Hitze < Juli

SHIH
Hund

Grundtendenz des Monats:
Bekommt der Hase Gesellschaft von der Ziege wie in diesem Monat, geht es vor allem um die Frage, wie man der Gemeinschaft möglichst viel zurückgeben kann. Beide Tierzeichen stehen im Chinesischen Tierkreis für ein hohes Maß an Hilfsbereitschaft.

Der Hund kann sich im Juli darauf einlassen und seine soziale Ader mehr zum Vorschein bringen. Anstatt seine Energie auf Menschen zu verwenden, die ihm nicht nahestehen, kann er sich aber jetzt auch einfach mehr um seine eigene Familie kümmern. Das fühlt sich wahrscheinlich für die meisten Hunde deutlich logischer und besser an.

Liebe, Familie, Freundschaft: In der Liebe geht es jetzt um das gegenseitige Geben und Nehmen. Sicher gibt es Phasen in Ihrem Leben, wo mal der Eine und mal der Andere in der Partnerschaft mehr investieren muss. Auf Dauer sollte das Verhältnis allerdings ausgeglichen sein, denn nur das bringt Harmonie und Zufriedenheit auf beiden Seiten.

Mit Mitgefühl allein ist es in diesen Wochen wahrscheinlich nicht getan. Ihre Lieben brauchen jetzt ganz konkret Ihre Unterstützung und Ihren Rat. Besonders die jüngere Generation ist darauf angewiesen, dass Sie Ihre persönlichen Erfahrungen teilen.

Beruf, Finanzen: Es geht voran! Zwar nicht gerade in einem rasanten Tempo, aber dafür in gleichmäßigen Schritten. So kann sich der Hund nach und nach an die veränderten Verhältnisse anpassen und fühlt sich nicht überfordert.

Verlässlichkeit kommt bei Chef, Kollegen und Kunden immer gut an. Da ist der Hund gegenüber vielen Mitstreitern klar im Vorteil, denn es sollte ihm nicht schwer fallen zu zeigen, dass man ohne wenn und aber auf ihn bauen kann. Wenn Sie dann noch mitdenken, können Sie sich der Anerkennung sicher sein.

Tipp des Monats:
Auch wenn Sie nun mehr für Andere tun, sollten Sie die eigenen Angelegenheiten nicht komplett auf Eis legen.

HAN
Schwein

Grundtendenz des Monats:
Im Juli bekommen Sie es neben dem Jahresregenten auch noch mit einer sanften Ziege zu tun. Diese verbindet sich mit Hase und Schwein zu einer Konstellation, die unter anderem das Holz-Element und damit die Kreativität stark betont. Wer bislang noch auf ein Zeichen von oben gewartet hat, um die eigenen Projekte endlich anzustoßen, sollte nun endlich loslegen. Bessere Voraussetzungen werden Sie so bald nicht mehr bekommen.

Zeigen Sie sich bitte nicht zu nachgiebig in den folgenden Wochen. Sowohl Hase als auch Ziege haben die Tendenz, zu allem ja zu sagen, um bloss niemandem auf die Füße zu treten.

Liebe, Familie, Freundschaft: Neben dem Holz-Element ist in diesen Wochen auch die Yin-Erde sehr präsent. Wenn das bedeutet, dass Sie selbst zurückstecken müssen, sollte Sie das nicht grämen. Schon im nächsten Monat können Sie wieder mehr die eigenen Interessen verfolgen.

Alle familiären Angelegenheiten werden in diesem Monat besonders unterstützt. Familienplanung, Hochzeit, gemeinsame Wohnung oder große Familienfeste - all das darf im Juli gerne stattfinden und wird ganz besonders harmonisch ablaufen.

Beruf, Finanzen: An Fleiß mangelt es dem Schwein in den meisten Fällen wirklich nicht. Vielleicht fehlt allerdings zuweilen die Fähigkeit, das eigene Tun ein bisschen besser zu strukturieren. Da kann nun die Ziege mit ihrer ordnenden Art unter Umständen helfen. Sollte für derartige Aufräumarbeiten nun partout keine Zeit sein, können Sie das Ganze auch auf den nächsten Monat verschieben.

Bei finanziellen Transaktionen ist durchaus etwas Vorsicht angebracht. Wenn Sie die Quelle der Information nicht gut kennen, sollten Sie lieber Abstand nehmen, vor allem, wenn Ihre Taschen ohnehin nicht so prall gefüllt sind.

Tipp des Monats:
Die aktuelle Situation kann sich immer dann verbessern, wenn das Schwein sich nicht von Unkenrufen verunsichern lässt.

Juli 2023	Jahreskonstellation – Wasser Hase Monatskonstellation – Erd Ziege

1. Metall Affe	Ratte Büffel Tiger Hase Drache Schlange Pferd Ziege Affe Hahn Hund Schwein **Günstig:** Umziehen, Reisen, Hochzeiten, Empfänge, wichtige Konferenzen. **Ungünstig:** geistige Arbeiten, Gartenarbeit, häusliche Tätigkeiten.
2. Metall Hahn	Ratte Büffel Tiger Hase Drache Schlange Pferd Ziege Affe Hahn Hund Schwein **Günstig:** Versammlungen, gerechte Verteilungen, Hochzeit, Konferenzen, Umzug. **Ungünstig:** Gartenarbeit, Dinge zum Abschluss bringen.
3. Wasser Hund	Ratte Büffel Tiger Hase Drache Schlange Pferd Ziege Affe Hahn Hund Schwein **Günstig:** Gartenarbeit, Feiern, Hochzeit, Dinge zum Abschluss bringen. **Ungünstig:** keine Anschuldigungen gegen Dritte erheben.
4. Wasser Schwein	Ratte Büffel Tiger Hase Drache Schlange Pferd Ziege Affe Hahn Hund Schwein **Günstig:** Gartenarbeit, Hochzeit, Dinge zum Abschluss bringen. **Ungünstig:** Umzug, Reisen, Geschäftseröffnung.
5. Holz Ratte	Ratte Büffel Tiger Hase Drache Schlange Pferd Ziege Affe Hahn Hund Schwein **Günstig:** Ausruhen, Meditation, seinen Hobbys nachgehen. **Ungünstig:** wichtige Unternehmungen.
6. Holz Büffel	Ratte Büffel Tiger Hase Drache Schlange Pferd Ziege Affe Hahn Hund Schwein **Günstig:** Amüsieren, mit Freunden ausgehen, Freizeitaktivitäten. **Ungünstig:** geschäftliche Aktivitäten, neue Dinge anfangen.
7. Feuer Tiger	Ratte Büffel Tiger Hase Drache Schlange Pferd Ziege Affe Hahn Hund Schwein **Günstig:** Amüsieren, mit Freunden ausgehen, Freizeitaktivitäten. **Ungünstig:** geschäftliche Aktivitäten, neue Dinge anfangen.
8. Feuer Hase	Ratte Büffel Tiger Hase Drache Schlange Pferd Ziege Affe Hahn Hund Schwein **Günstig:** für die meisten Aktivitäten, Geschäftsabschlüsse, Partnerschaft. **Ungünstig:** negative Bemerkungen über andere Menschen.
9. Erd Drache	Ratte Büffel Tiger Hase Drache Schlange Pferd Ziege Affe Hahn Hund Schwein **Günstig:** Handel, Geschäftseröffnungen, Hochzeiten und andere Feste planen. **Ungünstig:** Beerdigungen, Reisen, Arztbesuche.
10. Erd Schlange	Ratte Büffel Tiger Hase Drache Schlange Pferd Ziege Affe Hahn Hund Schwein **Günstig:** Handwerkliche Aktivitäten, Handel, Hochzeiten, Reisen. **Ungünstig:** Trauerfeiern und Beerdigungen, schwere körperliche Arbeit.
11. Metall Pferd	Ratte Büffel Tiger Hase Drache Schlange Pferd Ziege Affe Hahn Hund Schwein **Günstig:** Ankündigungen machen, Beerdigungen, Trauerfeiern. **Ungünstig:** Handel, Vergnügungen, Freizeitaktivitäten.
12. Metall Ziege	Ratte Büffel Tiger Hase Drache Schlange Pferd Ziege Affe Hahn Hund Schwein **Günstig:** Kleidung schneidern, Handel, Buchhaltung, Ausflüge, neue Dinge beginnen. **Ungünstig:** Geschäfte eröffnen, Kraftanstrengungen, Reisen, Ersparnisse ausgeben.
13. Wasser Affe	Ratte Büffel Tiger Hase Drache Schlange Pferd Ziege Affe Hahn Hund Schwein **Günstig:** Putzen, waschen, fasten, seelische und körperliche Pflege, Arztbesuche. **Ungünstig:** Ausdauersport, Reisen, Hochzeit.
14. Wasser Hahn	Ratte Büffel Tiger Hase Drache Schlange Pferd Ziege Affe Hahn Hund Schwein **Günstig:** Umziehen, Reisen, Hochzeiten, Empfänge, wichtige Konferenzen. **Ungünstig:** geistige Arbeiten, Gartenarbeit, häusliche Tätigkeiten.
15. Holz Hund	Ratte Büffel Tiger Hase Drache Schlange Pferd Ziege Affe Hahn Hund Schwein **Günstig:** Versammlungen, gerechte Verteilungen, Hochzeit, Konferenzen, Umzug. **Ungünstig:** Gartenarbeit, Dinge zum Abschluss bringen.

Ob ein Tag besonders günstig für Ihr Tierzeichen ist, sehen Sie an folgenden Farben:
Rot = sehr günstig, Grau = günstig, Schwarz = nicht günstig

16. Holz Schwein	Ratte Büffel Tiger Hase Drache Schlange Pferd Ziege Affe Hahn Hund Schwein **Günstig:** Gartenarbeit, Feiern, Hochzeit, Dinge zum Abschluss bringen. **Ungünstig:** keine Anschuldigungen gegen Dritte erheben.
17. Feuer Ratte	Ratte Büffel Tiger Hase Drache Schlange Pferd Ziege Affe Hahn Hund Schwein **Günstig:** Gartenarbeit, Hochzeit, Dinge zum Abschluss bringen. **Ungünstig:** Umzug, Reisen, Geschäftseröffnung.
18. Feuer Büffel	Ratte Büffel Tiger Hase Drache Schlange Pferd Ziege Affe Hahn Hund Schwein **Günstig:** Ausruhen, Meditation, seinen Hobbys nachgehen. **Ungünstig:** wichtige Unternehmungen.
19. Erd Tiger	Ratte Büffel Tiger Hase Drache Schlange Pferd Ziege Affe Hahn Hund Schwein **Günstig:** Amüsieren, mit Freunden ausgehen, Freizeitaktivitäten. **Ungünstig:** geschäftliche Aktivitäten, neue Dinge anfangen.
20. Erd Hase	Ratte Büffel Tiger Hase Drache Schlange Pferd Ziege Affe Hahn Hund Schwein **Günstig:** für die meisten Aktivitäten, Geschäftsabschlüsse, Partnerschaft. **Ungünstig:** negative Bemerkungen über andere Menschen.
21. Metall Drache	Ratte Büffel Tiger Hase Drache Schlange Pferd Ziege Affe Hahn Hund Schwein **Günstig:** Handel, Geschäftseröffnungen, Hochzeiten und andere Feste planen. **Ungünstig:** Beerdigungen, Reisen, Arztbesuche.
22. Metall Schlange	Ratte Büffel Tiger Hase Drache Schlange Pferd Ziege Affe Hahn Hund Schwein **Günstig:** Handwerkliche Aktivitäten, Handel, Hochzeiten, Reisen. **Ungünstig:** Trauerfeiern und Beerdigungen, schwere körperliche Arbeit.
23. Wasser Pferd	Ratte Büffel Tiger Hase Drache Schlange Pferd Ziege Affe Hahn Hund Schwein **Günstig:** Ankündigungen machen, Beerdigungen, Trauerfeiern. **Ungünstig:** Handel, Vergnügungen, Freizeitaktivitäten.
24. Wasser Ziege	Ratte Büffel Tiger Hase Drache Schlange Pferd Ziege Affe Hahn Hund Schwein **Günstig:** Kleidung schneiden, Handel, Buchhaltung, Ausflüge, neue Dinge beginnen. **Ungünstig:** Geschäfte eröffnen, Kraftanstrengungen, Reisen, Ersparnisse ausgeben.
25. Holz Affe	Ratte Büffel Tiger Hase Drache Schlange Pferd Ziege Affe Hahn Hund Schwein **Günstig:** Putzen, waschen, fasten, seelische und körperliche Pflege, Arztbesuche. **Ungünstig:** Ausdauersport, Reisen, Hochzeit.
26. Holz Hahn	Ratte Büffel Tiger Hase Drache Schlange Pferd Ziege Affe Hahn Hund Schwein **Günstig:** Umziehen, Reisen, Hochzeiten, Empfänge, wichtige Konferenzen. **Ungünstig:** geistige Arbeiten, Gartenarbeit, häusliche Tätigkeiten.
27. Feuer Hund	Ratte Büffel Tiger Hase Drache Schlange Pferd Ziege Affe Hahn Hund Schwein **Günstig:** Versammlungen, gerechte Verteilungen, Hochzeit, Konferenzen, Umzug. **Ungünstig:** Gartenarbeit, Dinge zum Abschluss bringen.
28. Feuer Schwein	Ratte Büffel Tiger Hase Drache Schlange Pferd Ziege Affe Hahn Hund Schwein **Günstig:** Gartenarbeit, Feiern, Hochzeit, Dinge zum Abschluss bringen. **Ungünstig:** keine Anschuldigungen gegen Dritte erheben.
29. Erd Ratte	Ratte Büffel Tiger Hase Drache Schlange Pferd Ziege Affe Hahn Hund Schwein **Günstig:** Gartenarbeit, Hochzeit, Dinge zum Abschluss bringen. **Ungünstig:** Umzug, Reisen, Geschäftseröffnung.
30. Erd Büffel	Ratte Büffel Tiger Hase Drache Schlange Pferd Ziege Affe Hahn Hund Schwein **Günstig:** Handwerkliche Aktivitäten, Handel, Hochzeiten, Reisen. **Ungünstig:** Trauerfeiern und Beerdigungen, schwere körperliche Arbeit.
31. Metall Tiger	Ratte Büffel Tiger Hase Drache Schlange Pferd Ziege Affe Hahn Hund Schwein **Günstig:** Amüsieren, mit Freunden ausgehen, Freizeitaktivitäten. **Ungünstig:** geschäftliche Aktivitäten, neue Dinge anfangen.

TZE
Ratte

Grundtendenz des Monats:
Mit dem Metall-Affen bekommt die Ratte im August genau die Unterstützung, auf die sie gewartet hat. Nach den vielleicht etwas zähen letzten Monaten dürfen Sie sich nun wieder deutlich mehr bewegen - sei es auf geistiger oder auch auf der realen Ebene. Nutzen Sie die Gunst der Stunde und setzen Sie in diesen Wochen die Ideen um, die Sie in den letzten Monaten aufgeschoben haben. Allerdings sollten Sie sich davor hüten, zu viel auf einmal anzufangen, damit Sie die erforderlichen Arbeiten auch sauber ausführen können.
Im Großen und Ganzen wird die Ratte 2023 vor allem dann voran kommen, wenn sie Ihre Ziele nicht zu hoch steckt.

Liebe, Familie, Freundschaft: Nur weil im Außen nun wieder deutlich mehr los ist, heißt das nicht, dass Sie Ihre familiären Verpflichtungen vernachlässigen können! Mit dem Wasser-Hasen als Regenten steht und fällt Ihr Glück mit dem Maß an Verantwortung, die Sie für Ihre Lieben zu übernehmen bereit sind. Sich wegzugucken ist also keine Lösung.
So manche Ratte wünscht sich nun auf der einen Seite mehr Einheit mit dem Partner, hat aber auf der anderen Seite auch ein großes Bedürfnis nach Unabhängigkeit. Die Lösung liegt sicher irgendwo in der Mitte - sprechen Sie darüber!

Beruf, Finanzen: Die geschäftlichen Aussichten sind in diesem Monat für die Ratte recht gut, sofern sie in den letzten Monaten die richtigen Entscheidungen getroffen hat. Mit dem Affen an Ihrer Seite können Sie nun wirklich ein gutes Stück vorankommen und vielleicht sogar jemanden finden, der Ihnen eher unangenehme Tätigkeiten abnimmt.
Ihre finanziellen Ressourcen sollten Sie lieber sparsam einsetzen und kein unnötiges Risiko eingehen. Vertrauen Sie auf den Jahresregenten und sein gutes Bauchgefühl vor allem dann, wenn Sie Kapital längerfristig binden wollen.

Tipp des Monats:
Je besser Sie sich nun organisieren, desto entspannter wird der Rest des Jahres für Sie laufen.

KIU
Büffel

Grundtendenz des Monats:
Mit dem Affen sollte im August der Spaß nicht zu kurz kommen. Inspiriert vom Wasser-Hasen möchte er Sie nun zu mehr Leichtigkeit bringen. Lieber Büffel - wenn Sie sich von dieser Energie anstecken lassen, gibt es in diesen Wochen sicher viele Dinge, an den Sie sich ganz vorbehaltlos erfreuen können.
Spätestens jetzt sollten Sie bemerkt haben, dass ein einfaches „weiter so“ wirklich nicht im Sinne des Jahresherrschers ist. Machen Sie sich mehr Gedanken darüber, wo Sie sich Veränderungen vorstellen könnten. Es geht nicht darum, dass Sie sich komplett dafür verbiegen. Der Hase wünscht sich lediglich, dass Sie sich den Möglichkeiten nicht von Anfang an verschließen.

Liebe, Familie, Freundschaft: Einsame Büffel haben im Jahr des Hasen durchaus gute Chancen, ihr Herz zu verschenken. Dafür ist es jetzt allerdings nötig, dass Sie sich aus dem sicheren Stall herauswagen und sich aktiver auf die Suche machen. Von ganz alleine kommt das Liebesglück nicht in Ihr Leben zurück. Dafür müssen Sie sich schon ein wenig sichtbarer machen.
In den eigenen vier Wänden geht es nun sicher auch darum, die eigenen Ressourcen möglichst schonend einzusetzen. Das geht am besten, wenn alle an einem Strang ziehen und Sie es Ihren Lieben nicht zu schwer machen mit überhöhten Anforderungen.

Beruf, Finanzen: Wenn es um den Beruf geht, könnte der August einer der besten Monate des Jahres für den Büffel werden. Mit dem starken Yang-Metall lässt sich jetzt die Spreu vom Weizen trennen. So können Sie jetzt klarer erkennen, wie Sie am besten vorankommen und die entsprechenden Schritte zum Erfolg einleiten. Mit einer gesunden Mischung aus Verstand und Gefühl zeigt sich die einzuschlagende Richtung für Sie.
Vorsichtige Investitionen machen in diesem Monat immer dann Sinn, wenn Sie dafür Ihre Reserven nicht zu stark angreifen müssen.

Tipp des Monats:
Lassen Sie los, was Sie schon länger belastet!

YING
Tiger

Grundtendenz des Monats:
Warum so ernst, lieber Tiger? Im Jahr des Wasser-Hasen sollten die Dinge für Sie doch bislang recht gut gelaufen sein… da sind negative Gedanken nun wirklich unangebracht! Fokussieren Sie im August auf das, was gut funktioniert und feiern Sie Ihre erfreulichen Ergebnisse. Mit dem Metall-Affen an Ihrer Seite darf es sich in allen Bereichen leichter anfühlen. Werfen Sie Ihre Selbstzweifel über Bord und nehmen Sie sich mehr Zeit zum genießen.
Ein starkes Yang-Metall begleitet den Monat und lädt den Tiger dazu ein, einmal mehr die Spreu vom Weizen zu trennen. Das gilt sowohl für geschäftliche Belange als auch für Ihr Privatleben.
Liebe, Familie, Freundschaft: Der quirlige Affe lässt sich im August nur schlecht unter Kontrolle halten. Das dürften vor allem die Tiger merken, die in einem größeren Familienverbund leben. Schwimmen Sie nicht gegen den Strom, sondern sparen Sie sich Ihre Kraft lieber für die wirklich wichtigen Dinge auf. Gerade beim Nachwuchs dürfen Sie durchaus auch einmal fünf gerade sein lassen.
Ist dem Tiger der Trubel jetzt zu groß, darf er sich in seine Höhle zurückziehen. Sprechen Sie mit Ihrem Partner über Ihr Bedürfnis nach Rückzug, dann hält er Ihnen sicher den Rücken frei.
Beruf, Finanzen: Auf der geschäftlichen Ebene kann der August ein richtig guter Monat werden. Wenn Sie in den vergangenen Monaten die richtigen Weichen gestellt haben, sollte sich der Erfolg nun langsam aber sicher zeigen. Lassen Sie sich nicht von Ihrer Umgebung verunsichern, sondern glauben Sie weiterhin fest an sich!
Sie allein können beurteilen, wie viel Sie in das Projekt investiert haben und ob sich das Ganze auch weiterhin lohnt. Vertrauen Sie bei Ihrer Entscheidung nicht nur auf den Kopf, sondern auch auf Ihren Bauch. Der Hase stärkt nicht umsonst die Intuition seiner Untertanen.
Tipp des Monats:
Schonen Sie Ihre persönlichen Reserven!

MAO
Hase

Grundtendenz des Monats:
Lieben Sie das was Sie tun? Oder haben Sie eher das Gefühl, Verpflichtungen zu erfüllen oder den Wünschen anderer zu entsprechen? Das Leben ist zu kurz, um die eigenen Träume zu vernachlässigen. Der aktuelle Jahresherrscher wünscht sich wirklich, dass Sie sich weiterentwickeln und Ihre eigenen Pläne umsetzen können. Was hält Sie also zurück?
Eine starke Metall-Energie gibt dem Hasen in diesen Wochen viel Struktur, um die eigenen Angelegenheiten zu ordnen. Dabei geht es jetzt sicher auch darum, dass Sie sich Freiräume schaffen und diese dann auch für sich selbst nutzen. Verschwenden Sie Ihre Zeit nicht mit Dingen, die Sie emotional belasten.
Liebe, Familie, Freundschaft: Gemeinsame Unternehmungen sollten möglichst allen Beteiligten Spaß machen. Sicher finden Sie jetzt Aktivitäten, an denen Sie genauso viel Spaß haben wie Ihr Nachwuchs oder Ihr Partner. Und falls das nicht der Fall ist, ist es durchaus erlaubt, sich auszuklinken. Sie müssen nicht immer und überall dabei sein.
In der Liebe steht der Genuss im Vordergrund. Existenzielle Gespräche oder organisatorische Kraftakte sollten Sie auf das Nötigste beschränken. Dafür ist auch im nächsten Monat noch Zeit.
Beruf, Finanzen: Auf der beruflichen Ebene ist nun wahrscheinlich nicht viel zu tun. Wenn Sie in den vergangenen Monaten die richtigen Weichen gestellt haben, sollten sich die Dinge ohne Ihr Zutun weiterentwickeln können. Unter Umständen sind noch ein paar kleinere organisatorische Dinge zu beachten. Der Metall-Affe, der den August begleitet, kann Ihnen dabei sicher unterstützend unter die Arme greifen.
Im Bereich der Finanzen sollten Sie weiterhin Umsicht walten lassen. Vor allen Dingen sollten Sie nun kein Geld ausgeben, was Sie nicht haben. Lassen Sie sich kompetent beraten, wenn Sie selbst nicht weiterkommen.
Tipp des Monats:
Genießen Sie den Augenblick! Belastende Dinge können Sie nun loslassen.

> Herbstbeginn / Ende der Hitze < August

SHENG
Drache

Grundtendenz des Monats:
Wenn im August der Metall-Affe die Bühne betritt, dürfte das die meisten Drachen sehr freuen. Schließlich gehört dieses Tierzeichen zu seinen besten Verbündeten. Da werden schnell wieder neue Pläne gemacht und spannende Aktivitäten angesetzt, auf das der Drache sich endlich wieder einmal austoben kann. Er sollte allerdings bei aller Unbeschwertheit nicht vergessen, auf die Menschen seiner Umgebung ausreichend Rücksicht zu nehmen.
Wann haben Sie das letzte Mal ausgemistet? Es kann nicht schaden, jetzt einmal durch die Schränke zu gehen.

Liebe, Familie, Freundschaft: Mit dem eloquenten Affen an seiner Seite kann der Drache nun eine echte Charmeoffensive starten. Mit Witz und Scharfsinn können Sie jedes noch so trockene Gespräch in eine erfrischende Richtung bringen und so auch bei einem potentiellen Partner punkten. Wenn Sie sich dann noch von Ihrer gefühlvollen Seite zeigen, kann fast nichts mehr schiefgehen.
Der fantasievolle Drache braucht in diesem Monat ganz besonders seine Freiräume und wird sich diese sicher auch nehmen. Fairerweise sollten Sie das aber auch der anderen Seite zugestehen.

Beruf, Finanzen: Es mag sich nun alles leicht anfühlen. Trotzdem steht vor dem Erfolg nach wie vor der persönliche Einsatz. Wer jetzt die Zügel zu locker lässt, hat später damit zu tun, Versäumtes aufzuarbeiten.
Die geschäftlichen und finanziellen Aussichten sind generell gut für Sie im August. Das liegt nicht zuletzt auch an dem starken Yang-Metall, mit dem sich nun ordnend überall dort eingreifen lässt, wo es erforderlich ist. Wenn Sie Schwierigkeiten mit der Organisation haben, wäre es vielleicht eine gute Idee, sich die Struktur von außen zu holen.

Tipp des Monats:
Verschießen Sie nun nicht Ihr ganzes Pulver auf einmal! Es ist wichtig, dass Sie sich gesunde Reserven anlegen.

SZE
Schlange

Grundtendenz des Monats:
So ganz genau muss man es wirklich nicht immer wissen, liebe Schlange. Anstatt sich auf jedes kleine Detail zu stürzen, können Sie mit Hilfe des Affen im August auch einmal fünf gerade sein lassen. Wenn Sie sich dafür entscheiden, jetzt etwas weniger akribisch an Ihre Aufgaben heran zu gehen, sollten Sie damit aber auch im Kopf klar kommen. Es nützt Ihnen wenig, wenn Sie auf der gedanklichen Ebene weiter kreisen, obwohl das Ganze im Grunde abgeschlossen sein sollte.
Es ist ein guter Zeitpunkt, sich zu überlegen, was man im Jahr des Wasser-Hasen noch bewegen will. Trennen Sie die Spreu vom Weizen!

Liebe, Familie, Freundschaft: Der Affe kann den Familienalltag in diesen Wochen ganz schön durcheinander wirbeln. Ein gemächliches „weiter so" ist da sicher kaum eine Option. Da muss sich die Schlange einiges einfallen lassen, damit vor allem der Nachwuchs bei der Stange bleibt. Das Ganze sollte Sie aber nicht zu sehr stressen, sondern auch Ihnen selbst Spaß machen.
Auch in der Liebe darf es nun etwas abwechslungsreicher zugehen. Lassen Sie sich nun inspirieren, auch einmal neue Wege zu beschreiten. Wichtig ist, dass Sie sich gemeinsam darauf einlassen und nicht über Ihre Grenzen gehen.

Beruf, Finanzen: Auf der geschäftlichen Ebene können sich nun einige interessante Dinge entwickeln. Solange das Ganze auch Ihrer persönlichen Weiterentwicklung dient, können Sie sich der Unterstützung vom Jahresregenten sicher sein. Wer dagegen nur für andere die Kohlen aus dem Feuer holt, wird davon am Ende des Jahres sicher deutlich weniger haben.
Wenn Sie bislang vorsichtig mit Ihren Reserven umgegangen sind, gibt es absolut keinen Grund, das jetzt zu ändern. Der sorgsame Umgang mit den eigenen Finanzen bringt vielleicht keine Riesengewinne, aber dafür bleiben Sie auf der sicheren Seite.

Tipp des Monats:
Konzentrieren Sie sich auf das Wesentliche und lassen Sie los, was Sie nicht brauchen.

WU
Pferd

Grundtendenz des Monats:
Mit einem agilen Affen an der Seite kann das Pferd nun sicher wieder ein paar größere Sprünge wagen. Stürzen Sie sich ruhig wieder mehr ins Leben! Der Jahresregent hat wirklich nichts dagegen, dass Sie Spaß haben! Sie müssen eben nur darauf achten, dass dieser nicht auf Kosten anderer geht.
Mit dem starken Metall-Element kann das Pferd im August sicher wieder besser in seinen persönlichen Rhythmus finden. Wenn Sie Ihren Tag selbst einteilen können, sollten Sie das jetzt nutzen und feste Termine mit sich selbst ausmachen. Die füllen Sie am besten mit Dingen, die Ihre persönliche Entwicklung voran bringen und Ihnen gut tun.

Liebe, Familie, Freundschaft: Es ist gar nicht so einfach, die Menschen in Ihrem persönlichen Umfeld bei Laune zu halten. Aber vielleicht ist das auch gar nicht nötig - schließlich sind Sie nur bis zu einem gewissen Grad für das Glück Ihrer Lieben mitverantwortlich. Ohne den entsprechenden Einsatz von der anderen Seite können Sie recht wenig bewirken.
Manchmal entfernt man sich im Laufe des Lebens so von gewissen Freunden, dass kein gemeinsamer Nenner mehr zu finden ist. In diesem Fall ist es besser, sich voneinander zu lösen. Wünschen Sie einander das Beste und lassen Sie los!

Beruf, Finanzen: Gehen Sie nun bitte nicht zu verschwenderisch mit Ihren Reserven um! Nur weil viele Dinge sich jetzt wieder mehr zu bewegen scheinen, müssen Sie nicht Ihr komplettes Pulver auf einmal verschießen. Wer sorgfältig plant, kommt in den kommenden Monaten viel besser über die Runden.
Mit dem Affen als Monatsbegleiter könnte das Pferd dazu neigen, die gestellten Aufgaben zu leicht zu nehmen. Konzentrieren Sie sich bitte auf das, was vor Ihnen liegt und strengen Sie sich ganz besonders an.

Tipp des Monats:
Es macht nichts, wenn Sie nun Fehler machen, solange Sie dazu stehen.

WEI
Ziege

Grundtendenz des Monats:
Zum ersten Mal ist im Jahr des Wasser-Hasen eine starke Metall-Energie zu spüren, die auch im nächsten Monat noch anhalten wird. Das bedeutet für die Ziege, dass es nun viel einfacher sein dürfte, alte Glaubenssätze und Vorurteile hinter sich zu lassen. Sie können nun endlich gehen lassen, was sich schon seit Längerem nicht mehr richtig anfühlt.
Mit dem Affen kann die Ziege im August das Leben genießen. Konzentrieren Sie sich nun auf die Dinge, die Ihnen wirklich Spaß machen und kümmern Sie sich nicht darum, wie Ihre Entscheidungen in Ihrer Umgebung gesehen werden. Es ist Ihr Leben… und das will gelebt werden!

Liebe, Familie, Freundschaft: Im Sommer halten sich die familiären Verpflichtungen in der Regel in Grenzen. Es sei denn, Sie erfinden nun neue Dinge, um die Sie sich kümmern müssen. Das mag Ihnen das gute Gefühl geben, gebraucht zu werden. Ihre Batterien laden Sie so allerdings nicht besonders gut auf.
Der aktuelle Jahresregent ist durchaus ein kreatives Wesen. Allerdings setzt er seine schöpferische Kraft oft lieber für andere ein. Wenn Sie nun eine Überraschung für Ihren Partner planen, sollten Sie möglichst auch etwas davon haben. Wenn Sie die Freude teilen können, vertieft das Ihre Bindung und stärkt beide Seiten.

Beruf, Finanzen: Das ausgeprägte Yang-Metall kann Ihnen jetzt die nötige Struktur und Sicherheit geben, mit denen sich Ihre Ideen umsetzen lassen. Lassen Sie sich nicht mit halbgaren Versprechungen abspeisen, sondern bestehen Sie auf klare Zugeständnisse. Dann können Sie guten Gewissens in die Detailplanung gehen.
Wer seine Finanzen nun gut organisiert und sorgfältig plant, kann sich über Zugewinne freuen. Diese mögen zwar nicht riesig ausfallen, geben Ihnen aber das gute Gefühl, auf das richtige Pferd gesetzt zu haben.

Tipp des Monats:
Es fühlt sich großartig an, wenn Sie sich nicht mehr an alte Muster gebunden fühlen. Lassen Sie los!

> Herbstbeginn / Ende der Hitze < August

SUNG
Affe

Grundtendenz des Monats:
So richtig in seinem Element fühlt sich der Affe nur, wenn um ihn herum mächtig viel los ist. Es ist schon erstaunlich, wie gut er dabei auch den größten Stress zu meistern scheint. Trotzdem sollten Sie sich Ihren Terminkalender im August nicht zu voll packen und wirklich eine Pause machen, wenn es Ihnen zu anstrengen wird. Niemand verlangt von Ihnen, dass Sie ständig auf vollen Touren laufen.
Mit einem zweiten Affen an Ihrer Seite fühlen Sie sich nun zuweilen hin- und hergerissen zwischen den verschiedenen Gelegenheiten, die sich Ihnen bieten. Es ist unabdingbar für Ihr Wohlbefinden dass Sie sich für eine Sache entscheiden und den Rest erst einmal ad acta legen.

Liebe, Familie, Freundschaft: Ihr Aktivitätsdrang kann jetzt für Ihre Lieben ganz besonders anstrengend sein. Es ist ja schön und gut, wenn Sie sich mit Ihrem vollen Terminplan wohlfühlen. Aber gerade im Jahr des fürsorglichen Hasen sollten Sie mehr Rücksicht auf die Menschen in Ihrem privaten Umfeld nehmen.
Der Spaß sollte jetzt in der Partnerschaft auf keinen Fall zu kurz kommen. Nutzen Sie den Sommer für gemeinsame Aktivitäten und probieren Sie ruhig auch einmal etwas Neues aus.

Beruf, Finanzen: Ein starkes Yang-Metall sorgt im August für die Struktur, die jetzt nötig ist, um endlich wieder mehr zu bewegen. So sind die beruflichen Aussichten für den Affen jetzt wirklich ganz hervorragend - vor allem, wenn er sich mit Gesundheitsthemen, Erziehung oder anderen sozialen Angelegenheiten beschäftigt.
Aber auch in allen anderen Bereichen kommt Ihnen die Metall-Energie sehr entgegen. Steht sie doch unter anderem auch für den vernünftigen Umgang mit Geld und analytisches Geschick. Das sind gute Voraussetzungen für kluge Investitionen, die Ihnen lange Ertrag bringen können.

Tipp des Monats:
Die Reserven, die Sie in den vergangenen beiden Monaten geschont haben, können Sie nun zu Ihrem Besten einsetzen.

YU
Hahn

Grundtendenz des Monats:
Die Zeit des Wartens dürfte jetzt ein Ende haben für den Hahn. Mit dem quirligen Affen steht Ihnen nun ein Tierzeichen zur Seite, dass kaum stillsitzen kann. Da darf sich nun auch in Ihrem Leben wieder mehr bewegen, lieber Hahn. Fangen Sie aber nicht gleich zu viel auf einmal an, denn dann besteht die Gefahr, dass Sie sich verzetteln. Mal ganz abgesehen davon, dass Sie dann auch Ihren eigenen Ansprüchen nicht gerecht werden können.
Das Metall-Element ist im August besonders stark. Das gibt dem Hahn die nötige Struktur, um im Leben voran zu kommen. Allerdings kann es auch dazu führen, dass er nun nicht besonders flexibel auf mögliche Kapriolen des Schicksals reagieren kann.

Liebe, Familie, Freundschaft: Seien Sie nicht so streng zu sich selbst und Ihren Lieben! Mit dem Affen kommt eine sommerliche Leichtigkeit ins Spiel, die alle Beteiligten wirklich genießen sollten. Da sollten Sie es mit den alltäglichen Pflichten jetzt nicht zu ernst nehmen.
Das starke Yang-Metall sorgt im August dafür, dass es auf der privaten Ebene sicher nicht nur um mehr Struktur, sondern auch um das Thema loslassen gehen darf. Das kann auch bedeuten, dass man sich nun in der Partnerschaft mehr Freiheiten einräumt und so das Vertrauen ineinander mehr stärkt.

Beruf, Finanzen: Machen Sie jetzt lieber eine Sache richtig, als mehrere Projekte gleichzeitig zu jonglieren. Wer zu viel auf einmal anfängt, bekommt am Ende nur halbgare Ergebnisse. Das kann nun wirklich nicht in Ihrem Sinne sein. Wenn es Ihnen nun nicht ganz leicht fällt, sich für eine Aktion zu entscheiden, sollten Sie sorgfältig abwägen, was Ihnen am meisten Freude bereiten würde und wo Sie die meisten Menschen in Ihrer Umgebung mit begeistern können. Alles andere kann erst einmal warten.

Tipp des Monats:
Achten Sie darauf, dass Ihre Batterien gut gefüllt bleiben. Sie haben nichts davon, wenn Sie Ihr Pulver auf einmal verschießen.

> Herbstbeginn / Ende der Hitze < August

SHIH
Hund

Grundtendenz des Monats:
Der Hund hat manchmal die Tendenz, das Leben zu ernst zu nehmen. Damit der Spaß nicht zu kurz kommt, hilft Ihnen nun ein quirliger Affe im August auf die Sprünge. Von ihm können Sie lernen, auch die nicht ganz so angenehmen Seiten entspannter hinzunehmen. Es kommt immer darauf an, worauf Sie fokussieren. Wer sich zu lange mit den Dingen aufhält, die schief gelaufen sind, nimmt die Schönheit an einer anderen Stelle gar nicht wahr.
Man kann sich auch kümmern, ohne sich dabei zu überfordern. Wählen Sie nun die Projekte aus, die Sie wirklich unterstützen wollen und trennen Sie sich vom Rest.

Liebe, Familie, Freundschaft: Wann haben Sie sich das letzte Mal intensiv um Ihre Freunde gekümmert? So mancher Hund wird in den letzten Monaten wahrscheinlich so eingespannt gewesen sein, dass die gemütliche Runde mit den Freunden nicht so oft stattfinden konnte, wie er es sich gewünscht hätte. In diesem Monat dürfen Sie hier Ihre Prioritäten durchaus noch einmal überdenken.
Mehr Optimismus und Lebensfreude bringt der Affe ins Spiel. Das darf sich nun auch auf der partnerschaftlichen Ebene zeigen, wo gemeinsame Aktivitäten nun beiden Seiten Spaß machen sollten.

Beruf, Finanzen: Mit dem starken Metall-Element bekommt der Hund in diesen Wochen vor allem auf der beruflichen Ebene Unterstützung. Es scheint nun deutlich einfacher zu gelingen, die richtigen Schritte einzuleiten, Abläufe zu organisieren und generell einen guten Arbeitsrhythmus zu finden. Bleiben Sie konzentriert bei der Sache, dann können Sie am Ende des Monats die ersten positiven Ergebnisse sehen.
Mit einem sozial engagierten Jahresherrscher wie dem Hasen ist es enorm wichtig, dass Sie jetzt Ihre Mitstreiter mit ins Boot holen. Gemeinsam kann man noch mehr erreichen.

Tipp des Monats:
Wenn Sie zu viele Verpflichtungen haben, ist es an der Zeit, sich von einigen zu trennen.

HAN
Schwein

Grundtendenz des Monats:
Mit dem Affen kehrt im August die pure Freude ein. Mit seiner unbedarften Art rennt er beim Schwein offene Türen ein. Gemeinsam darf man jetzt das Leben genießen und im Augenblick verweilen. Manchmal tut es einfach gut, wenn man sich keine Gedanken machen muss und einfach nur dankbar annimmt, was das Universum gerade zu bieten hat.
Im August ist das Yang-Metall besonders präsent. Es steht unter anderem für die Fähigkeit loszulassen. Vielleicht ist es an der Zeit, sich endgültig von den Dingen oder Kontakten zu trennen, die Ihnen auch beim besten Willen nicht gut tun. Zeigen Sie Fingerspitzengefühl, wenn es darum geht, Ihre Entscheidung öffentlich zu machen.

Liebe, Familie, Freundschaft: Für so manches Schwein waren die vergangenen Wochen vor allem auf der emotionalen Ebene vielleicht etwas anstrengend. Gerade wer sich permanent um das Wohlergehen seiner Lieben sorgen musste, wird sicher nun ein bisschen Erholung brauchen. Geben Sie jetzt so weit wie möglich von Ihrer Verantwortung ab.
Wer bislang ohne Partner durchs Leben geht, mag sich nun noch einmal Gedanken darüber machen, was ihm wirklich fehlt. Je klarer Ihre Vorstellungen, desto wahrscheinlicher kommt die neue Liebe in Ihr Leben.

Beruf, Finanzen: Sie sollten im August wirklich nichts überstürzen, sonst besteht jetzt die Gefahr, dass Sie sich gehörig verzetteln. Bloss weil der Affe am Tempo zieht, heißt das nicht, dass Sie jetzt einfach hinterher galoppieren müssen. Prüfen Sie weiterhin sorgfältig Ihre Optionen und fangen Sie jetzt nicht zu viel auf einmal an. Die geschäftlichen Aussichten sind in diesem Monat wirklich recht gut für das Schwein. Trotzdem können Sie nicht überall dabei sein. Wählen Sie die Dinge, hinter denen Sie am Ende mit gutem Gewissen stehen können.

Tipp des Monats:
Nachhaltiger Fortschritt braucht seine Zeit. Werden Sie nicht ungeduldig!

August 2023	Jahreskonstellation – Wasser Hase Monatskonstellation – Metall Affe

1. Metall Hase	Ratte Büffel Tiger Hase Drache Schlange Pferd Ziege Affe Hahn Hund Schwein **Günstig:** für die meisten Aktivitäten, Geschäftsabschlüsse, Partnerschaft. **Ungünstig:** negative Bemerkungen über andere Menschen.
2. Wasser Drache	Ratte Büffel Tiger Hase Drache Schlange Pferd Ziege Affe Hahn Hund Schwein **Günstig:** Handel, Geschäftseröffnungen, Hochzeiten und andere Feste planen. **Ungünstig:** Beerdigungen, Reisen, Arztbesuche.
3. Wasser Schlange	Ratte Büffel Tiger Hase Drache Schlange Pferd Ziege Affe Hahn Hund Schwein **Günstig:** Handwerkliche Aktivitäten, Handel, Hochzeiten, Reisen. **Ungünstig:** Trauerfeiern und Beerdigungen, schwere körperliche Arbeit.
4. Holz Pferd	Ratte Büffel Tiger Hase Drache Schlange Pferd Ziege Affe Hahn Hund Schwein **Günstig:** Ankündigungen machen, Beerdigungen, Trauerfeiern. **Ungünstig:** Handel, Vergnügungen, Freizeitaktivitäten.
5. Holz Ziege	Ratte Büffel Tiger Hase Drache Schlange Pferd Ziege Affe Hahn Hund Schwein **Günstig:** Kleidung schneidern, Handel, Buchhaltung, Ausflüge, neue Dinge beginnen. **Ungünstig:** Geschäfte eröffnen, Kraftanstrengungen, Reisen, Ersparnisse ausgeben.
6. Feuer Affe	Ratte Büffel Tiger Hase Drache Schlange Pferd Ziege Affe Hahn Hund Schwein **Günstig:** Putzen, waschen, fasten, seelische und körperliche Pflege, Arztbesuche. **Ungünstig:** Ausdauersport, Reisen, Hochzeit.
7. Feuer Hahn	Ratte Büffel Tiger Hase Drache Schlange Pferd Ziege Affe Hahn Hund Schwein **Günstig:** Umziehen, Reisen, Hochzeiten, Empfänge, wichtige Konferenzen. **Ungünstig:** geistige Arbeiten, Gartenarbeit, häusliche Tätigkeiten.
8. Erd Hund	Ratte Büffel Tiger Hase Drache Schlange Pferd Ziege Affe Hahn Hund Schwein **Günstig:** Umziehen, Reisen, Hochzeiten, Empfänge, wichtige Konferenzen. **Ungünstig:** geistige Arbeiten, Gartenarbeit, häusliche Tätigkeiten.
9. Erd Schwein	Ratte Büffel Tiger Hase Drache Schlange Pferd Ziege Affe Hahn Hund Schwein **Günstig:** Versammlungen, gerechte Verteilungen, Hochzeit, Konferenzen, Umzug. **Ungünstig:** Gartenarbeit, Dinge zum Abschluss bringen.
10. Metall Ratte	Ratte Büffel Tiger Hase Drache Schlange Pferd Ziege Affe Hahn Hund Schwein **Günstig:** Gartenarbeit, Feiern, Hochzeit, Dinge zum Abschluss bringen. **Ungünstig:** keine Anschuldigungen gegen Dritte erheben.
11. Metall Büffel	Ratte Büffel Tiger Hase Drache Schlange Pferd Ziege Affe Hahn Hund Schwein **Günstig:** Gartenarbeit, Hochzeit, Dinge zum Abschluss bringen. **Ungünstig:** Umzug, Reisen, Geschäftseröffnung.
12. Wasser Tiger	Ratte Büffel Tiger Hase Drache Schlange Pferd Ziege Affe Hahn Hund Schwein **Günstig:** Ausruhen, Meditation, seinen Hobbys nachgehen. **Ungünstig:** wichtige Unternehmungen.
13. Wasser Hase	Ratte Büffel Tiger Hase Drache Schlange Pferd Ziege Affe Hahn Hund Schwein **Günstig:** Amüsieren, mit Freunden ausgehen, Freizeitaktivitäten. **Ungünstig:** geschäftliche Aktivitäten, neue Dinge anfangen.
14. Holz Drache	Ratte Büffel Tiger Hase Drache Schlange Pferd Ziege Affe Hahn Hund Schwein **Günstig:** für die meisten Aktivitäten, Geschäftsabschlüsse, Partnerschaft. **Ungünstig:** negative Bemerkungen über andere Menschen.
15. Holz Schlange	Ratte Büffel Tiger Hase Drache Schlange Pferd Ziege Affe Hahn Hund Schwein **Günstig:** Handel, Geschäftseröffnungen, Hochzeiten und andere Feste planen. **Ungünstig:** Beerdigungen, Reisen, Arztbesuche.

Ob ein Tag besonders günstig für Ihr Tierzeichen ist, sehen Sie an folgenden Farben:
Rot = sehr günstig, Grau = günstig, Schwarz = nicht günstig

Jahreskonstellation – Wasser Hase Monatskonstellation – Metall Affe	August 2023

16. Feuer Pferd	Ratte Büffel Tiger Hase Drache Schlange Pferd Ziege Affe Hahn Hund Schwein **Günstig:** Handwerkliche Aktivitäten, Handel, Hochzeiten, Reisen. **Ungünstig:** Trauerfeiern und Beerdigungen, schwere körperliche Arbeit.
17. Feuer Ziege	Ratte Büffel Tiger Hase Drache Schlange Pferd Ziege Affe Hahn Hund Schwein **Günstig:** Ankündigungen machen, Beerdigungen, Trauerfeiern. **Ungünstig:** Handel, Vergnügungen, Freizeitaktivitäten.
18. Erd Affe	Ratte Büffel Tiger Hase Drache Schlange Pferd Ziege Affe Hahn Hund Schwein **Günstig:** Kleidung schneidern, Handel, Buchhaltung, Ausflüge, neue Dinge beginnen. **Ungünstig:** Geschäfte eröffnen, Kraftanstrengungen, Reisen, Ersparnisse ausgeben.
19. Erd Hahn	Ratte Büffel Tiger Hase Drache Schlange Pferd Ziege Affe Hahn Hund Schwein **Günstig:** Putzen, waschen, fasten, seelische und körperliche Pflege, Arztbesuche. **Ungünstig:** Ausdauersport, Reisen, Hochzeit.
20. Metall Hund	Ratte Büffel Tiger Hase Drache Schlange Pferd Ziege Affe Hahn Hund Schwein **Günstig:** Umziehen, Reisen, Hochzeiten, Empfänge, wichtige Konferenzen. **Ungünstig:** geistige Arbeiten, Gartenarbeit, häusliche Tätigkeiten.
21. Metall Schwein	Ratte Büffel Tiger Hase Drache Schlange Pferd Ziege Affe Hahn Hund Schwein **Günstig:** Versammlungen, gerechte Verteilungen, Hochzeit, Konferenzen, Umzug. **Ungünstig:** Gartenarbeit, Dinge zum Abschluss bringen.
22. Wasser Ratte	Ratte Büffel Tiger Hase Drache Schlange Pferd Ziege Affe Hahn Hund Schwein **Günstig:** Gartenarbeit, Feiern, Hochzeit, Dinge zum Abschluss bringen. **Ungünstig:** keine Anschuldigungen gegen Dritte erheben.
23. Wasser Büffel	Ratte Büffel Tiger Hase Drache Schlange Pferd Ziege Affe Hahn Hund Schwein **Günstig:** Gartenarbeit, Hochzeit, Dinge zum Abschluss bringen. **Ungünstig:** Umzug, Reisen, Geschäftseröffnung.
24. Holz Tiger	Ratte Büffel Tiger Hase Drache Schlange Pferd Ziege Affe Hahn Hund Schwein **Günstig:** Ausruhen, Meditation, seinen Hobbys nachgehen. **Ungünstig:** wichtige Unternehmungen.
25. Holz Hase	Ratte Büffel Tiger Hase Drache Schlange Pferd Ziege Affe Hahn Hund Schwein **Günstig:** Amüsieren, mit Freunden ausgehen, Freizeitaktivitäten. **Ungünstig:** geschäftliche Aktivitäten, neue Dinge anfangen.
26. Feuer Drache	Ratte Büffel Tiger Hase Drache Schlange Pferd Ziege Affe Hahn Hund Schwein **Günstig:** für die meisten Aktivitäten, Geschäftsabschlüsse, Partnerschaft. **Ungünstig:** negative Bemerkungen über andere Menschen.
27. Feuer Schlange	Ratte Büffel Tiger Hase Drache Schlange Pferd Ziege Affe Hahn Hund Schwein **Günstig:** Handel, Geschäftseröffnungen, Hochzeiten und andere Feste planen. **Ungünstig:** Beerdigungen, Reisen, Arztbesuche.
28. Erd Pferd	Ratte Büffel Tiger Hase Drache Schlange Pferd Ziege Affe Hahn Hund Schwein **Günstig:** Handwerkliche Aktivitäten, Handel, Hochzeiten, Reisen. **Ungünstig:** Trauerfeiern und Beerdigungen, schwere körperliche Arbeit.
29. Erd Ziege	Ratte Büffel Tiger Hase Drache Schlange Pferd Ziege Affe Hahn Hund Schwein **Günstig:** Ankündigungen machen, Beerdigungen, Trauerfeiern. **Ungünstig:** Handel, Vergnügungen, Freizeitaktivitäten.
30. Metall Affe	Ratte Büffel Tiger Hase Drache Schlange Pferd Ziege Affe Hahn Hund Schwein **Günstig:** Kleidung schneidern, Handel, Buchhaltung, Ausflüge, neue Dinge beginnen. **Ungünstig:** Geschäfte eröffnen, Kraftanstrengungen, Reisen, Ersparnisse ausgeben.
31. Metall Hahn	Ratte Büffel Tiger Hase Drache Schlange Pferd Ziege Affe Hahn Hund Schwein **Günstig:** Putzen, waschen, fasten, seelische und körperliche Pflege, Arztbesuche. **Ungünstig:** Ausdauersport, Reisen, Hochzeit.

TZE Ratte

Grundtendenz des Monats:
Im September darf die Ratte ihr eigenes Wohlergehen mehr in den Vordergrund stellen. Kümmern Sie sich jetzt um Baustellen auf der emotionalen und körperlichen Ebene. Gesundheitsthemen, die Sie bislang an Seite geschoben haben, wollen nun auf jeden Fall angesehen werden. Sie sollten sich nicht zu schade sein, Unterstützung zu suchen, wenn Sie alleine keine Besserung erreichen können.
Der Hase hat einen starken Bezug zu Thema Heilung und wird Ihnen die richtigen Hinweise geben, wenn Sie genau hinhören. Je schneller Sie auf die Zeichen Ihres Körpers reagieren, desto besser die Aussichten.

Liebe, Familie, Freundschaft: Wer die eigenen Gefühle zu oft in seinem Inneren einsperrt, darf sich nicht wundern, wenn es im Bereich der persönlichen Beziehungen 2023 kompliziert wird. Schließlich setzt sich der aktuelle Jahresregent für ein offenes und liebevolles Miteinander ein. Das kann nur funktionieren, wenn die Ratte bereit ist, sich mehr zu öffnen.
Der erste Eindruck ist nun besonders wichtig, wenn Sie eine neue Liebe in Ihr Leben lassen möchten. Sie sollten sich allerdings davor hüten, diesen nur am äußeren Erscheinungsbild festzumachen. Im Jahr des Wasser-Hasen ist viel wichtiger, was sich hinter der Fassade verbirgt.

Beruf, Finanzen: Wer nun den lange ersehnten Erfolg haben will, muss vor allem eines haben - Disziplin! Mit dem Metall-Hahn als Monatsbegleiter geht es auf der beruflichen Ebene nur dann voran, wenn man konzentriert am Ball bleibt. Auch wenn sich das für die meisten Ratten erst einmal nicht spannend anhört, scheint es nun der einzige gangbare Weg zu sein. Zeigen Sie Kollegen und Vorgesetzten, dass Sie auch bei unliebsamen Aufgaben nicht kneifen. So gewinnen Sie übrigens Respekt und Anerkennung und empfehlen sich für neue, sicher interessantere Aufgaben.

Tipp des Monats:
Achten Sie gut auf sich in allen Bereichen Ihres Lebens!

KIU Büffel

Grundtendenz des Monats:
Auch wenn der aktuelle Jahresregent sich das wünschen würde, ist es für den Büffel sicher nicht möglich, es allen recht zu machen. Gerade in diesem Monat wird es Ihnen wahrscheinlich besonders schwer fallen, sich um des lieben Friedens Willen nachgiebig zu zeigen. Schließlich wird der September von einem stolzen Hahn begleitet, der sich nur ungern vorschreiben lässt, wie er sich zu verhalten hat.
Ein starkes Yin-Metall sorgt jetzt dafür, dass der Büffel diszipliniert bei der Sache bleibt, selbst wenn ihm das Ganze vielleicht im Augenblick keinen so großen Spaß macht.

Liebe, Familie, Freundschaft: Damit sich das Konfliktpotential in diesen Wochen in Grenzen hält, wäre es vielleicht ratsam, gewisse Themen einfach erst einmal auszuklammern. Auf Dauer ist das zwar keine Lösung, aber für den Augenblick kann es helfen, das familiäre Gleichgewicht zu sichern. Zu einem späteren Zeitpunkt sollten diese Aspekte aber auf jeden Fall noch einmal aufgegriffen und eine gemeinsame Lösung gefunden werden.
Mit dem Hahn an seiner Seite darf der Büffel sich von seiner besten Seite zeigen. Wenn Sie sich dabei selber treu bleiben, steigen Ihre Chancen auf eine neue Liebe enorm.

Beruf, Finanzen: Der Büffel hat in der Regel kein Problem damit, erst einmal abzuwarten, wenn die Zeichen nicht so günstig stehen. Mit Geduld und Besonnenheit können Sie jetzt deutlich mehr erreichen, als wenn Sie einfach stur weiter durchmarschieren. Nehmen Sie sich Zeit, um mögliche neue Strömungen und damit vielleicht auch neue Gelegenheiten wahrzunehmen. Dann setzen Sie Kurs in die Richtung, die sich für Sie am vielversprechendsten anfühlt.
Natürlich kann man immer alles noch ein bisschen besser machen, lieber Büffel. Die Frage ist nur, ob Sie dann auch termingerecht mit der Arbeit fertig werden.

Tipp des Monats:
Dinge, die Sie nicht ändern können, sollten Sie nun nicht belasten.

YING
Tiger

Grundtendenz des Monats:

Manche Dinge lassen sich einfach nicht ändern. Sobald der Tiger das erkennt, sollte er die Angelegenheit loslassen und sich lieber auf Projekte konzentrieren, bei denen er wirklich etwas bewegen kann. Es macht keinen Sinn, wenn Sie Ihre Energie und Zeit weiterhin auf ein hoffnungsloses Unterfangen verschwenden.

Geduldiges Abwarten gehört nicht unbedingt zu den Stärken das Tigers. Wenn klar ist, wohin die Reise geht, dann hat es bitteschön auch sofort loszugehen! Unter Umständen müssen Sie im September die eine oder andere Verzögerung in Kauf nehmen. Tragen Sie es mit Fassung! Das Ergebnis bleibt das Gleiche - es dauert eben nur ein bisschen länger.

Liebe, Familie, Freundschaft: In diesen Wochen ist auf der privaten Ebene eine gewisse Spannung zu spüren. Das liegt an der Opposition zwischen Hasen und Hahn, der den Monat begleitet. Es mag deshalb nicht so einfach sein, für sich selbst etwas zu tun, ohne damit den Rest der Familie zu verärgern. Versuchen Sie, eine Balance zu finden zwischen gesundem Egoismus und der Verantwortung für Ihre Lieben.

Sie müssen keineswegs perfekt sein, um einen neuen Partner zu finden! Stehen Sie von Anfang an zu Ihren kleinen und großen Macken, das macht Sie deutlich sympathischer.

Beruf, Finanzen: Der Hahn bringt im September eine starke Yin-Metall Energie mit. Damit lassen sich nun auch Aufgaben bewältigen, die dem Tiger nicht unbedingt Spaß machen. Augen zu und durch - dann können Sie sich im nächsten Monat wieder erfreulicheren Dingen widmen.

Der Tiger hat in der Regel eine sehr klare Vorstellung davon, wie die Dinge laufen sollten und setzt voraus, dass Kollegen und Mitarbeiter das genauso sehen. In diesen Wochen kann es allerdings sein, dass sich Opposition regt. Anstatt diese im Keim zu ersticken, sollten Sie auf einen Kompromiss hinarbeiten.

Tipp des Monats:

Kombinieren Sie Ihre Durchsetzungsstärke mit Verhandlungsgeschick für ein besseres Ergebnis.

MAO
Hase

Grundtendenz des Monats:

Ein stolzer Hahn begleitet den September und sorgt dafür, dass Ihnen nun unter Umständen der Wind etwas stärker ins Gesicht bläst. Hahn und Hase stehen in direkter Opposition im Chinesischen Tierkreis. Das kann in diesen Wochen dazu führen, dass Sie mit Hindernissen konfrontiert werden, mit denen Sie so vielleicht nicht gerechnet haben. Allerdings sollten diese Störungen wirklich nur temporär sein und Sie nicht dauerhaft von Ihren Plänen abhalten.

Das starke Yin-Metall kann Ihnen dabei helfen, auch etwas schwierigere Situationen gut zu meistern. Es gibt Ihnen die nötige Disziplin, mit der Sie sich wenn nötig durchbeißen können.

Liebe, Familie, Freundschaft: Vielleicht sollten Sie sich jetzt ein bisschen mehr Mühe mit Ihrem Erscheinungsbild geben, wenn Sie auf der Suche nach einem Partner sind. Gerade im Monat des Hahns wird mehr Wert auf den ersten äußeren Eindruck gelegt. Es wäre doch schade, wenn Sie sich um konkrete Chancen bringen.

In bestehenden Partnerschaften ist es nun vielleicht an der Zeit, die Dinge zu akzeptieren, die Sie nicht ändern können. Keine Beziehung kann auf Dauer harmonisch sein, wenn man ständig versucht, den anderen in eine Richtung zu biegen, die ihm nicht entspricht.

Beruf, Finanzen: Wie fühlen Sie sich in Ihrer aktuellen beruflichen Situation? Haben Sie Ihren Platz gefunden, an dem Sie Ihre Fähigkeiten optimal einsetzen können? Oder sind Sie noch auf der Suche nach Ihrem Traumjob? Damit Sie diese Fragen beantworten können, ist es vielleicht erst einmal nötig, dass Sie sich darüber klar werden, was Sie wirklich wollen. Der Jahresherrscher kann Ihnen dabei helfen, das zu finden, was Sie auf Dauer erfüllt.

Wenn Sie meinen, dass Sie einfach noch nicht gut genug sind, ist jetzt ein guter Zeitpunkt, Wissenslücken zu schließen, indem Sie sich entsprechend fortbilden.

Tipp des Monats:

Sie sind stärker, als Sie glauben! Setzen Sie sich für die Dinge ein, die Ihnen wichtig sind.

SHENG
Drache

Grundtendenz des Monats:
Im Jahr des Wasser-Hasen ging es bislang vor allem um die inneren Werte, die erkannt und gelebt werden wollen. Mit dem Erscheinen des Hahnes im September mag das bei so manchem Drachen ein wenig in Vergessenheit geraten. Sicher kann es nicht schaden, wenn man eine gewisse Aufmerksamkeit auf sein äußeres Erscheinungsbild legt.
Zu viel Eitelkeit und Oberflächlichkeiten kommen allerdings beim aktuellen Jahresregenten überhaupt nicht gut an. Was zählt, ist vielmehr ein offener Umgang mit den eigenen Schwächen und ein hohes Maß an Hilfsbereitschaft.
Liebe, Familie, Freundschaft: Bleiben Sie authentisch! Wer nun versucht, seine Fehler vor dem Partner zu verstecken, wird kaum Erfolg haben und kann außerdem auch das bestehende Vertrauensverhältnis nachhaltig stören. Niemand ist perfekt! Ihre bessere Hälfte liebt Sie mit all Ihren kleinen und großen Macken.
Zwei Herzen schlagen in diesem Monat in der Brust des Drachen. Auf der einen Seite wünschen Sie sich ein harmonisches Familienleben mit genug Zeit für gemeinsame Aktivitäten. Auf der anderen Seite möchten Sie aber auch außerhalb der eigenen vier Wände glänzen. Welche Seite gewinnt jetzt die Oberhand?
Beruf, Finanzen: Sicher kann man es immer noch ein bisschen besser machen. Allerdings dauert das dann auch entsprechend länger. Versuchen Sie jetzt, einen guten Mittelwert zu finden zwischen Genauigkeit und zeitlichem Einsatz. Dann sollten alle Beteiligten zufrieden sein.
Es kann nicht jeder Chef sein, auch wenn der Jahresregent mit seiner freundlichen Art zuweilen diesen Eindruck erweckt. Mit der Führungsrolle kommt auch immer eine größere Verantwortung und in der Regel auch mehr Arbeit auf Sie zu. Wenn Sie das nicht leisten wollen, können Sie gerne anderen den Vortritt lassen.
Tipp des Monats:
Können Sie sich dazu durchringen, auch bei unangenehmeren Dingen am Ball zu bleiben? Setzen Sie Ziele, die diesen Einsatz wert sind!

SZE
Schlange

Grundtendenz des Monats:
Mit dem Hahn tritt im September ein Tierzeichen auf den Plan, was in vielen Bereichen ganz wunderbar zur Schlange passt. Vor allem wenn es um eine vernünftige Planung und die effektive und schnörkellose Umsetzung geht, sind die beiden ein ausgesprochen gutes Team. Gepaart mit dem diplomatischen Geschick des Hasen bekommen Sie für Ihre Pläne nun auch leicht die nötige Rückendeckung.
Hinzu kommt eine starke Metall-Energie, die es Ihnen nun noch mehr erleichtern sollte, Ordnung in Ihre Angelegenheiten zu bringen. Was Sie jetzt gut organisieren, bekommen Sie bis zum Ende des Jahres sicher ohne Probleme erledigt.
Liebe, Familie, Freundschaft: Was hindert Sie daran, sich aktiver auf die Suche nach einer neuen Liebe zu machen? An den äußeren Umständen kann es jetzt wirklich nicht liegen, denn mit Hahn und Hase können Sie sicher charmant und selbstsicher auftreten.
Sie selbst mögen sich an Ihre eigenen Vorgaben halten. Aber leider gilt das nicht unbedingt auch für den Rest der Familie. Vielleicht sollten Sie allen Beteiligten mehr Spielraum lassen und nicht ganz so akribisch darauf achten, dass alles ganz genauso gemacht wird, wie Sie sich das vorstellen. Am Ende ist es doch nur das Ergebnis wichtig und nicht, wie es erreicht wurde.
Beruf, Finanzen: Im September sollte so manche Schlange die nötige Disziplin aufbringen, um abzuschließen, was schon lange auf ihrem Tisch liegt. Glauben Sie nicht, dass Sie es noch besser machen könnten, wenn Sie mehr Zeit hätten. Das Ergebnis stünde dann einfach in keinem Verhältnis zum Aufwand.
Wenn Sie jetzt am Arbeitsplatz keine optimalen Bedingungen vorfinden, sollten Sie sich davon nicht zu sehr irritieren lassen. Arrangieren Sie sich mit den Umständen, die sich im Augenblick nicht ändern lassen.
Tipp des Monats:
Veränderungen dürfen sich nun auch langsam entwickeln. Bleiben Sie geduldig!

WU
Pferd

Grundtendenz des Monats:
Ein stolzer Hahn begleitet das Pferd im September und wünscht sich, dass Sie sich wieder mehr Ihren eigenen Angelegenheiten widmen. Vor allem, wenn Sie sich gesundheitlich ein wenig angeschlagen fühlen, sollten Sie auf seinen Rat hören und sich nun mehr um sich selbst kümmern. In der aktuellen Konstellation dürfte es Ihnen leichter fallen, nötige Maßnahmen einzuleiten und dann auch durchzuziehen. Wie schon im August ist auch in diesem Monat das Metall-Element stark ausgeprägt - diesmal allerdings in seiner Yin-Ausprägung. Da sollte es dem Pferd nun deutlich leichter fallen, zugesagte Aufgaben zu erfüllen, auch wenn sie ihm nicht wirklich Spaß machen.

Liebe, Familie, Freundschaft: Hahn und Hase stehen sich im Chinesischen Tierkreis genau gegenüber und könnten kaum gegensätzlicher sein. Das mag sich in den eigenen vier Wänden nun vielleicht auch daran zeigen, dass die Meinungen recht extrem auseinandergehen. Sie können sich als Vermittler betätigen. Sie können sich aber auch komplett aus der Diskussion heraushalten, wenn es Sie selbst nicht betrifft.
Sollten Sie nun jemand Neues kennenlernen, wäre es besser, sich nicht zu sehr vom ersten Eindruck blenden zu lassen. Im Jahr des Hasen kommt es mehr auf die inneren Werte an.

Beruf, Finanzen: Bitte gehen Sie in diesem Monat sorgfältig mit Ihrem Geld um! Die aktuelle Konstellation birgt die Gefahr, dass Sie sich gewaltig verkalkulieren und in Dinge investieren, die Ihr Budget überstrapazieren können. Ihr Erspartes fassen Sie im September am besten gar nicht an. Im nächsten Monat sieht das Ganze deutlich besser aus.
Wenn Sie mit der aktuellen Führung nicht einverstanden sind, gibt es zwei Möglichkeiten: Entweder, sie arrangieren sich mit der Situation oder Sie machen schleunigst den Mund auf.

Tipp des Monats:
Halten Sie sich jetzt nicht unnötig mit Details auf! Wenn die Sache im Großen und Ganzen stimmig ist, sollte das reichen.

WEI
Ziege

Grundtendenz des Monats:
Ging es im letzten Monat um das Thema Loslassen, darf die Ziege nun ihr Durchhaltevermögen auf die Probe stellen. Eine Entscheidung zu treffen ist der erste Schritt. Dann das Ganze bis zum Ende durchzuziehen, erfordert aber noch einiges mehr an Stärke. Mit dem stolzen Hahn an Ihrer Seite sollte es jedoch nun gelingen, am Ball zu bleiben.
Gesundheitliche Herausforderungen warten vielleicht schon länger darauf, gemeistert zu werden. Mit dem Hahn an der Seite dürfte es Ihnen nun leichter fallen, einen Plan aufzustellen und aktiv an die Umsetzung zu gehen.

Liebe, Familie, Freundschaft: Geduld ist nun in der Partnerschaft gefragt. Auch wenn in den letzten Wochen viel über Veränderungen gesprochen wurde, ist es nicht immer ganz einfach, sie im Alltag auch gleich umzusetzen. Sie unterstützen einander am besten, wenn Sie nicht zu viel Druck ausüben.
Erwarten Sie nun bitte nicht zu viel von Ihren Lieben! Gerade der Nachwuchs kann den hohen Anforderungen der Ziege nun vielleicht nicht immer gerecht werden. Anstatt zu schimpfen, sollten Sie sich lieber gemeinsam hinsetzen und an der Sache arbeiten.

Beruf, Finanzen: Manchmal sind Auseinandersetzungen auch im Jahr des sanften Hasen unvermeidbar. Wenn Sie sich nicht korrekt behandelt fühlen, müssen Sie das unbedingt sagen, liebe Ziege. Von alleine kommt man in Ihrem Arbeitsumfeld sicher nicht darauf - vor allem dann nicht, wenn Sie versuchen, das Ganze einfach wegzulächeln.
Irgendetwas lässt sich immer noch besser machen. Die Frage ist nur, ob sich der Einsatz lohnt. Wenn es nur um die letzten fünf Prozent geht, macht es wenig Sinn, jetzt den Perfektionisten herauszukehren. Da gibt es sicher dringende Dinge, die getan werden müssen.

Tipp des Monats:
Haben Sie den Mut, Ungerechtigkeit beim Namen zu nennen und den Gleichmut, Dinge hinzunehmen, die Sie nicht ändern können.

SUNG
Affe

Grundtendenz des Monats:
Ein weiteres Mal wird das Metall-Element stark betont, diesmal allerdings in seiner Yin-Ausprägung. Das kann dem Affen helfen, in allen Bereichen genauer hinzuschauen. Oberflächliche Lösungen werden damit in den nächsten Wochen eher keine Chance haben, lieber Affe. Da müssen Sie sich nun schon intensiver mit den Themen befassen.

Es schadet gar nichts, wenn Sie sich jetzt mehr um Ihr körperliches Wohlbefinden kümmern. Ob Sie Gewicht reduzieren, sich mehr bewegen oder gesünder essen wollen - setzen Sie jetzt den Startpunkt. Mit dem Hahn an Ihrer Seite halten Sie deutlich besser durch als noch im vergangenen Monat.

Liebe, Familie, Freundschaft: Wer noch immer auf der Suche nach einer neuen Liebe ist, sollte nun bitte nicht den Fehler machen, sich von Äußerlichkeiten blenden zu lassen. Halten Sie es lieber mit dem Wasser-Hasen, dem vor allem die inneren Werte wichtig sind. Sicher hat die erste Anziehung meistens etwas mit der Optik zu tun. Wenn Sie dauerhaft glücklich sein wollen, reicht das aber nicht aus.

In bestehenden Partnerschaften sollten Sie sich nun nicht über Dinge ärgern, die Sie nicht ändern können. Wer sich wirklich liebt, kann locker über kleinere Macken hinwegsehen.

Beruf, Finanzen: Ein bisschen mehr Genauigkeit kann dem Affen sicher nicht schaden. Da kommt Ihnen der Hahn nun gerade recht mit seinem Sinn für absolute Korrektheit! Wichtig ist dabei, den Blick an den richtigen Stellen zu schärfen. Es gibt ja durchaus auch Bereiche, wo nicht alles ganz so perfekt sein muss.

Wir alle bekommen im Laufe unseres Arbeitslebens zuweilen Aufgaben zugeteilt, die uns nicht unbedingt mit Begeisterung erfüllen. Sollte so etwas gerade auf Ihrem Tisch liegen, tun Sie gut daran, es jetzt schnell mit Hilfe des starken Yin-Metalls hinter sich zu bringen.

Tipp des Monats:
Messen Sie bitte nicht mit zweierlei Maß, sondern bleiben Sie gerecht in Ihrer Einschätzung!

YU
Hahn

Grundtendenz des Monats:
Was bringt Sie dazu, in diesen Wochen permanent das Haar in der Suppe zu suchen? Sie machen sich das Leben unnötig schwer, wenn Sie sich nicht ein bisschen mehr das Positive in Ihrem Leben konzentrieren. Es gibt so viele Dinge, für die Sie dankbar sein können.

Disziplin und Durchhaltevermögen sind in diesen Wochen durch das starke Yin-Metall besonders gut betont. Wenn Sie also zum Beispiel bestimmte Ziele auf gesundheitlicher oder sportlicher Ebene erreichen wollen, wäre der September ein guter Zeitpunkt, um zu starten. Ist das erste Etappenziel erst einmal erreicht, geht der Rest fast wie von selbst.

Liebe, Familie, Freundschaft: Vermischen Sie nun bitte nicht private und berufliche Angelegenheiten. Eine klare Trennung ist vor allem deshalb so wichtig, weil sie Sie davor bewahrt, sich zu viel zuzumuten. Ohne regelmäßige Auszeiten strapazieren Sie Ihre persönlichen Reserven. Auch Ihr Partner und Ihre Familie sehen es nicht gerne, wenn Sie sich nun Arbeit mit nach Hause bringen. Schließlich haben Sie dann noch weniger Zeit, die sie gemeinsam verbringen können. Da unter der Regentschaft des Hasen Ihre Lieben 2023 klar im Vordergrund stehen sollten, ist der Ärger vorprogrammiert, wenn Sie sich nicht bis zu einem gewissen Grad daran halten.

Beruf, Finanzen: Mit dem zweiten Hahn im September könnte es im Grunde nun gut voran gehen. Leider steht sich der Hahn jetzt zuweilen selbst ein bisschen im Weg. Anstatt sich mit winzigen Details aufzuhalten oder an der Ausführung herumzumäkeln sollten Sie lieber auf das Ziel fokussieren. Wie Sie dorthin gelangen, ist am Ende wirklich nicht mehr wichtig.

Sie müssen nicht um jeden Preis investieren. Sollten Sie aber Geld übrig haben, können Sie durchaus über lohnende Anlagen nachdenken. Vertrauen Sie dabei auf Ihr Gefühl, das wird Sie sicher nicht trügen.

Tipp des Monats:
Genießen Sie den Augenblick! Es braucht nicht viel zum glücklich sein.

SHIH Hund

Grundtendenz des Monats: An Geduld mangelt es dem Hund in der Regel weniger. Das kann jetzt im September recht hilfreich sein, wenn Sie mit Situationen konfrontiert werden, die Sie nicht selbst beeinflussen können. Da hilft nur abwarten und Tee trinken.

Mit dem Hahn kommt in diesem Monat ein Tierzeichen ins Spiel, dem das persönliche Wohlergehen sehr wichtig ist. Vielleicht wäre das ein guter Startpunkt, um endlich mit der Ernährungsumstellung oder dem Sportprogramm zu starten, lieber Hund. Je wohler Sie sich in der eigenen Haut fühlen, desto mehr strahlt das auch auf Ihre Umgebung ab.

Liebe, Familie, Freundschaft: Wenn Sie sich mehr um sich selbst kümmern, kann das Ihre Ausstrahlung enorm beeinflussen. Das macht Sie attraktiver und erleichtert die Suche nach einem neuen Partner. Vielleicht trifft man sich ja sogar bei gemeinsamen Fitnessaktivitäten und kann sich gegenseitig unterstützen.

Eine gewisse Disziplin ist unerlässlich, wenn man mit anderen Menschen zusammenlebt. Damit die Last nicht alleine auf einem Paar Schultern liegt, sollten Sie jetzt dafür sorgen, dass alle mit anpacken. Am besten stellen Sie einen genauen Zeitplan auf.

Beruf, Finanzen: Am Ende des Tages liegt es einzig und allein an Ihnen, ob Sie Ihre Ziele erreichen. Anstatt also immer wieder neue Ausreden zu finden, warum es nicht wie gewünscht läuft, sollten Sie lieber selbst die Initiative ergreifen und für Ihre Sache kämpfen. Widerstände lösen sich schneller in Luft auf, als Sie sich das jetzt vielleicht vorstellen können.

Sicher kann man es immer noch ein bisschen besser machen. Irgendwann ist aber einfach der Punkt erreicht, wo die Sache abgeschlossen werden sollte. Es mag in diesen Wochen nicht einfach sein, diesen Zeitpunkt zu finden.

Tipp des Monats:

Eine positive Sichtweise auf die Dinge bringt Sie mehr voran. Zweifeln Sie nicht an Ihren Fähigkeiten!

HAN Schwein

Grundtendenz des Monats: Jetzt geht es einmal mehr darum, etwas für sich selbst zu tun. Da kann das Schwein im September sicher einiges von dem selbstbewussten Hahn lernen, der den Monat begleitet. Das starke Yin-Metall hilft Ihnen dabei, auch dann bei der Stange zu bleiben, wenn das Ganze nicht so einfach ist, wie Sie es sich vielleicht vorgestellt haben.

Sollten in diesen Wochen nun zuweilen zwei Herzen in Ihrer Brust schlagen, ist das nicht verwunderlich. Einerseits möchten Sie sich um das Wohl anderer Menschen kümmern. Andererseits haben Sie allerdings so viele Pläne für Ihr eigenes Vorankommen, die Sie auf keinen Fall einfach so ohne weiteres aufgeben wollen.

Liebe, Familie, Freundschaft: Es ist sicher nicht immer ganz einfach, allen Anforderungen gerecht zu werden. Da helfen nur klare Worte, liebes Schwein. Ihre Lieben haben dann sicher Verständnis dafür, dass Sie nicht einfach alles stehen und liegen lassen, wenn Sie gerufen werden.

Das Schwein hat die Fähigkeit, immer das Gute in seinem Gegenüber zu sehen. Im September könnte es allerdings passieren, dass Sie zuweilen etwas zu kritisch sind, was Ihre bessere Hälfte betrifft. Sicher gibt es immer Kleinigkeiten, die nicht perfekt sind - das sollte aber der Liebe keinen Abbruch tun.

Beruf, Finanzen: Bei manchen Projekten ist nun wirklich Geduld gefragt. Im Jahr des Hasen entwickeln sich die Dinge einfach nicht so schnell wie im Jahr zuvor. Es geht aber stetig voran und das sollte Sie jetzt durchaus positiv stimmen.

Auseinandersetzungen mit Vorgesetzten sollten Sie im September lieber aus dem Weg gehen. Wer will schon schlafende Hunde wecken, wenn an der kritisierten Situation aktuell gar nichts zu ändern ist.

Tipp des Monats:

Geben Sie jetzt nicht mehr, als Sie wirklich wollen! Sie brauchen schließlich auch Energie für die eigenen Vorhaben.

September 2023

Jahreskonstellation – Wasser Hase
Monatskonstellation – Metall Hahn

1. Wasser Hund	Ratte Büffel Tiger Hase Drache Schlange Pferd Ziege Affe Hahn Hund Schwein **Günstig:** Umziehen, Reisen, Hochzeiten, Empfänge, wichtige Konferenzen. **Ungünstig:** geistige Arbeiten, Gartenarbeit, häusliche Tätigkeiten.
2. Wasser Schwein	Ratte Büffel Tiger Hase Drache Schlange Pferd Ziege Affe Hahn Hund Schwein **Günstig:** Versammlungen, gerechte Verteilungen, Hochzeit, Konferenzen, Umzug. **Ungünstig:** Gartenarbeit, Dinge zum Abschluss bringen.
3. Holz Ratte	Ratte Büffel Tiger Hase Drache Schlange Pferd Ziege Affe Hahn Hund Schwein **Günstig:** Gartenarbeit, Feiern, Hochzeit, Dinge zum Abschluss bringen. **Ungünstig:** keine Anschuldigungen gegen Dritte erheben.
4. Holz Büffel	Ratte Büffel Tiger Hase Drache Schlange Pferd Ziege Affe Hahn Hund Schwein **Günstig:** Gartenarbeit, Hochzeit, Dinge zum Abschluss bringen. **Ungünstig:** Umzug, Reisen, Geschäftseröffnung.
5. Feuer Tiger	Ratte Büffel Tiger Hase Drache Schlange Pferd Ziege Affe Hahn Hund Schwein **Günstig:** Ausruhen, Meditation, seinen Hobbys nachgehen. **Ungünstig:** wichtige Unternehmungen.
6. Feuer Hase	Ratte Büffel Tiger Hase Drache Schlange Pferd Ziege Affe Hahn Hund Schwein **Günstig:** Amüsieren, mit Freunden ausgehen, Freizeitaktivitäten. **Ungünstig:** geschäftliche Aktivitäten, neue Dinge anfangen.
7. Erd Drache	Ratte Büffel Tiger Hase Drache Schlange Pferd Ziege Affe Hahn Hund Schwein **Günstig:** für die meisten Aktivitäten, Geschäftsabschlüsse, Partnerschaft. **Ungünstig:** negative Bemerkungen über andere Menschen.
8. Erd Schlange	Ratte Büffel Tiger Hase Drache Schlange Pferd Ziege Affe Hahn Hund Schwein **Günstig:** für die meisten Aktivitäten, Geschäftsabschlüsse, Partnerschaft. **Ungünstig:** negative Bemerkungen über andere Menschen.
9. Metall Pferd	Ratte Büffel Tiger Hase Drache Schlange Pferd Ziege Affe Hahn Hund Schwein **Günstig:** Handel, Geschäftseröffnungen, Hochzeiten und andere Feste planen. **Ungünstig:** Beerdigungen, Reisen, Arztbesuche.
10. Metall Ziege	Ratte Büffel Tiger Hase Drache Schlange Pferd Ziege Affe Hahn Hund Schwein **Günstig:** Handwerkliche Aktivitäten, Handel, Hochzeiten, Reisen. **Ungünstig:** Trauerfeiern und Beerdigungen, schwere körperliche Arbeit.
11. Wasser Affe	Ratte Büffel Tiger Hase Drache Schlange Pferd Ziege Affe Hahn Hund Schwein **Günstig:** Ankündigungen machen, Beerdigungen, Trauerfeiern. **Ungünstig:** Handel, Vergnügungen, Freizeitaktivitäten.
12. Wasser Hahn	Ratte Büffel Tiger Hase Drache Schlange Pferd Ziege Affe Hahn Hund Schwein **Günstig:** Kleidung schneidern, Handel, Buchhaltung, Ausflüge, neue Dinge beginnen. **Ungünstig:** Geschäfte eröffnen, Kraftanstrengungen, Reisen, Ersparnisse ausgeben.
13. Holz Hund	Ratte Büffel Tiger Hase Drache Schlange Pferd Ziege Affe Hahn Hund Schwein **Günstig:** Putzen, waschen, fasten, seelische und körperliche Pflege, Arztbesuche. **Ungünstig:** Ausdauersport, Reisen, Hochzeit.
14. Holz Schwein	Ratte Büffel Tiger Hase Drache Schlange Pferd Ziege Affe Hahn Hund Schwein **Günstig:** Umziehen, Reisen, Hochzeiten, Empfänge, wichtige Konferenzen. **Ungünstig:** geistige Arbeiten, Gartenarbeit, häusliche Tätigkeiten.
15. Feuer Ratte	Ratte Büffel Tiger Hase Drache Schlange Pferd Ziege Affe Hahn Hund Schwein **Günstig:** Versammlungen, gerechte Verteilungen, Hochzeit, Konferenzen, Umzug. **Ungünstig:** Gartenarbeit, Dinge zum Abschluss bringen.

Ob ein Tag besonders günstig für Ihr Tierzeichen ist, sehen Sie an folgenden Farben:
Rot = sehr günstig, Grau = günstig, Schwarz = nicht günstig

16. Feuer Büffel	Ratte Büffel Tiger Hase Drache Schlange Pferd Ziege Affe Hahn Hund Schwein **Günstig:** Gartenarbeit, Feiern, Hochzeit, Dinge zum Abschluss bringen. **Ungünstig:** keine Anschuldigungen gegen Dritte erheben.
17. Erd Tiger	Ratte Büffel Tiger Hase Drache Schlange Pferd Ziege Affe Hahn Hund Schwein **Günstig:** Gartenarbeit, Hochzeit, Dinge zum Abschluss bringen. **Ungünstig:** Umzug, Reisen, Geschäftseröffnung.
18. Erd Hase	Ratte Büffel Tiger Hase Drache Schlange Pferd Ziege Affe Hahn Hund Schwein **Günstig:** Ausruhen, Meditation, seinen Hobbys nachgehen. **Ungünstig:** wichtige Unternehmungen.
19. Metall Drache	Ratte Büffel Tiger Hase Drache Schlange Pferd Ziege Affe Hahn Hund Schwein **Günstig:** Amüsieren, mit Freunden ausgehen, Freizeitaktivitäten. **Ungünstig:** geschäftliche Aktivitäten, neue Dinge anfangen.
20. Metall Schlange	Ratte Büffel Tiger Hase Drache Schlange Pferd Ziege Affe Hahn Hund Schwein **Günstig:** für die meisten Aktivitäten, Geschäftsabschlüsse, Partnerschaft. **Ungünstig:** negative Bemerkungen über andere Menschen.
21. Wasser Pferd	Ratte Büffel Tiger Hase Drache Schlange Pferd Ziege Affe Hahn Hund Schwein **Günstig:** Handel, Geschäftseröffnungen, Hochzeiten und andere Feste planen. **Ungünstig:** Beerdigungen, Reisen, Arztbesuche.
22. Wasser Ziege	Ratte Büffel Tiger Hase Drache Schlange Pferd Ziege Affe Hahn Hund Schwein **Günstig:** Handwerkliche Aktivitäten, Handel, Hochzeiten, Reisen. **Ungünstig:** Trauerfeiern und Beerdigungen, schwere körperliche Arbeit.
23. Holz Affe	Ratte Büffel Tiger Hase Drache Schlange Pferd Ziege Affe Hahn Hund Schwein **Günstig:** Ankündigungen machen, Beerdigungen, Trauerfeiern. **Ungünstig:** Handel, Vergnügungen, Freizeitaktivitäten.
24. Holz Hahn	Ratte Büffel Tiger Hase Drache Schlange Pferd Ziege Affe Hahn Hund Schwein **Günstig:** Kleidung schneiden, Handel, Buchhaltung, Ausflüge, neue Dinge beginnen. **Ungünstig:** Geschäfte eröffnen, Kraftanstrengungen, Reisen, Ersparnisse ausgeben.
25. Feuer Hund	Ratte Büffel Tiger Hase Drache Schlange Pferd Ziege Affe Hahn Hund Schwein **Günstig:** Putzen, waschen, fasten, seelische und körperliche Pflege, Arztbesuche. **Ungünstig:** Ausdauersport, Reisen, Hochzeit.
26. Feuer Schwein	Ratte Büffel Tiger Hase Drache Schlange Pferd Ziege Affe Hahn Hund Schwein **Günstig:** Umziehen, Reisen, Hochzeiten, Empfänge, wichtige Konferenzen. **Ungünstig:** geistige Arbeiten, Gartenarbeit, häusliche Tätigkeiten.
27. Erd Ratte	Ratte Büffel Tiger Hase Drache Schlange Pferd Ziege Affe Hahn Hund Schwein **Günstig:** Versammlungen, gerechte Verteilungen, Hochzeit, Konferenzen, Umzug. **Ungünstig:** Gartenarbeit, Dinge zum Abschluss bringen.
28. Erd Büffel	Ratte Büffel Tiger Hase Drache Schlange Pferd Ziege Affe Hahn Hund Schwein **Günstig:** Gartenarbeit, Feiern, Hochzeit, Dinge zum Abschluss bringen. **Ungünstig:** keine Anschuldigungen gegen Dritte erheben.
29. Metall Tiger	Ratte Büffel Tiger Hase Drache Schlange Pferd Ziege Affe Hahn Hund Schwein **Günstig:** Gartenarbeit, Hochzeit, Dinge zum Abschluss bringen. **Ungünstig:** Umzug, Reisen, Geschäftseröffnung.
30. Metall Hase	Ratte Büffel Tiger Hase Drache Schlange Pferd Ziege Affe Hahn Hund Schwein **Günstig:** Ausruhen, Meditation, seinen Hobbys nachgehen. **Ungünstig:** wichtige Unternehmungen.

TZE Ratte

Grundtendenz des Monats: Vorsicht ist die Mutter der Porzellankiste. Auch wenn der Hase in den vergangenen Monaten Ihre Intuition geschärft hat, kann es nun nicht schaden, vor allem bei neuen Kontakten erst einmal Zurückhaltung zu zeigen. Unter den wachsamen Augen des Wasser-Hundes können Sie gut die Spreu vom Weizen trennen. Dafür mag es allerdings nötig sein, sich genug Zeit zu nehmen und sich nicht zu schnell in neue Abenteuer zu stürzen.

Das zusätzliche Yang-Wasser dürfte es der Ratte nun erleichtern, Entscheidungen zu treffen. Ob diese immer die besten sind, wird sich allerdings wahrscheinlich erst später zeigen.

Liebe, Familie, Freundschaft: Es ist wichtig, bestehende Freundschaften zu pflegen. Natürlich kann eine tiefe Verbindung auch dann halten, wenn man sich nicht ständig sieht. Allerdings sollte die Ratte darauf achten, wenigstens regelmäßige Lebenszeichen von sich zu geben. Umgekehrt wissen Sie es ja auch zu schätzen, wenn die andere Seite sich bei Ihnen meldet.

In bestehende Beziehungen liegt der Schwerpunkt im Monat des treuen Hundes fast immer auf Loyalität. Die gilt es für die Ratte nun unter Umständen zu beweisen, auch wenn Sie vielleicht nicht der gleichen Meinung sind wie Ihre bessere Hälfte.

Beruf, Finanzen: So manche Ratte mag sich nun wünschen, dass mehr in ihr Projekte investiert wird. Bedenken Sie jedoch, dass nicht jeder in der momentanen wirtschaftlichen Situation den Mut hat, über den Tellerrand zu schauen und Ihre Visionen mitzutragen. Gerade in diesen Wochen regiert wahrscheinlich eine eher konservative Einstellung. Die Bereitschaft zum Risiko ist im Jahr des Wasser-Hasen ohnehin geringer. Da hilft nur, sich geduldiger zu zeigen.

In manchen beruflichen Situationen wird nun ein bisschen mehr Durchsetzungskraft von Ihnen gefordert.

Tipp des Monats:

Drosseln Sie Ihr Tempo! Mit Vorsicht und guter Planung kommen Sie nun am besten klar.

KIU Büffel

Grundtendenz des Monats: So manchem Büffel mag es schon im letzten Jahr mit der kreativen Holz-Energie zu viel gewesen sein. Da auch der Hase sich wünscht, dass seine Untertanen eingefahrene Pfade verlassen, mögen Sie sich in den letzten Monaten mit Ihrem Wunsch nach Stabilität ein wenig auf verlorenem Posten gefühlt haben.

Im Oktober bekommen Sie jetzt jedoch mit dem Hund ein Tierzeichen an Ihre Seite, dass Ihre traditionellen Werte teilt und es mit den Veränderungen überhaupt nicht eilig hat. Das sollte Ihnen nun Zeit geben, einmal tief durchzuatmen und die Situation neu einzuschätzen.

Liebe, Familie, Freundschaft: Wenn Ihre Lieben jetzt nicht mit Ihnen einer Meinung sind, dann sprechen Sie bitte darüber. Sicher kann mit Hilfe des Wasser-Hasen ein Kompromiss gefunden werden.

Wenn Sie neue Menschen in Ihren inneren Kreis lassen, sollten Sie besonders auf Ihr Bauchgefühl hören. Eine gesunde Einschätzung bewahrt Sie vor unangenehmen Überraschungen.

Das gilt übrigens vor allem in der Partnerschaft, in der nun Attribute wie Verlässlichkeit und Loyalität besonders groß geschrieben werden. Versprechen Sie nun nichts, was Sie nicht halten können.

Beruf, Finanzen: Auch wenn der aktuelle Herrscher die leisen Töne vorzieht, kann es nun am Arbeitsplatz nötig werden, dass der Büffel ein wenig bestimmter auftritt. Vor allem, wenn man in Ihre Kompetenzen eingreifen will, sollten Sie sich wirklich wehren. Versuchen Sie dabei auf jeden Fall sachlich zu bleiben und behalten Sie mögliche Kompromisslösungen im Auge. Wenn alle Seiten das Gefühl haben, irgendwie recht zu haben, trifft man sich am besten in der Mitte. Wachsamkeit ist in diesem Monat bei Ihren Finanzen angesagt. In diesem Bereich dürfen Sie jetzt ruhig konservativ agieren.

Tipp des Monats:

Wenn Sie fair behandelt werden wollen, müssen Sie dieses Recht auch der anderen Seite zugestehen.

> Kalter Tau / Frost kommt herab < **Oktober**

YING Tiger

Grundtendenz des Monats:
Wer unterstützt Sie wirklich? Eine gesunde Einschätzung der Menschen in Ihrem Umfeld kann Ihnen nun viel Ärger ersparen. Gerade in diesem Monat zeigt sich recht deutlich, auf wen Sie sich verlassen können. Mit dem Hund erscheint das Tierzeichen auf der Bildfläche, was ein wachsames Auge auf die Umgebung des Tigers hat.
Auf der anderen Seite sollten Sie jetzt auch ganz genau hinschauen, wo Ihre eigenen Loyalitäten liegen. Starke Seilschaften können Ihnen nicht nur im Jahr des Wasser-Hasen sondern auch weit darüber hinaus dabei helfen, die eigene Agenda voranzutreiben.

Liebe, Familie, Freundschaft: Man legt wirklich viel Wert auf Ihre Meinung, lieber Tiger. Machen Sie sich bewusst, das vor allem der eigene Nachwuchs versucht, es Ihnen recht zu machen. Wenn Sie Ihre Anforderungen zu hoch schrauben, entsteht unnötiger Druck. Zeigen Sie sich nachsichtig, dann vermeiden Sie unnötigen Stress auf beiden Seiten. Das gilt übrigens auch für Ihre bessere Hälfte, von der Sie nun auch nicht zuviel verlangen sollten.
Wer sich einsam oder isoliert fühlt, sollte wirklich dringend unter Leute gehen. Laden Sie Freunde zu sich nach Hause ein oder treffen Sie sich sich auf ein Getränk und ein gutes Gespräch.

Beruf, Finanzen: Nur mit Freundlichkeit kommt man auch im Jahr des sanften Wasser-Hasen nicht immer weiter. Es kann also sein, dass der Tiger im Oktober doch einmal seine Krallen zeigen muss, damit er beruflich weiterkommt. Wichtig ist einmal mehr die Balance zwischen Sanftheit und Stärke. Wer den richtigen Ton trifft, kann weiter auf Expansionskurs bleiben.
Der Tiger verfügt in der Regel über einen ausgeprägten Gerechtigkeitssinn, den er auch auf alle geschäftlichen Belange anwendet. Ein fairer Umgang mit den Menschen in seiner Arbeitsumgebung ist deshalb unverzichtbar.

Tipp des Monats:
Bilden Sie starke Seilschaften, auf die auch in schwierigen Situationen Verlass ist.

MAO Hase

Grundtendenz des Monats:
Es ist wichtig, sich mit Menschen zu umgeben, auf die Sie sich verlassen können. Das wird im Monat des loyalen Hundes sicher noch einmal deutlicher. Überprüfen Sie nun bestehende Seilschaften und loten Sie aus, wer Ihnen zusätzlich den nötigen Halt bieten kann, wenn es gerade nicht so optimal läuft. Es ist immer gut, vorbereitet zu sein.
Wenn es Ihnen in diesen Wochen ein wenig an Energie fehlt, liegt das vielleicht daran, dass das Feuer-Element jetzt nicht besonders ausgeprägt ist. Um so wichtiger ist es deshalb, dass Sie sich selbst immer wieder aufs Neue motivieren.

Liebe, Familie, Freundschaft: Dem Hasen wird eine gute Menschenkenntnis nachgesagt, schließlich steht sein Yin-Holz unter anderem für eine funktionierende Intuition. Gerade, wenn sich eine neue Beziehung anbahnt, sollten Sie sich mehr auf Ihr Bauchgefühl verlassen. Dafür mag es nötig sein, die rosarote Brille erst einmal abzusetzen - vor allem, wenn Sie eine dauerhafte Beziehung anstreben.
Es darf sich nun ein Gefühl von Sicherheit in Ihrem persönlichen Umfeld breit machen, wenn Sie sich gegenseitig unterstützen. Damit sich alle wirklich wohl fühlen, darf die Verantwortung allerdings nicht nur auf einer Schulter ruhen.

Beruf, Finanzen: Manchmal ist es einfach nötig, dass man ein bisschen härter durchgreift. Das mag für den Hasen nicht so einfach sein, weil er Auseinandersetzungen wenn möglich aus dem Weg geht. Wollen Sie jedoch auf Dauer die verdiente Anerkennung bekommen, sollten Sie sich nun nicht hinhalten lassen. Man kann seine Ansprüche ja auch in einem freundlichen Ton gelten machen.
Konkrete Veränderungen einzuleiten mag mit dem Hund im Monat nicht ganz so einfach sein. Vielleicht wäre es eine gute Idee, das Ganze noch ein wenig nach hinten zu schieben.

Tipp des Monats:
Eine gute Vorbereitung sorgt dafür, dass Sie sich sicherer fühlen und schneller zum Ziel kommen, wenn es endlich losgeht.

SHENG
Drache

Grundtendenz des Monats:

Sind Sie in der Lage, Ihr Gegenüber richtig einzuschätzen? Damit es in diesem Monat keine Enttäuschungen gibt, ist es wirklich wichtig, sich intensiv mit den Menschen in Ihrer Umgebung zu befassen. Oberflächlich betrachtet mag alles im grünen Bereich sein. Wenn der Drache genauer hinschaut, tut sich unter Umständen ein gewisses Konfliktpotential auf.

Der pragmatische Hund, der den Oktober begleitet, steht in direkter Opposition zum fantasievollen Drachen. Wer vorsichtig ist, legt bestimmte Pläne lieber erst einmal auf Eis. Gegen Ende des Jahres gibt es vielleicht eine bessere Gelegenheit für die Umsetzung.

Liebe, Familie, Freundschaft: Ein hohes Verantwortungsbewusstsein wird nun an vielen Stellen erwartet. Wahrscheinlich können Sie sich da nur schlecht herauswinden. Übernehmen Sie die entsprechenden Aufgaben, aber stellen Sie klar, dass das kein Dauerzustand sein kann.

Wenn Sie schon länger mit Ihrem Partner zusammen sind, kommt nun vielleicht die Frage auf, was der nächste Schritt sein sollte. Mit dem Hund dürfte es dabei im Oktober vor allem um das Thema Sicherheit gehen und wie man gegenseitig am besten füreinander sorgen kann. Wenn Sie bereit sind, sich längerfristig zu binden, sollten Sie das jetzt auch offen sagen.

Beruf, Finanzen: Faires Verhalten zahlt sich am Ende immer aus. Selbst wenn das jetzt bedeutet, dass Sie Anderen erst einmal den Vortritt lassen. Sie gewinnen an Glaubwürdigkeit, wenn Sie sich auf die Aufgaben konzentrieren, die Ihnen wirklich liegen.

Es fällt Ihnen vielleicht jetzt nicht so leicht, bei der Stange zu bleiben. Vor allem bei Routinearbeiten verliert der Drache schnell die Lust. Jammern nützt aber in diesem Fall überhaupt nichts. Reißen Sie sich lieber am Riemen und arbeiten Sie die unbequemen Arbeiten zügig ab.

Tipp des Monats:

Ein gewisser Pragmatismus kann jetzt nicht schaden, damit Sie auch unangenehme Situationen gut meistern.

SZE
Schlange

Grundtendenz des Monats:

Manchmal kann ein gesundes Misstrauen nicht schaden. Vor allem, wenn sich nun Gelegenheiten bieten, die scheinbar zu gut sind, um wahr zu sein, dürfen Sie ruhig zweimal hinschauen. Eine realistische Einschätzung bewahrt Sie davor, Zeit und Geld zu verlieren, wenn es doch nicht das Richtige ist.

Mit dem Hund kommt nun ein Tierzeichen im Monat dazu, das für schnelle Entscheidungen eher nicht zu haben ist. Da mag der Hase Ihnen nun noch so viel Inspiration geben. Stellen Sie sich lieber auf einen längeren Prozess an, bis es wirklich losgehen kann.

Liebe, Familie, Freundschaft: Man erwartet von der Schlange einige Zugeständnisse an das familiäre Miteinander. Da müssen die eigenen Pläne schon einmal zurückgestellt werden, damit in den eigenen vier Wänden alles rund laufen kann. Es sollte selbstverständlich für Sie sein, dass Sie kurzfristig besonders beherzt mit anpacken. Allerdings sollten Sie von Beginn an klarstellen, dass das kein Dauerzustand sein kann.

Freundschaften wollen gepflegt werden. Das gilt im Jahr des geselligen Hasen noch mehr als sonst. Kümmern Sie sich jetzt um Ihre sozialen Kontakte und zeigen Sie, dass auf Sie Verlass ist. Auch im Bereich der Partnerschaft geht es nun Verbindlichkeit.

Beruf, Finanzen: Im Verborgenen Pläne zu schmieden und diese umzusetzen ist in diesem Monat keine gute Idee. Man wünscht sich nun mehr Transparenz von Ihnen und keine Geheimniskrämerei. Sie müssen dabei nicht unbedingt jeden Schritt offenlegen, den Sie gegangen sind. Lassen Sie jedoch besser keine Fragen offen, wenn es um das Ergebnis geht.

Bei neuen Geschäftskontakten sollten Sie nun unbedingt wachsam bleiben. Schätzen Sie Ihr Gegenüber falsch ein, kann sich das negativ auf Ihre Arbeit auswirken.

Tipp des Monats:

Bringen Sie zunächst Ihr eigenes Haus in Ordnung. Danach können Sie sich auch um andere Dinge kümmern.

WU Pferd

Grundtendenz des Monats:
Mit dem Wasser-Hund bekommt das Pferd im Oktober einen treuen Begleiter an seine Seite, auf den in allen Lebenslagen Verlass ist. So können Pläne, die Sie in den letzten Monaten vielleicht auf Eis gelegt haben, mit frischem Elan belebt werden. Überlegen Sie es sich gut, in welche Richtung Sie Ihre Kräfte bündeln wollen. Für die Entscheidung sollten Sie sich jetzt nicht nur auf den Verstand, sondern auch auf Ihr Herz verlassen.
Es ist wichtig, dass Sie die Strukturen, die Sie in den letzten beiden Monaten aufgebaut haben, nun auch weiter aufrecht erhalten.

Liebe, Familie, Freundschaft: Familiäre Angelegenheiten können nun einmal wieder einen großen Teil Ihrer Zeit in Anspruch nehmen. Sowohl der Hund als auch der Hase setzen in der Regel alles daran, dass die Menschen in Ihrer Umgebung es gut haben. Versuchen Sie jetzt ruhig, Ihre Lieben zu mehr Eigenverantwortung zu erziehen. Sie können sich schließlich nicht immer um alles kümmern.
In langjährigen Beziehungen besteht immer latent die Gefahr, dass man die Liebe des Partners zu selbstverständlich nimmt. Wann haben Sie das letzte Mal Ihre Treue und Loyalität unter Beweis gestellt? Jetzt wäre ein guter Augenblick dafür.

Beruf, Finanzen: Wenn sich nun Zweifel einschleichen, ob Sie einer Sache gewachsen sind, sollten Sie damit ganz offen umgehen. Niemand hat etwas dagegen, wenn Sie mit den Aufgaben wachsen, solange Sie zu Beginn nicht Erwartungen wecken, die Sie am Ende nicht halten können.
Eine gewisse Durchsetzungskraft ist nun auf jeden Fall erforderlich, wenn sich die Dinge weiter in die richtige Richtung entwickeln sollen. Bleiben Sie freundlich, aber bestimmt und suchen Sie das Gespräch mit allen Beteiligten.

Tipp des Monats:
Nehmen Sie sich genug Zeit, Ihr Gegenüber einzuschätzen! Das bewahrt Sie vor Enttäuschungen.

WEI Ziege

Grundtendenz des Monats:
Ist die strukturierende Kraft des Metall-Elementes erst einmal verflogen, ist es gar nicht mehr so einfach, ein klares Bild von der gewünschten Situation zu haben. Mit dem Hund kehren deshalb bei so mancher Ziege im Oktober die Zweifel zurück. Anstatt sich zu viele Gedanken darüber zu machen, ob und wie Sie alles alleine schaffen sollen, wäre es jetzt hilfreicher, sich an treue Freunde zu wenden und um Hilfe zu bitten.
Bei neuen Kontakten ist es jetzt ratsam, gleich zu Beginn genau hinzuschauen. Mit Hilfe von Hund und Hase sollte es gelingen, den Charakter realistisch einzuschätzen.

Liebe, Familie, Freundschaft: Das Glück dürfte für die meisten Ziegen in den nächsten zwei Monaten innerhalb der eigenen vier Wände liegen. Schließlich ist das in den meisten Fällen der Platz, an dem Sie sich sicher und gut aufgehoben fühlen. Wenn Sie sich dann noch mit engen Vertrauten umgeben, dürfte die Zuversicht in allen Lebensbereichen Einzug halten.
In der Liebe geht es nun sicher auch darum, wie gut man einander vertrauen kann. Würden Sie Ihrer besseren Hälfte wirklich Ihr Inneres offenbaren und können Sie dann auf absolute Diskretion und Loyalität bauen? Wenn Sie sich bei diesen Fragen nicht sicher sind, gibt es offensichtlich Redebedarf.

Beruf, Finanzen: Vielleicht denkt man Ihrem Arbeitsumfeld immer noch, dass man Sie einfach um den Finger wickeln kann und appelliert nun abermals an Ihre Hilfsbereitschaft. Wenn Sie sich darauf einlassen, sollten Sie auf jeden Fall Bedingungen in Ihren Einsatz knüpfen. Nur so können Sie sicherstellen, dass Sie am Ende des Tages auch etwas von der Sache haben.
Gehen bestimmte Projekte nun in eine kritische Phase ist Wachsamkeit angesagt. Bei voller Konzentration sollte sich alles bestens entwickeln.

Tipp des Monats:
Behandeln Sie die Menschen in Ihrer Umgebung fair und machen Sie dabei keine Unterschiede.

> Kalter Tau / Frost kommt herab < Oktober

SUNG
Affe

Grundtendenz des Monats:
In diesen Wochen müssen Sie sich die gewünschte Unterstützung erst einmal verdienen. Mit dem Hund tritt nun ein Tierzeichen auf den Plan, dass sich immer dann loyal zeigt, wenn man ihm die entsprechende Wertschätzung entgegen bringt. Wenn Sie sich also im Oktober ungerecht behandelt fühlen, erwarten Sie nicht automatisch Hilfe, sondern bitten Sie aktiv darum.
Mit dem Hund regiert in diesem Monat klar die Vernunft. Das kann bei so manchem Affen erst einmal für etwas Unverständnis sorgen. Im Grunde schadet es aber nicht, wenn Sie realistisch in Ihrer Einschätzung bleiben.

Liebe, Familie, Freundschaft: Der Affe ist in der Regel nicht so gut darin, regelmäßigen Kontakt zu Familie und Freunden zu halten. Dafür ist er einfach zu beschäftigt. Wer nicht in seiner unmittelbaren Umgebung lebt, wird deshalb manchmal recht lange auf ein Lebenszeichen warten müssen. Sicher wissen Ihre Lieben, dass die Funkstille keine böse Absicht ist. Trotzdem sollten Sie sich jetzt mehr Zeit dafür nehmen, alte Bindungen aufzufrischen.
Treue ist ein wichtiges Thema in diesem Monat. Wer in diesem Bereich Zweifel hat, tut gut daran, seine Gefühle auszusprechen. Sicher lassen sich die meisten Bedenken nach einem guten Gespräch ausräumen.

Beruf, Finanzen: „Das haben wir schon immer so gemacht" bekommen Sie in diesen Wochen vielleicht des öfteren zu hören. Wenn Ihnen die Sache wichtig ist, sollten Sie sich davon aber nicht bremsen lassen. Mit den entsprechenden Argumenten können Sie Ihr Gegenüber sicher davon überzeugen, dass es auch andere lohnenswerte Ansätze gibt.
Der Hund unterstützt den Affen recht gut, wenn er sich durchsetzen muss. Im Jahr des Hasen finden Sie nun bestimmt genau den richtigen Ton, um freundlich aber bestimmt aufzutreten.

Tipp des Monats:
Eine gute Menschenkenntnis hilft Ihnen jetzt dabei, die richtigen Entscheidungen zu treffen.

YU
Hahn

Grundtendenz des Monats:
Der Oktober wird traditionell von einem pragmatischen Hund begleitet, der nun gemeinsam dem Jahresregenten einmal mehr den Fokus auf das Wohlergehen der ihm anvertrauten Menschen legt. Allerdings geht es dem Hund dabei weniger um das emotionale Gleichgewicht, sondern viel mehr darum, ein Gefühl von Sicherheit und Stabilität zu vermitteln. Der Hahn mag sich vielleicht zunächst einmal sagen, dass er diese Hilfe nicht braucht. Schließlich fühlen Sie sich durchaus in der Lage, einen stabilen Rahmen für Ihr Tun zu schaffen. Trotzdem kann es nun nicht schaden, wenn Sie auf Unterstützung bauen können.

Liebe, Familie, Freundschaft: In diesen Wochen können Sie zeigen, dass auf Sie Verlass ist. Beweisen Sie Ihren Lieben, dass Sie klar an erster Stelle stehen. Dafür braucht es keine großen Gesten. Es reicht vollkommen aus, wenn Sie getroffene Zusagen einhalten und Präsenz in allen wichtigen Situationen zeigen.
Neue Bekanntschaften machen jetzt einen vielversprechenden Eindruck auf den Hahn. Da lohnt es sich nun, tiefer in die Beziehung einzusteigen. Wichtig ist vor allem, dass man sich gegenseitig vertrauen kann. Ist das der Fall, nehmen Sie sich Zeit, damit sich die Sache entwickeln kann.

Beruf, Finanzen: Dem Wasser-Hasen ist Harmonie sehr wichtig - aber nicht um jeden Preis. Wenn sich keiner mehr traut, ehrlich zu sagen, was er denkt, bleibt das Ergebnis in der Regel unterdurchschnittlich. Will der Hahn das nun ändern, muss er sich klar äußern. Achten Sie dabei auf einen freundlichen Ton.
Mit der entsprechenden Willenskraft lassen sich nun auch Dinge in Bewegung setzen, die Sie in den vergangenen Monaten nicht an den Start bringen konnten. Allerdings heißt das noch nicht, dass das Ganze am Ende auch von Erfolg gekrönt ist.

Tipp des Monats:
Mit Fairness und Ehrlichkeit kommen Sie jetzt am Weitesten.

SHIH
Hund

Grundtendenz des Monats:
Sie mögen vielleicht den Eindruck haben, dass Sie sich zu lange mit kleinen Dingen aufhalten. Manchmal sind die Details aber wichtig und wollen genau betrachtet werden. Solange Sie nicht zu detailverliebt reagieren, hält sich der Aufwand am Ende in Grenzen.
Der Wasser-Hase versucht schon seit einigen Monaten, Sie zu lehren, mehr auf Ihr Bauchgefühl zu vertrauen. Seien Sie also nicht so misstrauisch allem Fremden gegenüber, sondern geben Sie sich selbst die Gelegenheit, neue Aspekte in Ihr Leben einziehen zu lassen.

Liebe, Familie, Freundschaft: Vielleicht möchten Sie jetzt doch einmal Ihren engen persönlichen Zirkel erweitern? Im Jahr des Hasen kann man wirklich mit offenem Herzen auf die Menschen zugehen, vor allem, wenn es sich um solche handelt, die Ihren Lieben wichtig sind. Machen Sie es der anderen Seite nicht zu schwer, Ihr Herz zu gewinnen. Mit einer ablehnenden Haltung verletzen Sie letztendlich immer auch die, die Ihnen nahe stehen.
Loyalität ist für den Hund ein sehr wichtiges Thema. Sicher sollten Sie von Ihrem Partner erwarten können, dass er in jeder Lebenslage zu Ihnen hält. Das schließt aber nicht aus, dass er auch einmal eine andere Meinung haben kann.

Beruf, Finanzen: Viel Neues ist in diesem Monat nicht zu erwarten. Mit einem Artgenossen an Ihrer Seite geht es im Oktober mehr darum, Bestehendes zu erhalten und auf ein solides Fundament zu stellen. Das hört sich vielleicht nicht unbedingt spannend an, bringt aber mehr Stabilität in den Arbeitsalltag.
Es hilft nicht, wenn Sie sich zu lange mit den Fehlern Anderer beschäftigen. Vor allem, wenn sich am Ergebnis nichts mehr ändern lässt, sollten Sie nicht weiter darüber ärgern, sondern lieber mit aufmunternden Worten die Motivation wieder herstellen.

Tipp des Monats:
Mit Freundlichkeit kommen Sie nun am Weitesten. Selbst Kritik lässt sich so angenehm verpacken.

HAN
Schwein

Grundtendenz des Monats:
Lassen Sie sich nun bloss nicht die Laune verderben, liebes Schwein! Der Hund, der den Monat begleitet, hat zuweilen die Tendenz die Dinge etwas negativer zu sehen, als sie wirklich sind. Davon sollten Sie sich nicht beeindrucken lassen. Schließlich haben Sie mit dem Hasen einen Herrscher an Ihrer Seite, der wirklich nur Ihr Bestes will.
Wenn Sie nun auf neue Menschen treffen, sollte es recht gut gelingen, diese richtig einzuschätzen. Vertrauen Sie auf Ihr Gefühl und lassen Sie sich nicht von Äußerlichkeiten ablenken oder der Meinung Dritter beeinflussen.

Liebe, Familie, Freundschaft: Organisatorische Aufgaben rund um Heim und Familie können das Schwein sicher so manches Mal herausfordern. Vielleicht ist es an der Zeit, solche Dinge einfach zu delegieren. Im Kreise Ihrer Lieben gibt es sicher jemanden, der das gerne für Sie übernimmt, wenn Sie freundlich darum bitten.
Es ehrt Sie enorm, dass Sie felsenfest zu Ihrem Partner stehen. Es ist wirklich nicht schön, wenn man Unstimmigkeiten in der Öffentlichkeit austrägt. Sie dürfen allerdings durchaus auch einmal anderer Meinung sein und das im engeren Rahmen auch kundtun.

Beruf, Finanzen: So mancher Skeptiker in Ihrem Arbeitsumfeld möchte Ihnen nun weismachen, dass Sie sich lieber nicht auf Ihr Gefühl verlassen sollen, sondern lieber auf harte Fakten bauen. Das sollte Sie aber auf keinen Fall davon abhalten, weiterhin Ihrer Intuition zu folgen, denn dieser Aspekt wird vom Jahresregenten besonders unterstützt. Wenn Sie im Jahr des Hasen eine Entscheidung zu treffen haben, sollte der Bauch ein Wörtchen mitreden dürfen.
Ein guter Ruf lässt sich nicht erkaufen, den muss man sich erarbeiten. Das sollte für das Schwein wirklich kein Problem sein, so zuverlässig wie es in der Regel seine Aufgaben erfüllt.

Tipp des Monats:
Skeptiker dürfen Sie nun geflissentlich ignorieren! Sie wissen es einfach, wenn sich alles richtig anfühlt.

Oktober 2023

Jahreskonstellation – Wasser Hase
Monatskonstellation – Wasser Hund

1. Wasser Drache	Ratte Büffel Tiger Hase Drache Schlange Pferd Ziege Affe Hahn Hund Schwein **Günstig:** Amüsieren, mit Freunden ausgehen, Freizeitaktivitäten. **Ungünstig:** geschäftliche Aktivitäten, neue Dinge anfangen.
2. Wasser Schlange	Ratte Büffel Tiger Hase Drache Schlange Pferd Ziege Affe Hahn Hund Schwein **Günstig:** für die meisten Aktivitäten, Geschäftsabschlüsse, Partnerschaft. **Ungünstig:** negative Bemerkungen über andere Menschen.
3. Holz Pferd	Ratte Büffel Tiger Hase Drache Schlange Pferd Ziege Affe Hahn Hund Schwein **Günstig:** Handel, Geschäftseröffnungen, Hochzeiten und andere Feste planen. **Ungünstig:** Beerdigungen, Reisen, Arztbesuche.
4. Holz Ziege	Ratte Büffel Tiger Hase Drache Schlange Pferd Ziege Affe Hahn Hund Schwein **Günstig:** Handwerkliche Aktivitäten, Handel, Hochzeiten, Reisen. **Ungünstig:** Trauerfeiern und Beerdigungen, schwere körperliche Arbeit.
5. Feuer Affe	Ratte Büffel Tiger Hase Drache Schlange Pferd Ziege Affe Hahn Hund Schwein **Günstig:** Ankündigungen machen, Beerdigungen, Trauerfeiern. **Ungünstig:** Handel, Vergnügungen, Freizeitaktivitäten.
6. Feuer Hahn	Ratte Büffel Tiger Hase Drache Schlange Pferd Ziege Affe Hahn Hund Schwein **Günstig:** Kleidung schneidern, Handel, Buchhaltung, Ausflüge, neue Dinge beginnen. **Ungünstig:** Geschäfte eröffnen, Kraftanstrengungen, Reisen, Ersparnisse ausgeben.
7. Erd Hund	Ratte Büffel Tiger Hase Drache Schlange Pferd Ziege Affe Hahn Hund Schwein **Günstig:** Putzen, waschen, fasten, seelische und körperliche Pflege, Arztbesuche. **Ungünstig:** Ausdauersport, Reisen, Hochzeit.
8. Erd Schwein	Ratte Büffel Tiger Hase Drache Schlange Pferd Ziege Affe Hahn Hund Schwein **Günstig:** Putzen, waschen, fasten, seelische und körperliche Pflege, Arztbesuche. **Ungünstig:** Ausdauersport, Reisen, Hochzeit.
9. Metall Ratte	Ratte Büffel Tiger Hase Drache Schlange Pferd Ziege Affe Hahn Hund Schwein **Günstig:** Umziehen, Reisen, Hochzeiten, Empfänge, wichtige Konferenzen. **Ungünstig:** geistige Arbeiten, Gartenarbeit, häusliche Tätigkeiten.
10. Metall Büffel	Ratte Büffel Tiger Hase Drache Schlange Pferd Ziege Affe Hahn Hund Schwein **Günstig:** Versammlungen, gerechte Verteilungen, Hochzeit, Konferenzen, Umzug. **Ungünstig:** Gartenarbeit, Dinge zum Abschluss bringen.
11. Wasser Tiger	Ratte Büffel Tiger Hase Drache Schlange Pferd Ziege Affe Hahn Hund Schwein **Günstig:** Gartenarbeit, Feiern, Hochzeit, Dinge zum Abschluss bringen. **Ungünstig:** keine Anschuldigungen gegen Dritte erheben.
12. Wasser Hase	Ratte Büffel Tiger Hase Drache Schlange Pferd Ziege Affe Hahn Hund Schwein **Günstig:** Gartenarbeit, Feiern, Hochzeit, Dinge zum Abschluss bringen. **Ungünstig:** keine Anschuldigungen gegen Dritte erheben.
13. Holz Drache	Ratte Büffel Tiger Hase Drache Schlange Pferd Ziege Affe Hahn Hund Schwein **Günstig:** Ausruhen, Meditation, seinen Hobbys nachgehen. **Ungünstig:** wichtige Unternehmungen.
14. Holz Schlange	Ratte Büffel Tiger Hase Drache Schlange Pferd Ziege Affe Hahn Hund Schwein **Günstig:** Amüsieren, mit Freunden ausgehen, Freizeitaktivitäten. **Ungünstig:** geschäftliche Aktivitäten, neue Dinge anfangen.
15. Feuer Pferd	Ratte Büffel Tiger Hase Drache Schlange Pferd Ziege Affe Hahn Hund Schwein **Günstig:** für die meisten Aktivitäten, Geschäftsabschlüsse, Partnerschaft. **Ungünstig:** negative Bemerkungen über andere Menschen.

Ob ein Tag besonders günstig für Ihr Tierzeichen ist, sehen Sie an folgenden Farben:
Rot = sehr günstig, Grau = günstig, Schwarz = nicht günstig

Jahreskonstellation – Wasser Hase Monatskonstellation – Wasser Hund	Oktober 2023

16. Feuer Ziege	Ratte Büffel Tiger Hase Drache Schlange Pferd Ziege Affe Hahn Hund Schwein **Günstig:** Handel, Geschäftseröffnungen, Hochzeiten und andere Feste planen. **Ungünstig:** Beerdigungen, Reisen, Arztbesuche.
17. Erd Affe	Ratte Büffel Tiger Hase Drache Schlange Pferd Ziege Affe Hahn Hund Schwein **Günstig:** Handwerkliche Aktivitäten, Handel, Hochzeiten, Reisen. **Ungünstig:** Trauerfeiern und Beerdigungen, schwere körperliche Arbeit.
18. Erd Hahn	Ratte Büffel Tiger Hase Drache Schlange Pferd Ziege Affe Hahn Hund Schwein **Günstig:** Ankündigungen machen, Beerdigungen, Trauerfeiern. **Ungünstig:** Handel, Vergnügungen, Freizeitaktivitäten.
19. Metall Hund	Ratte Büffel Tiger Hase Drache Schlange Pferd Ziege Affe Hahn Hund Schwein **Günstig:** Kleidung schneidern, Handel, Buchhaltung, Ausflüge, neue Dinge beginnen. **Ungünstig:** Geschäfte eröffnen, Kraftanstrengungen, Reisen, Ersparnisse ausgeben.
20. Metall Schwein	Ratte Büffel Tiger Hase Drache Schlange Pferd Ziege Affe Hahn Hund Schwein **Günstig:** Putzen, waschen, fasten, seelische und körperliche Pflege, Arztbesuche. **Ungünstig:** Ausdauersport, Reisen, Hochzeit.
21. Wasser Ratte	Ratte Büffel Tiger Hase Drache Schlange Pferd Ziege Affe Hahn Hund Schwein **Günstig:** Umziehen, Reisen, Hochzeiten, Empfänge, wichtige Konferenzen. **Ungünstig:** geistige Arbeiten, Gartenarbeit, häusliche Tätigkeiten.
22. Wasser Büffel	Ratte Büffel Tiger Hase Drache Schlange Pferd Ziege Affe Hahn Hund Schwein **Günstig:** Versammlungen, gerechte Verteilungen, Hochzeit, Konferenzen, Umzug. **Ungünstig:** Gartenarbeit, Dinge zum Abschluss bringen.
23. Holz Tiger	Ratte Büffel Tiger Hase Drache Schlange Pferd Ziege Affe Hahn Hund Schwein **Günstig:** Gartenarbeit, Feiern, Hochzeit, Dinge zum Abschluss bringen. **Ungünstig:** keine Anschuldigungen gegen Dritte erheben.
24. Holz Hase	Ratte Büffel Tiger Hase Drache Schlange Pferd Ziege Affe Hahn Hund Schwein **Günstig:** Gartenarbeit, Hochzeit, Dinge zum Abschluss bringen. **Ungünstig:** Umzug, Reisen, Geschäftseröffnung.
25. Feuer Drache	Ratte Büffel Tiger Hase Drache Schlange Pferd Ziege Affe Hahn Hund Schwein **Günstig:** Ausruhen, Meditation, seinen Hobbys nachgehen. **Ungünstig:** wichtige Unternehmungen.
26. Feuer Schlange	Ratte Büffel Tiger Hase Drache Schlange Pferd Ziege Affe Hahn Hund Schwein **Günstig:** Amüsieren, mit Freunden ausgehen, Freizeitaktivitäten. **Ungünstig:** geschäftliche Aktivitäten, neue Dinge anfangen.
27. Erd Pferd	Ratte Büffel Tiger Hase Drache Schlange Pferd Ziege Affe Hahn Hund Schwein **Günstig:** für die meisten Aktivitäten, Geschäftsabschlüsse, Partnerschaft. **Ungünstig:** negative Bemerkungen über andere Menschen.
28. Erd Ziege	Ratte Büffel Tiger Hase Drache Schlange Pferd Ziege Affe Hahn Hund Schwein **Günstig:** Handel, Geschäftseröffnungen, Hochzeiten und andere Feste planen. **Ungünstig:** Beerdigungen, Reisen, Arztbesuche.
29. Metall Affe	Ratte Büffel Tiger Hase Drache Schlange Pferd Ziege Affe Hahn Hund Schwein **Günstig:** Handwerkliche Aktivitäten, Handel, Hochzeiten, Reisen. **Ungünstig:** Trauerfeiern und Beerdigungen, schwere körperliche Arbeit.
30. Metall Hahn	Ratte Büffel Tiger Hase Drache Schlange Pferd Ziege Affe Hahn Hund Schwein **Günstig:** Ankündigungen machen, Beerdigungen, Trauerfeiern. **Ungünstig:** Handel, Vergnügungen, Freizeitaktivitäten.
31. Wasser Hund	Ratte Büffel Tiger Hase Drache Schlange Pferd Ziege Affe Hahn Hund Schwein **Günstig:** Kleidung schneidern, Handel, Buchhaltung, Ausflüge, neue Dinge beginnen. **Ungünstig:** Geschäfte eröffnen, Kraftanstrengungen, Reisen, Ersparnisse ausgeben.

TZE Ratte

Grundtendenz des Monats:
Im November wird der Jahresregent von einem freundlichen Wasser-Schwein begleitet. Das bedeutet für die Ratte mit großer Wahrscheinlichkeit, dass nun Themen aus dem Bereich der persönlichen Beziehungen mehr in den Vordergrund treten. Gibt es dort Ungleichgewichte ist es nun an der Zeit, das Gespräch zu suchen. Das starke Wasser-Element kann jetzt außerdem dafür sorgen, dass sich die Ratte mehr Gedanken macht als nötig. Schalten Sie nun das Kopfkino aus und teilen Sie Ihre Einsichten und Zweifel mit Menschen, denen Sie vertrauen.

Liebe, Familie, Freundschaft: Schwein und Hase kümmern sich in erster Linie darum, dass es in den eigenen vier Wänden harmonisch zugeht. Dem sollte sich die Ratte nicht entziehen, sondern lieber versuchen, aktiver am täglichen Geschehen beteiligt zu sein. Einmal mehr spielt eine offene Kommunikation dabei eine wichtige Rolle. Zeigen Sie Interesse an den Gedanken von Partner und Nachwuchs und nehmen Sie vorgebrachte Ängste nun besonders Ernst.
Sie wünschen sich eine neue Partnerschaft? Wenn Sie dabei vor allem an Stabilität und gegenseitiger Unterstützung interessiert sind, dürften die Zeichen in diesem Monat gut stehen.

Beruf, Finanzen: Soziale Verantwortung zu übernehmen ist für den aktuellen Herrscher vollkommen selbstverständlich. Dass er das auch von seinen Untertanen erwartet, dürfte sich spätestens jetzt bemerkbar machen. Es geht in diesen Wochen nicht darum, wer am besten seine Ellenbogen benutzen kann. Um auf der Karriereleiter nach oben zu klettern, braucht die Ratte vor allem emotionale Kompetenz und die Bereitschaft, auf ihrem Weg auch diejenigen mitzunehmen, die es aus eigener Kraft nicht schaffen können.
Wer beruflich auf dem Sprung ist, kann mit diplomatischem Geschick die ersten Hürden nehmen.

Tipp des Monats:
Weniger reden, mehr machen! Von schönen Plänen in Ihrem Kopf allein können Sie nicht gut leben.

KIU Büffel

Grundtendenz des Monats:
Im November bekommt der Wasser-Hase Unterstützung von einem Wasser-Schwein. Bei beiden steht das Wohl der Mitmenschen ganz weit oben auf der Prioritätenliste. Der Büffel tut deshalb gut daran, sich darauf einzustellen und wenigstens einen Teil seiner Aktivitäten in den Dienst anderer zu stellen. Sie könnten sich zum Beispiel ehrenamtlich engagieren oder in der Nachbarschaftshilfe aktiv werden. Es gibt nichts Gutes, außer man tut es, lieber Büffel!
Das Yin-Wasser ist in diesem Monat besonders stark. Das kann Ihnen dabei helfen, nach innen zu schauen und sich nicht zu sehr mit den Vorkommnissen in der Außenwelt zu stressen.

Liebe, Familie, Freundschaft: Wer Kinder hat, sollte nun definitiv mehr Zeit investieren, um ihnen das bestmögliche Rüstzeug für die Zukunft mitzugeben. Dabei dürfen Sie auch Interessen unterstützen, die Ihnen selbst nicht unbedingt entsprechen. Im Jahr des Wasser-Hasen steht die persönliche Weiterentwicklung des Einzelnen stark im Vordergrund.
Mit dem sanften Schwein sollten nun gemütliche Zeiten in den eigenen vier Wänden anstehen. Da braucht es in der Partnerschaft gar keine große Abwechslung. Gemeinsam genossene Zeit ist das größte Geschenk, dass Sie sich gegenseitig geben können.

Beruf, Finanzen: Mit der entsprechenden Willenskraft lässt sich im November zwar so ziemlich alles erreichen. Die Frage ist allerdings, ob das Ganze die Anstrengung wert ist. Vielleicht ist es doch besser, einen Umweg zu machen anstatt mit dem Kopf durch die Wand zu gehen.
So kurz vor dem Ende des Kalenderjahres möchte man Sie am liebsten vor mehrere Karren auf einmal spannen. Auch wenn man vor allem an Ihre Hilfsbereitschaft appelliert, dürfen Sie freundlich nein sagen, wenn es für Sie nicht passt.

Tipp des Monats:
Achten Sie darauf, nun nicht nur für Andere tätig zu werden. Auch die eigenen Belange wollen vertreten werden.

YING Tiger

Grundtendenz des Monats:

Ein starkes Yin-Wasser begleitet den Tiger im November. Das bedeutet, dass nun ein guter Zeitpunkt sein könnte, sich ein wenig mehr zurückzuziehen und nach innen zu schauen. Vielleicht können Sie so innere Prozesse anstoßen, die Ihre persönliche Weiterentwicklung auch auf subtileren Ebenen voranbringen.

Ein freundliches Schwein begleitet den Monat und ergänzt sich sehr gut mit dem Jahresregenten, vor allem wenn es darum geht, soziale Kompetenzen zu entwickeln und sich aktiv um seine Mitmenschen zu kümmern.

Liebe, Familie, Freundschaft: Frische Beziehungen mögen nun vielleicht über den nächsten Schritt nachdenken. Fühlt es sich richtig an, eine gemeinsame Wohnung zu suchen, zu heiraten oder gar Nachwuchs zu planen? Dann sollten Sie es beherzt wagen! Die Kombination aus Hase und Schwein rückt Ihre privaten Entscheidungen jetzt ins Zentrum des Geschehens.

Wer bereits Kinder hat, darf sich nun intensiv mit deren Ausbildung auseinandersetzen. Was können Sie Ihrem Nachwuchs mitgeben, damit er seinen eigenen Weg findet und selbstbewusst beschreiten kann? Dabei geht es nun auch darum, selbst ein gutes Beispiel zu geben.

Beruf, Finanzen: Wenn der Tiger verstanden hat, dass er nicht um jeden Preis recht haben muss, kann er sanftere Töne anschlagen und kommt am Ende sogar noch einfacher ans Ziel. Gut vorbereitete Argumente, vorgebracht in einem freundlichen Ton bringen Ihnen jetzt rasch die gewünschte Zustimmung.

Sie sollten wirklich versuchen, ein bisschen mehr Zufriedenheit auszustrahlen. Auch wenn Sie nach wie vor der Meinung sind, dass das Ergebnis noch nicht ganz dem entspricht, was Sie sich vorgestellt haben, sind Sie schon ein ganzes Stück weitergekommen. Zeigen Sie deshalb auch allen am Vorgang Beteiligten ein wenig mehr Anerkennung.

Tipp des Monats:

Seien Sie ein gutes Vorbild und tun Sie nichts, was Sie bei anderen nicht sehen wollen.

MAO Hase

Grundtendenz des Monats:

Unangenehme Dinge auszusprechen fällt dem Hasen in der Regel nicht leicht. Es bringt aber nichts, wenn Sie sie auf die lange Bank schieben. Mit dem starken Wasser-Element wird in diesen Wochen unter anderem auch die Kommunikation gestärkt. Das kann es Ihnen erleichtern, die Sache rasch und gut auf den Punkt zu bringen.

Mit dem freundlichen Schwein bekommt der Hase im November einen Mitstreiter an die Seite gestellt, der ganz nach seinem Geschmack sein dürfte. Gemeinsame Werte und ein von Mitgefühl geprägter Umgang mit der Umgebung darf sich nun auch über mehr ehrenamtliches Engagement zeigen.

Liebe, Familie, Freundschaft: Dem Schwein ist es mindestens genauso wichtig wie dem Hasen, dass es zu Hause harmonisch zugeht. Das Wohlgefühl der Familie sollte aber bitte nicht auf Kosten Ihrer eigenen Reserven gehen. Eine realistische Einschätzung der eigenen Kräfte ist in diesem Monat noch wichtiger als sonst, damit Sie am Ende nicht ohne Energie dastehen.

In Erziehungsfragen ist nun eine freundliche, aber dennoch feste Hand gefragt. Ihre Kinder brauchen klare Vorgaben und ein gutes Beispiel, an dem Sie sich orientieren können.

Beruf, Finanzen: Ihr emsiger Einsatz ist in diesem Monat kaum zu übersehen. Sicher sind Fleiß und Hingabe wichtig, um gestellte Aufgaben zur Zufriedenheit aller zu lösen. Damit allein ist es allerdings nicht getan. Vielleicht sollten Sie sich jetzt einmal fragen, wofür Sie das Ganze eigentlich tun. Dient Ihr Einsatz nur zum Nutzen der Allgemeinheit oder haben Sie selbst auch ganz konkret etwas davon?

Wer im Bereich der Ausbildung oder des Lernens tätig ist, darf sich nun über besondere Anerkennung freuen. Ihre Arbeit wird gesehen und geschätzt.

Tipp des Monats:

Eine gute Kommunikation ist der Schlüssel für Ihren Erfolg. Trauen Sie sich ruhig, über Ihre eigenen Themen zu sprechen!

SHENG Drache

Grundtendenz des Monats:

Noch ein letztes Mal bekommen Sie im Jahr des Metall-Hasen die Gelegenheit, Ihre Yin-Anteile mehr auszuleben. Man mag es in Ihrer Umgebung nicht gewohnt sein, dass der Drache sich mehr nach innen gekehrt zeigt. Das sollte Sie aber nicht davon abhalten, sich jetzt zurückzuziehen und in Ihre persönliche Weiterentwicklung zu investieren.

Ein starkes Wasser-Element kann Sie im November dabei unterstützen, aufkommende Gedanken mit Gelassenheit ziehen zu lassen und sich mehr auf einen neutralen Beobachtungsposten zurückzuziehen. Kreisen Sie lieber nicht zu sehr um bestehende Probleme, sondern versuchen Sie sich an der Kunst des Loslassen.

Liebe, Familie, Freundschaft: In Liebesangelegenheiten darf der Drache noch einmal seine weiche Seite zeigen. Sie haben sich schon immer eine Schulter zum anlehnen gewünscht? Dann sprechen Sie Ihre Bedürfnisse nun an. Niemand verlangt von Ihnen, dass Sie immer stark sind.

Die Familie ist im Jahr des Hasen besonders wichtig. Im Zusammenwirken mit dem Schwein geht es da im November vor allem um die jüngere Generation. Werden Sie sich Ihrer Vorbildfunktion bewusst und stehen Sie freundlich mit Rat und Tat zur Seite, auch wenn sich das jetzt als etwas zeitintensiver erweisen könnte.

Beruf, Finanzen: Das fleißige Schwein scheint auch sperrige Aufgaben mit links zu erledigen und auch noch Spaß dabei zu haben. Daran darf sich der Drache nun ruhig ein Beispiel nehmen! Die Arbeit geht Ihnen viel schneller und leichter von der Hand, wenn Sie dabei angenehme Gefühle verspüren.

Vielleicht setzen Sie jetzt Dinge voraus, die noch gar nicht in Stein gemeißelt sind. Damit Sie genau wissen, woran Sie sind, sollten Sie einfach einmal genau nachfragen. Vielleicht machen Sie sich ganz umsonst Sorgen.

Tipp des Monats:

Eine klare Ausrichtung bringt nun auch die entsprechende Anerkennung.

SZE Schlange

Grundtendenz des Monats:

Auch wenn im November das Schwein in Opposition zur Schlange auftaucht, könnte es richtig guter Monat für Sie werden. Das liegt daran, dass der Jahresregent nun als Vermittler fungieren kann. So können sich scheinbare Gegensätze als Vorteil erweisen. Das Schwein lehrt die Schlange, mehr zu vertrauen und weniger zu zweifeln.

Das starke Wasser-Element bringt die Schlange mehr auf die geistige Ebene. Dort können Sie nun so manche Idee entwickeln und innerlich reifen lassen. Spätestens im kommenden Jahr darf das Ganze dann auch gerne umgesetzt werden. Bis dahin ist allerdings noch ein wenig Geduld angesagt.

Liebe, Familie, Freundschaft: Schwein und Hase gehören zum Haus der Familie und kümmern sich ganz besonders um die schwächeren Mitglieder. Da wird nun unter Umständen mehr als einmal an Ihre Hilfsbereitschaft appelliert. Sie müssen nicht immer ja sagen. Aber bedenken Sie, dass Sie umgekehrt auch erwarten würden, dass man Ihnen zur Seite steht.

Schweigen ist nicht immer Gold wert. Gerade in der Kommunikation mit Ihrem Partner sollten Sie nicht so verschlossen sein. Mit Ihrer besseren Hälfte sollten Sie wirklich alle Ihre Gedanken und Gefühle teilen können.

Beruf, Finanzen: Das Schwein ist für seinen Fleiß und seinen unermüdlichen Einsatz bekannt. Das wird jedoch häufig ausgenutzt. So muss sich die Schlange nun vielleicht darauf gefasst machen, dass man sie für Arbeiten einspannen will, die Ihnen absolut keinen Nutzen bringen. Sie können sich freundlich und hilfsbereit zeigen. Sie können aber einfach auch dankend ablehnen.

Sie sind gut beraten, genug in die eigene Ausbildung zu investieren. Je mehr Sie wissen, desto selbstsicherer können Sie auftreten und desto lohnendere Aufgaben werden Ihnen übertragen.

Tipp des Monats:

Scheuen Sie sich nicht, Ihr Wissen zu teilen, wenn es angebracht erscheint.

> Winterbeginn / kleiner Schnee < November

WU
Pferd

Grundtendenz des Monats:
Mit dem Erscheinen des Schweins wird im November das Yin-Wasser stark betont. Damit können spirituelle Themen mehr in den Vordergrund rücken und die geistige Weiterentwicklung wird klar betont. Für das realistische Pferd mag sich das zunächst einmal ein bisschen merkwürdig anfühlen. Wenn Sie sich darauf einlassen, können Sie aber unter Umständen ganz neue Facetten kennenlernen.
Wer nun die Zeit dazu findet, darf sich gerne mehr ehrenamtlich engagieren. Sicher finden Sie eine Möglichkeit, finanziell oder gesundheitlich Benachteiligten zu helfen oder Opfer ungerechter Behandlung zu unterstützen.

Liebe, Familie, Freundschaft:
Mit Hase und Schwein geht es im November vor allem darum, wie Sie Ihre Lieben möglichst selbstlos unterstützen können. Ein besonderer Schwerpunkt wird dabei auf die jüngere Generation gelegt, die jetzt besonders von Ihrer Erfahrung profitieren kann. Je mehr Zeit Sie hier investieren, desto mehr wird man es Ihnen später danken. Außerdem geben Sie dem Nachwuchs wertvolles Rüstzeug mit auf den Weg.
Nehmen Sie sich Zeit für gemütliche Stunden mit Ihrem Partner. In den eigenen vier Wänden lässt sich bei grauem Novemberwetter am Besten gemeinsam aushalten.

Beruf, Finanzen: Mit Fleiß und Einsatz überzeugen Sie nun auch den letzten Zweifler von Ihren Fähigkeiten. Auch wenn sich dadurch nun vielleicht erst einmal nichts an den Arbeitsumständen ändert, können Sie so auf sich aufmerksam machen und sich für weitere Projekte empfehlen. Werden Sie nicht ungeduldig, sondern sehen Sie das Ganze als Investition in Ihre Zukunft.
Vertrauen ist gut, eine Kontrolle aber trotzdem oft unvermeidlich. Vor allem, wenn Ihnen nun Ihr Bauchgefühl sagt, dass Sie sich das Ganze lieber noch einmal anschauen sollten.

Tipp des Monats:
Eine gute Kommunikation löst nun so manchen Knoten. Sprechen Sie offen aus, was in Ihren Augen nicht rund läuft.

WEI
Ziege

Grundtendenz des Monats:
Mit den eigenen Plänen wird die Ziege im November wahrscheinlich nicht so recht vorankommen, denn nun stehen alle Zeichen auf dem Dienst am Nächsten. Der Hase bekommt in diesem Monat Gesellschaft von einem freundlichen Schwein, was wie sich auch die Ziege vehement für die Belange seiner Mitmenschen einsetzt.
Hinzu kommt eine starke Wasser-Energie, wodurch sich viele Dinge mehr auf die geistige Ebene verlagern können. Es dürfte nun für die Ziege vor allem darum gehen, ein gutes Gleichgewicht zwischen Kopfarbeit und Aktivität zu finden. Fühlt sich das zu anstrengend an, dürfen Sie durchaus einen Gang zurückschalten.

Liebe, Familie, Freundschaft: Der Schwerpunkt der Ziege liegt nun klar im privaten Bereich. Mit Schwein, Hase und Ziege vereinen sich nun alle Tierzeichen, die die Familie in den Mittelpunkt der Aufmerksamkeit stellen. Dem können Sie sich im November kaum entziehen, ohne dass Sie ein schlechtes Gewissen bekommen.
Ein gutes Management ist unabdingbar, wenn Sie jetzt wirklich für alle Ihre Lieben genug Zeit einräumen wollen. Vor allem der Partner wird es Ihnen danken, wenn er weiß, dass er auch in stressigen Zeiten zu Ihnen kommen kann.

Beruf, Finanzen: Wenn Sie in einem lehrenden Beruf tätig sind, ist es besonders wichtig, nicht nur den eigentlichen Stoff, sondern auch die entsprechenden Werte zu vermitteln. Aber auch wer selber noch lernt, sollte sich nun nicht ausschließlich an die Bücher halten, sondern versuchen, das Thema von verschiedenen Ebenen zu beleuchten.
Alle Aktivitäten die mittelfristig dem Wohle anderer dienen, stehen jetzt unter besonders günstigen Vorzeichen. Wer dagegen nur auf seinen eigenen Vorteil bedacht ist, wird jetzt einen Dämpfer vom Jahresherrscher bekommen.

Tipp des Monats:
Wenn Sie etwas wirklich wollen, können Sie das letztendlich auch durchsetzen. Allerdings gilt es jetzt erst einmal, Rücksicht zu nehmen.

> Winterbeginn / kleiner Schnee < November

SUNG
Affe

Grundtendenz des Monats:
Wer immer wieder auf das gleiche Thema kommt, darf sich jetzt nicht wundern, wenn sein Gegenüber nicht mehr mit dem gleichen Enthusiasmus zuhört wie am Anfang. Sicher stärkt der Wasser-Hase auch die kommunikativen Fähigkeiten seiner Untertanen. Jetzt im November ist das Wasser-Element allerdings so stark, dass sich ein gewisser Ermüdungseffekt einstellen kann.

Das Yin-Wasser ist in diesem Monat übrigens besonders gut ausgeprägt. Das bedeutet auch für den aktiven Affen, dass es an der Zeit ist, sich mehr mit den inneren Themen zu befassen.

Liebe, Familie, Freundschaft: Einmal mehr rückt das Wohlergehen von Partner und Familie in den Mittelpunkt der Aufmerksamkeit. Mit dem freundlichen Schwein geht es nun vorrangig darum, die familiären Aktivitäten in die eigenen vier Wände zu verlagern und es dort allen gemütlich zu machen. So wird Ihr Heim schnell zum Zentrum von guten Gesprächen und frohen Ereignissen.

Der Jahresherrscher hält eine schützende Hand über Ihre persönlichen Beziehungen. Sie können den nächsten Schritt wagen, wenn Ihre bessere Hälfte mit Ihrem Tempo einverstanden ist.

Beruf, Finanzen: Wer in den vergangenen Monaten den Mund nicht aufgemacht hat, wird jetzt wahrscheinlich nicht mehr laut werden. Auch im Jahr des Hasen kann es durchaus passieren, dass begangene Fehler einfach übersehen werden und das Ganze für die Beteiligten keine Konsequenzen hat. Sie können sich darüber ärgern. Sie können aber auch einfach froh sein, dass es bislang gut gegangen ist und die Sache selbst korrigieren.

Besonders Affen, die in einem lehrenden oder beratenden Beruf tätig sind, können jetzt mit der verdienten Anerkennung rechnen. Das kann sich durchaus auch auf monetärer Ebene bemerkbar machen.

Tipp des Monats:
Überlegen Sie sich genau, wie Sie Ihre Themen am besten rüberbringen können.

YU
Hahn

Grundtendenz des Monats:
Der Jahresregent verbindet sich im November mit einem freundlichen Schwein und wünscht sich vom Hahn einmal mehr, dass er mehr zu seinen Gefühlen steht. Dafür müssen Sie bereit sein, sich hinter die Fassade schauen zu lassen und darauf vertrauen, dass das zu Ihrem Besten ist. Wem das nun immer noch schwerfällt, der könnte versuchen, sich erst in einem kleinen Rahmen mehr zu öffnen.

Das Wasser-Element ist in diesen Wochen sehr stark ausgeprägt. Vielleicht bekommt der Hahn da Lust, sich auf Reisen zu begeben? So können Sie wunderbar im Fluss bleiben.

Liebe, Familie, Freundschaft: Man lernt nie aus. Das können Sie jetzt immer dann feststellen, wenn Sie sich intensiv mit Ihrem Nachwuchs oder generell der jüngeren Generation in Ihrer Familie beschäftigen. Sicher können Sie jetzt einiges an Lebenserfahrung vermitteln. Dafür bekommen Sie auf der anderen Seite aber auch eine Menge zurück.

Mit Hase und Ziege an seiner Seite kann der Hahn nun romantische Zeiten erleben. Geben Sie sich ruhig richtig Mühe, Ihrem Partner zu zeigen, was Ihnen an ihm liegt. Gemeinsame schöne Erlebnisse bleiben lange in Erinnerung und vertiefen die Bindung.

Beruf, Finanzen: Aufräumen wäre nun sicher eine ganz gute Idee, lieber Hahn. Sie dürfen dafür gerne Hilfe annehmen, wenn man sie nun großzügig anbietet. Legen Sie sich eine praktische Struktur im Kopf fest, dann geht das Ganze sehr leicht von der Hand. Und in netter Gesellschaft können auch lästige Arbeiten sehr viel Spaß machen.

Wird es draußen grau und kalt mag auch drinnen zuweilen die Motivation fehlen. Was können Sie konkret tun, damit Sie trotzdem mit genug Elan die gestellten Aufgaben erfüllen können?

Tipp des Monats:
Bauen Sie sich ein gutes soziales Netz auf! Darauf können Sie dann auch im nächsten Jahr noch bauen.

> Winterbeginn / kleiner Schnee <

November

SHIH
Hund

Grundtendenz des Monats:
So langsam neigt sich das Jahr des Wasser-Hasen dem Ende zu. In den letzten drei Monaten seiner Regentschaft geht es für den Hund noch einmal darum, wie er seine Aufgaben mit dem Wunsch nach mehr Selbstentwicklung verbinden kann.
Im November steht ihm dabei neben dem Regenten ein Schwein zu Seite. Damit wird noch ein weiteres Mal die Betonung auf die engeren persönlichen Beziehungen gelegt. Wie können Sie die Menschen in Ihrer Umgebung am besten unterstützen, ohne dabei selbst auf zu viel verzichten zu müssen?
Liebe, Familie, Freundschaft: Natürlich ist es wichtig, dass Sie sich um die alltäglichen Dinge kümmern und für die materiellen Belange Ihrer Lieben sorgen. Damit allein ist es aber nicht getan. Gerade die eher schutzlosen Mitglieder Ihrer Familie oder Ihres Freundeskreises brauchen nun vor allem emotionale Unterstützung. Die Zeit, die Sie dort jetzt investieren ist viel wertvoller als Geld.
Hund und Schwein bilden gemeinsam das Haus von Heim und Familie im Chinesischen Tierkreis. Treffen die beiden aufeinander, ist es immer eine gute Idee, es sich in den eigenen vier Wänden gemütlich zu machen und kleinere Instandhaltungsarbeiten durchzuführen.
Beruf, Finanzen: Man schätzt es jetzt ganz besonders, wenn der Hund sein Wissen persönlich weitergibt. Auch in der heutigen Zeit gibt es jede Menge Dinge, die man nicht im Internet nachschlagen oder online lernen kann. Es spielt keine Rolle, ob Sie Ihre Erfahrungen vor einem großen Publikum oder im kleinen Kreis teilen. Bleiben Sie einfach Sie selbst und sprechen Sie mit Gefühl und Engagement von Ihrer Arbeit.
Werte wie Loyalität und Beständigkeit stehen auch beim Wasser-Hasen hoch im Kurs. Am Ende des Tages wird das garantiert anerkannt.
Tipp des Monats:
Es ist schön, wenn man Sie für Ihre klare Sicht auf die Dinge schätzt. Nehmen Sie das Lob dankbar an!

HAN
Schwein

Grundtendenz des Monats:
Das Universum hat es 2023 wirklich gut mit Ihnen gemeint, liebes Schwein. Da ist es nun in diesen Wochen vielleicht an der Zeit, etwas zurückzugeben. Je nachdem, wie viel Zeit Sie zur Verfügung haben, können Sie jetzt selbst aktiv werden oder mit den entsprechenden finanziellen Mitteln Anderen ermöglichen zu helfen. Sicher finden Sie ein Projekt, das Ihrem Herzen nahe steht.
Ein weiteres Schwein begleitet Sie nun im November und gibt Ihnen das Gefühl, am richtigen Platz zu sein. Mit einem starken Yin-Wasser ausgestattet, möchten Sie sich nun vielleicht ein wenig zurückziehen und mehr Zeit mit sich selbst verbringen.
Liebe, Familie, Freundschaft: Die Liebe darf im November ruhig eine prominentere Rolle in Ihrem Leben spielen. Wenn Sie sich bislang nicht genug Freiräume dafür geschaffen haben, ist es nun wirklich an der Zeit. Das gilt übrigens gerade für langjährige Beziehungen, in denen oft der Alltag dominiert. Zeigen Sie nun, wie wichtig Sie einander sind!
Man lernt nie aus! Das sollten Sie den jüngeren Familienmitgliedern jetzt wirklich mit auf den Weg geben. Wenn Sie mit gutem Beispiel vorangehen, wird es ganz selbstverständlich, Ihnen zu folgen. Geben Sie Ihre Erfahrungen weiter!
Beruf, Finanzen: Seien Sie jetzt bitte nicht zu gutmütig. Es kann Ihnen sonst schnell passieren, dass Sie auf der ganzen Arbeit sitzen bleiben, während die anderen schon gemütlich Feierabend machen. Nein sagen will gelernt sein, liebes Schwein! Mit Hilfe des Hasen können Sie das Ganze freundlich, aber dennoch verbindlich vorbringen.
Das starke Wasser-Element unterstützt in diesem Monat alle Formen der Kommunikation - sei es in verbaler oder non-verbaler Form. Sorgen Sie jetzt dafür, dass Sie gehört und gesehen werden!
Tipp des Monats:
Sie dürfen ruhig mehr an sich denken. Schließlich soll Sie das Jahr des Hasen voran bringen!

November 2023

Jahreskonstellation – Wasser Hase
Monatskonstellation – Wasser Schwein

1. Wasser Schwein	Ratte Büffel Tiger Hase Drache Schlange Pferd Ziege Affe Hahn Hund Schwein **Günstig:** Putzen, waschen, fasten, seelische und körperliche Pflege, Arztbesuche **Ungünstig:** Ausdauersport, Reisen, Hochzeit.
2. Holz Ratte	Ratte Büffel Tiger Hase Drache Schlange Pferd Ziege Affe Hahn Hund Schwein **Günstig:** Umziehen, Reisen, Hochzeiten, Empfänge, wichtige Konferenzen. **Ungünstig:** geistige Arbeiten, Gartenarbeit, häusliche Tätigkeiten.
3. Holz Büffel	Ratte Büffel Tiger Hase Drache Schlange Pferd Ziege Affe Hahn Hund Schwein **Günstig:** Versammlungen, gerechte Verteilungen, Hochzeit, Konferenzen, Umzug **Ungünstig:** Gartenarbeit, Dinge zum Abschluss bringen.
4. Feuer Tiger	Ratte Büffel Tiger Hase Drache Schlange Pferd Ziege Affe Hahn Hund Schwein **Günstig:** Gartenarbeit, Feiern, Hochzeit, Dinge zum Abschluss bringen. **Ungünstig:** keine Anschuldigungen gegen Dritte erheben.
5. Feuer Hase	Ratte Büffel Tiger Hase Drache Schlange Pferd Ziege Affe Hahn Hund Schwein **Günstig:** Gartenarbeit, Hochzeit, Dinge zum Abschluss bringen. **Ungünstig:** Umzug, Reisen, Geschäftseröffnung
6. Erd Drache	Ratte Büffel Tiger Hase Drache Schlange Pferd Ziege Affe Hahn Hund Schwein **Günstig:** Ausruhen, Meditation, seinen Hobbys nachgehen. **Ungünstig:** wichtige Unternehmungen.
7. Erd Schlange	Ratte Büffel Tiger Hase Drache Schlange Pferd Ziege Affe Hahn Hund Schwein **Günstig:** Amüsieren, mit Freunden ausgehen, Freizeitaktivitäten **Ungünstig:** geschäftliche Aktivitäten, neue Dinge anfangen.
8. Metall Pferd	Ratte Büffel Tiger Hase Drache Schlange Pferd Ziege Affe Hahn Hund Schwein **Günstig:** Amüsieren, mit Freunden ausgehen, Freizeitaktivitäten **Ungünstig:** geschäftliche Aktivitäten, neue Dinge anfangen.
9. Metall Ziege	Ratte Büffel Tiger Hase Drache Schlange Pferd Ziege Affe Hahn Hund Schwein **Günstig:** für die meisten Aktivitäten, Geschäftsabschlüsse, Partnerschaft **Ungünstig:** negative Bemerkungen über andere Menschen.
10. Wasser Affe	Ratte Büffel Tiger Hase Drache Schlange Pferd Ziege Affe Hahn Hund Schwein **Günstig:** Handel, Geschäftseröffnungen, Hochzeiten und andere Feste planen. **Ungünstig:** Beerdigungen, Reisen, Arztbesuche.
11. Wasser Hahn	Ratte Büffel Tiger Hase Drache Schlange Pferd Ziege Affe Hahn Hund Schwein **Günstig:** Handwerkliche Aktivitäten, Handel, Hochzeiten, Reisen **Ungünstig:** Trauerfeiern und Beerdigungen, schwere körperliche Arbeit
12. Holz Hund	Ratte Büffel Tiger Hase Drache Schlange Pferd Ziege Affe Hahn Hund Schwein **Günstig:** Ankündigungen machen, Beerdigungen, Trauerfeiern. **Ungünstig:** Handel, Vergnügungen, Freizeitaktivitäten
13. Holz Schwein	Ratte Büffel Tiger Hase Drache Schlange Pferd Ziege Affe Hahn Hund Schwein **Günstig:** Kleidung schneidern, Handel, Buchhaltung, Ausflüge, neue Dinge beginnen **Ungünstig:** Geschäfte eröffnen, Kraftanstrengungen, Reisen, Ersparnisse ausgeben
14. Feuer Ratte	Ratte Büffel Tiger Hase Drache Schlange Pferd Ziege Affe Hahn Hund Schwein **Günstig:** Putzen, waschen, fasten, seelische und körperliche Pflege, Arztbesuche **Ungünstig:** Ausdauersport, Reisen, Hochzeit.
15. Feuer Büffel	Ratte Büffel Tiger Hase Drache Schlange Pferd Ziege Affe Hahn Hund Schwein **Günstig:** Umziehen, Reisen, Hochzeiten, Empfänge, wichtige Konferenzen. **Ungünstig:** geistige Arbeiten, Gartenarbeit, häusliche Tätigkeiten.

Ob ein Tag besonders günstig für Ihr Tierzeichen ist, sehen Sie an folgenden Farben:
Rot = sehr günstig, Grau = günstig, Schwarz = nicht günstig

Jahreskonstellation – Wasser Hase
Monatskonstellation – Wasser Schwein

November 2023

16. Erd Tiger	Ratte Büffel Tiger Hase Drache Schlange Pferd Ziege Affe Hahn Hund Schwein **Günstig:** Versammlungen, gerechte Verteilungen, Hochzeit, Konferenzen, Umzug. **Ungünstig:** Gartenarbeit, Dinge zum Abschluss bringen.
17. Erd Hase	Ratte Büffel Tiger Hase Drache Schlange Pferd Ziege Affe Hahn Hund Schwein **Günstig:** Gartenarbeit, Feiern, Hochzeit, Dinge zum Abschluss bringen. **Ungünstig:** keine Anschuldigungen gegen Dritte erheben.
18. Metall Drache	Ratte Büffel Tiger Hase Drache Schlange Pferd Ziege Affe Hahn Hund Schwein **Günstig:** Gartenarbeit, Hochzeit, Dinge zum Abschluss bringen. **Ungünstig:** Umzug, Reisen, Geschäftseröffnung.
19. Metall Schlange	Ratte Büffel Tiger Hase Drache Schlange Pferd Ziege Affe Hahn Hund Schwein **Günstig:** Ausruhen, Meditation, seinen Hobbys nachgehen. **Ungünstig:** wichtige Unternehmungen.
20. Wasser Pferd	Ratte Büffel Tiger Hase Drache Schlange Pferd Ziege Affe Hahn Hund Schwein **Günstig:** Amüsieren, mit Freunden ausgehen, Freizeitaktivitäten. **Ungünstig:** geschäftliche Aktivitäten, neue Dinge anfangen.
21. Wasser Ziege	Ratte Büffel Tiger Hase Drache Schlange Pferd Ziege Affe Hahn Hund Schwein **Günstig:** für die meisten Aktivitäten, Geschäftsabschlüsse, Partnerschaft. **Ungünstig:** negative Bemerkungen über andere Menschen.
22. Holz Affe	Ratte Büffel Tiger Hase Drache Schlange Pferd Ziege Affe Hahn Hund Schwein **Günstig:** Handel, Geschäftseröffnungen, Hochzeiten und andere Feste planen. **Ungünstig:** Beerdigungen, Reisen, Arztbesuche.
23. Holz Hahn	Ratte Büffel Tiger Hase Drache Schlange Pferd Ziege Affe Hahn Hund Schwein **Günstig:** Handwerkliche Aktivitäten, Handel, Hochzeiten, Reisen. **Ungünstig:** Trauerfeiern und Beerdigungen, schwere körperliche Arbeit.
24. Feuer Hund	Ratte Büffel Tiger Hase Drache Schlange Pferd Ziege Affe Hahn Hund Schwein **Günstig:** Ankündigungen machen, Beerdigungen, Trauerfeiern. **Ungünstig:** Handel, Vergnügungen, Freizeitaktivitäten.
25. Feuer Schwein	Ratte Büffel Tiger Hase Drache Schlange Pferd Ziege Affe Hahn Hund Schwein **Günstig:** Kleidung schneidern, Handel, Buchhaltung, Ausflüge, neue Dinge beginnen. **Ungünstig:** Geschäfte eröffnen, Kraftanstrengungen, Reisen, Ersparnisse ausgeben.
26. Erd Ratte	Ratte Büffel Tiger Hase Drache Schlange Pferd Ziege Affe Hahn Hund Schwein **Günstig:** Putzen, waschen, fasten, seelische und körperliche Pflege, Arztbesuche. **Ungünstig:** Ausdauersport, Reisen, Hochzeit.
27. Erd Büffel	Ratte Büffel Tiger Hase Drache Schlange Pferd Ziege Affe Hahn Hund Schwein **Günstig:** Umziehen, Reisen, Hochzeiten, Empfänge, wichtige Konferenzen. **Ungünstig:** geistige Arbeiten, Gartenarbeit, häusliche Tätigkeiten.
28. Metall Tiger	Ratte Büffel Tiger Hase Drache Schlange Pferd Ziege Affe Hahn Hund Schwein **Günstig:** Versammlungen, gerechte Verteilungen, Hochzeit, Konferenzen, Umzug. **Ungünstig:** Gartenarbeit, Dinge zum Abschluss bringen.
29. Metall Hase	Ratte Büffel Tiger Hase Drache Schlange Pferd Ziege Affe Hahn Hund Schwein **Günstig:** Gartenarbeit, Feiern, Hochzeit, Dinge zum Abschluss bringen. **Ungünstig:** keine Anschuldigungen gegen Dritte erheben.
30. Wasser Drache	Ratte Büffel Tiger Hase Drache Schlange Pferd Ziege Affe Hahn Hund Schwein **Günstig:** Gartenarbeit, Hochzeit, Dinge zum Abschluss bringen. **Ungünstig:** Umzug, Reisen, Geschäftseröffnung.

TZE Ratte

Grundtendenz des Monats: So langsam neigt sich das Jahr des Wasser-Hasen dem Ende zu und die Ratte kann bereits das Erscheinen des Drachen erahnen, der 2024 regieren wird. Hinzu kommt, dass der Dezember traditionell der Monat im Chinesischen Kalender ist, in dem die Ratte von ihresgleichen begleitet wird. Das kann in den nächsten Wochen Ihr Kopfkino sehr laut werden lassen und die Ungeduld steigern. Anstatt jedoch die ersten verwegenen Pläne für die Zukunft zu schmieden, sollten Sie sich bitte noch einmal auf das Hier und Jetzt konzentrieren.

Dabei kann es nun sicher helfen, das Feuer-Element ein wenig mehr zu unterstützen. Damit lassen sich Ihre vielen Ideen nun deutlich besser umsetzen.

Liebe, Familie, Freundschaft: Ein unruhiger Geist kann nun auch im Kreise Ihre Lieben für Disharmonien sorgen - vor allem dann, wenn Sie nicht darüber sprechen, was Sie nun auf der geistigen Ebene beschäftigt. Da kann vor allem beim Partner schnell der Eindruck entstehen, dass er der Grund für Ihre innere Unruhe ist. Sprechen Sie mit Ihrer besseren Hälfte, damit hier keine Missverständnisse entstehen können.

Vielleicht haben Sie nun ein paar kreative Einfälle, wie Sie es in der kommenden Weihnachtszeit für die Familie oder die Freunde besonders schön machen können? Wenn dafür eine gewisse Vorbereitungszeit erforderlich ist, sollten Sie am besten gleich in Aktion treten.

Beruf, Finanzen: Wer im bisherigen Verlauf des Hasenjahres die Dinge einfach hat laufen lassen, ist wahrscheinlich ohne größere Pannen durchgekommen. So richtig viel erreicht haben Sie aber in diesem Fall sicher nicht. Wenn Sie also das Gefühl haben, dass da noch mehr drin ist, müssen Sie jetzt noch einmal Ihre Prioritäten überdenken und vor allem durch gezielte Aktionen auf sich aufmerksam machen.

Tipp des Monats:

Auch wenn die Sache sich verlockend anhört, sollten Sie jetzt kein Geld ausgeben, das Sie nicht haben.

KIU Büffel

Grundtendenz des Monats: Das Jahr des Hasen neigt sich fast schon dem Ende zu und es wird Zeit für den Büffel, noch einmal ein paar grundsätzliche Entscheidungen zu treffen. Mit einer cleveren Ratte an Ihrer Seite können Sie nun noch besser den Blick über den Tellerrand wagen. Gefällt Ihnen das, was Sie dort sehen?

Mögliche Veränderungen werden mit dem aktuellen Regenten immer zunächst im Inneren angestoßen. Dort dürfen sich Gedanken und Pläne in Ruhe entwickeln und reifen, bis der Büffel sich traut, damit nach außen zu gehen. Vielleicht sind Sie noch nicht ganz so weit - dann macht es nichts, wenn Sie nun noch einmal die Sache gedanklich durchspielen.

Liebe, Familie, Freundschaft: Eine gute Kommunikation ist der Schlüssel zu jeder guten Partnerschaft. Anstatt Vermutungen anzustellen, was die andere Seite denkt, könnten Sie sie einfach danach fragen. Wahrscheinlich haben Sie sich viel zu viele Gedanken gemacht und damit die Situation vollkommen falsch eingeschätzt. Die Ratte hat die Tendenz, beim Büffel das Kopfkino anzustellen. Was dort abläuft, hat aber häufig wenig mit der Realität zu tun.

Planen, besprechen und dann gleich umsetzen! So können Sie mit der Familie gerade in der Weihnachtszeit viele Dinge gemeinsam erledigen und es sich besonders schön machen.

Beruf, Finanzen: Mit Hilfe der Ratte können Sie nun vielleicht einen gesunden Blick auf Ihre beruflichen Aussichten werfen. Schätzen Sie realistisch ein, was Sie erreichen können und entscheiden Sie dann, ob Ihnen das reicht. Falls das nicht der Fall ist, wäre es günstig, wenn Sie die nötigen Veränderungen noch in diesem Jahr einleiten.

Wenn Sie sich zu abwartend verhalten, traut man Ihnen vielleicht gar nicht zu, dass Sie weiter vorne mitmischen und beteiligt Sie deshalb nicht an wichtigen Entscheidungsprozessen.

Tipp des Monats:

Ihre Ideen sind es wert, angehört zu werden. Sorgen Sie dafür für den richtigen Rahmen.

YING Tiger

Grundtendenz des Monats:
Zum Ende des Kalenderjahres wird noch einmal kräftig die Fantasie angeregt. Machen Sie sich nicht zu viele Gedanken darüber, was alles hätte sein können, sondern konzentrieren Sie sich lieber darauf, was Sie mit Hilfe des Hasen nun noch konkret erreichen können. Luftschlösser werden im kommenden Jahr des Drachen sicher noch genug gebaut!
Einmal mehr wird das Holz-Element betont. Das steht für Wachstum und Weiterentwicklung und wünscht sich nun noch einmal mehr Aufmerksamkeit vom Tiger. Was können Sie konkret tun, um in diesem Bereich weiterzukommen?

Liebe, Familie, Freundschaft: Gefühle wollen nicht nur erfahren, sondern auch geteilt werden! Anstatt Ihre Emotionen mit sich selbst auszumachen, wäre es besser, Sie jetzt mit dem Partner zu teilen. Wenn Ihnen das schwer fällt, wird es Zeit, die Kommunikation in diesem Bereich zu verbessern. Schließlich begleitet Sie mit dem Hasen eines der Tierzeichen, das offen mit seiner Gefühlswelt umgeht. Da sollte es dem Tiger deutlich leichter fallen, sich mitzuteilen.
Der Tiger wird oft als Synonym für Stärke hingestellt. Im Jahr des sanften Hasen haben sich Ihre Lieben vielleicht noch mehr als sonst auf Sie verlassen. Fels in der Brandung zu sein kann aber sehr anstrengend sein. Das sollten Sie nun noch einmal allen klar machen.

Beruf, Finanzen: Zum Ende des Jahres sind noch einmal besonders kreative Lösungsansätze gefragt. Da trifft es sich gut, dass eine pfiffige Ratte den Dezember begleitet und dem Tiger nun neue Wege aufzeigen kann. Zeigen Sie sich offen für unorthodoxe Wege und probieren Sie das Ganze ruhig aus. Vielleicht gibt es so doch noch eine schnelle Lösung, bevor im Februar der Drache das Zepter übernimmt.
Wer nicht den entsprechenden finanziellen Spielraum hat, sollte in diesem Bereich allerdings lieber weiterhin Vorsicht walten lassen.

Tipp des Monats:
Teilen Sie sich mit! Ihre Umgebung kann nicht in Ihren Kopf gucken.

MAO Hase

Grundtendenz des Monats:
Im Dezember können Sie Ihr kreatives Talent zeigen. Wer weiß, ob in Ihnen nicht vielleicht ein künstlerisches Genie schlummert? Nehmen Sie sich jetzt die Zeit herauszufinden, in welchen Bereichen sich noch verborgene Fähigkeiten zeigen dürfen.
Mit der Holz-Ratte erscheint nun ein Tierzeichen, dass in der Regel vor Ideen sprudelt. Das kann dazu führen, dass der Hase viele neue Impulse wahrnehmen kann. Ob sich darunter Dinge befinden, bei denen es sich lohnt, genauer hinzuschauen, lässt sich jetzt noch nicht mit Bestimmtheit sagen. Machen Sie sich nicht zu viele Gedanken, sondern konzentrieren Sie sich lieber auf Ihre persönlichen Angelegenheiten.

Liebe, Familie, Freundschaft: Der Hase hat ohnehin ein gutes Gespür für die emotionalen Schwingungen im Raum. Dieser Aspekt wurde in seinem eigenen Jahr sicher verstärkt und mag jetzt zum Ende des Kalenderjahres noch einmal ganz besonders hervortreten. Das kann dazu führen, dass Sie sich in familiäre Konflikte hineinziehen lassen, die im Grunde gar nichts mit Ihnen selbst zu tun haben. Überlegen Sie sich genau, ob Sie sich das wirklich zumuten wollen. Man kann einen Menschen auch aus der Ferne anbeten - dann wird es allerdings wahrscheinlich nur bei einer Schwärmerei bleiben.

Beruf, Finanzen: In der Theorie scheinen sich Probleme einfach lösen zu lassen. Allerdings müssen Sie dort auch keine Befindlichkeiten von Kollegen oder Mitarbeitern mit berücksichtigen. Da ist dann Ihr diplomatisches Geschick gefordert. Erst einmal müssen Sie alle Beteiligten mit ins Boot holen und Ihnen dann auch noch klar machen, dass man gemeinsam in die gleiche Richtung rudert.
Sie haben über das Jahr etwas angespart und möchten gerne noch investieren? Dann sollten Sie auf solide Werte setzen und sich riskantere Ideen für das nächste Jahr aufheben.

Tipp des Monats:
Übernehmen Sie ohne zu zögern die Führung, wenn es erforderlich ist!

SHENG
Drache

Grundtendenz des Monats:
Auch zum Ende des Kalenderjahres geht es vor allem darum, sensibel auf seine Umgebung zu reagieren. Zwischentöne wahrzunehmen und emotionale Empfindlichkeiten aufzuspüren mag für die meisten Drachen nach wie vor nicht gerade einfach sein. Es erleichtert aber das Zusammenleben auf allen Ebenen enorm, wenn Sie Ihre Handlung der jeweiligen Stimmung anpassen können.
Mit der sozialen Ratte, die den Dezember begleitet, kommt der Drache ganz wunderbar zurecht. Da darf er sich nun auch ruhig wieder mehr um seine eigenen Bedürfnisse kümmern, das Leben leicht nehmen und das hier und jetzt in froher Runde genießen.

Liebe, Familie, Freundschaft: An guten Einfällen mangelt es dem Drachen in der Regel nicht. Allerdings gelingt es ihm vielleicht nicht immer, diese an der richtigen Stelle anzubringen. In der Liebe darf es jetzt ruhig origineller zugehen. Warum setzen Sie nicht einfach einmal ein paar Ihrer guten Ideen dafür ein, dass sich Ihre bessere Hälfte gesehen und geschätzt fühlt?
Im familiären Alltag ist ein gewisses Maß an Konzentration nötig, wenn alles rund laufen soll. Wenn Sie jetzt mit Ihren Gedanken ständig woanders sind, kann das zu unnötigen Problemen führen. Bleiben Sie bei der Sache!

Beruf, Finanzen: Zum Endspurt im Jahr des Wasser-Hasen darf der Drache noch einmal alles geben. Schließlich haben Sie nun mit der Ratte den perfekten Ideengeber an Ihrer Seite. Suchen Sie sich dazu die entsprechenden Mitstreiter, die die Umsetzung in Angriff nehmen. Dann können Sie sich voll und ganz darauf konzentrieren, das Ganze nach außen zu präsentieren. Sollte es Ihnen an Struktur mangeln, wäre es sicher gut, dass Metall-Element vor allem auf der beruflichen Ebene besser zu unterstützen. Ein gepflegter Terminkalender wäre schon einmal ein erster Schritt in die richtige Richtung.

Tipp des Monats:
Investieren Sie Herz und Zeit in Ihre zwischenmenschlichen Beziehungen!

SZE
Schlange

Grundtendenz des Monats:
So mancher Schlange mag es im Dezember unter Umständen ein wenig an Erdung fehlen. Das liegt sicher auch an der agilen Ratte, die Sie in jetzt vor allem auf der geistigen Ebene auf Trab hält. Das starke Holz-Element zusammen mit dem Feuer der Schlange lässt zahlreiche Möglichkeiten entstehen.
Damit Sie diese zahlreichen Optionen nicht zu sehr durcheinander bringen, braucht es eine gute Bodenhaftung und eine starke Mitte. Stärken Sie Ihr Erd-Element mit der entsprechenden Ernährung und Ritualen, die Ihnen mehr Sicherheit geben und mit denen Sie sich gut verwurzelt fühlen können.

Liebe, Familie, Freundschaft: Sie können wirklich nicht erwarten, dass man Ihnen von außen ansieht, wie es Ihnen gerade zumute ist. Die meisten Schlangen sind recht empfindlich für die emotionalen Schwingungen, die der Partner ausstrahlt. Sie können aber nicht erwarten, dass das auf der anderen Seite genauso ist.
Versteckte Talente wollen nun ans Licht kommen. Das gilt sowohl für Ihre eigenen Fähigkeiten als auch für die Ihrer Lieben. Was können Sie tun, um den kreativen Funken in ein munteres Feuer zu verwandeln?

Beruf, Finanzen: Die Ratte und der Hase buhlen nun gleichermaßen um Ihre intellektuellen Fähigkeiten. Das bedeutet, dass die Schlange zum Ende des Kalenderjahres wirklich viele neue Ideen entwickeln könnte. Das Problem ist wahrscheinlich nur, dass Sie einfach nicht die Zeit haben, das alles anzugehen. Am besten setzen Sie sich in einer ruhigen Minute hin und schreiben alles erst einmal auf. Im nächsten Jahr können Sie dann in Ruhe prüfen, was davon wirklich umsetzbar ist.
Der Spatz in der Hand ist jetzt sicher besser als die Taube auf dem Dach. Konzentrieren Sie sich lieber auf kleinere Projekte.

Tipp des Monats:
Sie möchten nun nicht unbedingt ganz vorne mitmischen? Dann ziehen Sie sich doch einfach dezent zurück.

WU
Pferd

Grundtendenz des Monats:
Im Monat Dezember mag so manches Pferd eine gewisse Grundanspannung fühlen. Das liegt sicher auch an der Opposition mit der Ratte, die den Monat begleitet und einmal mehr das Wasser-Element und damit die geistige Ebene betont. Dem aktiven Pferd mag es jetzt einfach nicht gefallen, wenn es in einigen Bereichen zu Untätigkeit verurteilt wird. Anstatt sich darüber zu ärgern, sollten Sie sich einfach ein anderes Ventil suchen, wo Sie Ihre überschüssige Energie loswerden können.
Ein kreativer Geist kann zum Ende des Kalenderjahres sicher noch einmal einiges bewegen. Reagieren Sie flexibel auf die Umstände, die sich nun ergeben.

Liebe, Familie, Freundschaft: Wer in den letzten Monaten in den eigenen vier Wänden ein wenig den Überblick verloren hat, kann mit Hilfe der Holz-Ratte die Situation nun sicher vernünftig einschätzen. Bevor Sie allerdings Veränderungen in Angriff nehmen, sollten Sie das Ganze lieber noch einmal gut durchdenken.
Es gibt wirklich keinen Grund, an der Zuneigung Ihres Partners zu zweifeln. Vielleicht werden Sie nicht immer mit Aufmerksamkeit überschüttet, aber das dürfte wohl vor allem am Alltag liegen. Wenn Sie sich mehr gemeinsame Zeit wünschen, sollten Sie das nun ansprechen.

Beruf, Finanzen: Es mag in den vergangenen Monaten nicht immer ganz leicht für das Pferd gewesen sein, neue Ideen in die Welt zu tragen. Das kann sich nun mit der Ratte zum Ende des Kalenderjahres durchaus ändern. Spielen Sie das Ganze nicht zu oft gedanklich durch, sonst verpassen Sie noch den richtigen Zeitpunkt.
Kreative Tätigkeiten werden nun vom Jahresregenten besonders begünstigt. Vielleicht schlummern in Ihnen ja noch verborgene Talente? Dann ist es nun vielleicht an der Zeit, sich zu offenbaren.

Tipp des Monats:
Mit Zurückhaltung kommen Sie nun nicht weiter. Kommen Sie aus der Deckung und zeigen Sie, was in Ihnen steckt!

WEI
Ziege

Grundtendenz des Monats:
Einmal mehr werden im Dezember vor allem Holz- und Wasserelement betont. Vielleicht möchte die Ziege endlich mehr von ihren verborgenen kreativen Talenten zeigen? Ihre Umgebung würde es sicher freuen, wenn Sie sich hier ein wenig mehr offenbaren.
Das Kalenderjahr neigt sich langsam dem Ende zu und damit auch die Regentschaft des Hasen. Das Jahr sollte für die meisten Ziegen von Harmonie geprägt gewesen sein. Das hat allerdings sicher zuweilen bedeutet, dass die eigenen Wünsche um des lieben Friedens willens zurückgestellt wurden. Wenn das für Sie ein Problem war, wäre ein guter Zeitpunkt, das Thema noch einmal abschließend anzusprechen.

Liebe, Familie, Freundschaft: Sie sollten nun wirklich nicht zu viele Gedanken darüber verlieren, was andere über Sie denken. Es ist wichtiger, dass Sie sich in Ihrer eigenen Haut wohlfühlen. Dann strahlen Sie dieses Selbstbewusstsein auch nach außen aus und wirken anziehender auf einen potentiellen Partner.
Vielleicht haben Ihre Lieben ja nun schon Lust, Pläne für das nächste Jahr zu schmieden. Gemeinsame Aktivitäten zu planen, schweißt Sie alle noch mehr zusammen.

Beruf, Finanzen: Vielleicht haben Sie sich in den letzten Monaten zu sehr von anderen Menschen beeinflussen lassen. Natürlich ist es wichtig, Rücksicht zu nehmen und die eigene Karriere nicht auf dem Rücken anderer nach vorne zu bringen. Wer sich jedoch zu nachgiebig gezeigt hat, hat beruflich vielleicht nicht das erreicht, was 2023 möglich gewesen wäre.
Der Dezember ist bedingt durch die Weihnachtstage bei den Meisten ohnehin schon ein Monat mit erhöhten Ausgaben. Da sollten Sie nun nicht noch zusätzlich Ihre Geldbörse strapazieren und jetzt lieber keine weiteren Projekte unterstützen.

Tipp des Monats:
Schalten Sie das Kopfkino aus! Wenn Sie wissen wollen, was Andere über Sie denken, fragen Sie einfach mutig nach!

SUNG
Affe

Grundtendenz des Monats:
Zum Ende des Kalenderjahres steht dem Affen eine clevere Ratte zur Seite und motiviert ihn, jetzt noch einmal alles zu geben. Ratte und Affe sind ein wirklich gutes Team, wenn es um kreative Projekte geht, die ja auch vom Jahresregenten gut gefördert werden. Wenn Ihnen nun also eine gute Idee kommt, sollten Sie diese ruhig weiterverfolgen. Spätestens ab nächsten Februar sollte es nicht am nötigen Zuspruch für die Umsetzung mangeln.
Sie haben den Kopf wieder einmal zu voll, verehrter Affe? Dann sollten Sie vielleicht darüber nachdenken, einige Dinge zu delegieren.

Liebe, Familie, Freundschaft: Auch der quirlige Affe braucht zuweilen eine starke Schulter zum anlehnen. Das wird Ihren Lieben aber vielleicht deshalb nicht klar sein, weil Sie meistens den Eindruck machen, dass Sie so schnell nichts umhauen kann. Es wäre sehr hilfreich, wenn Sie sich rechtzeitig melden, wenn Ihnen alles zu viel wird. Gerade im Jahr des Hasen wird man für Ihre Situation zu Hause viel Verständnis haben.
Ziehen Wolken am Beziehungshimmel auf, sollten Sie bitte gleich miteinander reden. Wie sollen Sie sonst wissen, was im Inneren Ihres Partners wirklich vor sich geht?

Beruf, Finanzen: Es ist schon richtig, wenn Sie bei wichtigen Entscheidungen auf Ihr Bauchgefühl vertrauen. Schließlich stärkt der Hase mit seinem Yin-Holz Ihre Intuition. Trotzdem kann es nicht schaden, wenn Sie das Ganze noch einmal auf seine Machbarkeit überprüfen, bevor Sie loslegen. In der Vergangenheit konnte so manche Ihrer gute Ideen nicht umgesetzt werden, weil sie nicht gut durchdacht waren.
„Die Ratte hat die Idee, der Affe setzt sie um" heißt es in der Chinesischen Astrologie. Das kann jetzt allerdings auch bedeuten, dass man Ihnen deutlich mehr Arbeit aufdrückt, als Sie im Grunde noch erledigen wollen.

Tipp des Monats:
Das Leben findet draußen statt. Verbringen Sie nun nicht zu viel Zeit mit Ihrem persönlichen Gedankenkarussell.

YU
Hahn

Grundtendenz des Monats:
Zum Ende des Kalenderjahres sollten Sie gut auf Ihre Gesundheit achten. Nehmen Sie sich die Zeit, auf Ihren Körper zu hören. Manchmal sind die Anzeichen für ein Ungleichgewicht sehr subtil. Je früher Sie reagieren, desto schneller ist die Balance wieder hergestellt.
Vor allem, wer sich in den vergangenen Monaten viel zugemutet hat, sollte nun eine Pause einlegen. Mit der Ratte im Monat verlagern sich ohnehin viele Dinge auf die geistige Ebene. Das lässt sich ganz hervorragend mit einer Auszeit kombinieren.

Liebe, Familie, Freundschaft: In der Liebe hat sich in den vergangenen Monaten sicher so manche starke Bindung entwickeln können, wenn Sie sich von Ihren Gefühlen haben leiten lassen. Sie müssen das nicht mit Ihrem Verstand erklären können. Lehnen Sie sich einfach zurück und genießen Sie jeden Augenblick.
Ratte, Hase und Hahn haben auf den ersten Blick eine sehr unterschiedliche Sicht darauf, wie persönliche Beziehungen gestaltet werden sollten. Während der Hase seine Verletzlichkeit zeigt, versucht die Ratte, erst einmal alles im Kopf mit sich selbst auszumachen. Und der Hahn tut sich zuweilen schwer, in die Tiefe zu gehen. Vielleicht sollten Sie in diesem Monat noch einmal versuchen, Ihren Lieben gegenüber offener für alle Möglichkeiten zu bleiben.

Beruf, Finanzen: Zum Ende des Kalenderjahres werden die Führungsqualitäten des Hahns noch einmal ganz besonders geschätzt. Wenn Sie in den vergangenen Monaten die sanfteren Methoden des Hasen angewendet haben, steht Ihr Team nun sicher voll und ganz hinter Ihnen. Es wäre wünschenswert, dass Sie Ihre weicheren Seiten auch im nächsten Jahr weiter einsetzen.
Wer bei den Investitionen 2023 nicht nur auf die Zahlen geschaut hat, sondern auch auf Nachhaltigkeit und Sozialverträglichkeit, hat sicher alles richtig gemacht.

Tipp des Monats:
Im nächsten Jahr lassen sich Ihre Ideen sicher noch besser umsetzen als jetzt.

> Großer Schnee / Wintersonnenwende < Dezember

SHIH
Hund

Grundtendenz des Monats:
Zum Ende des Kalenderjahres werden sich wahrscheinlich viele Dinge mehr auf die geistige Ebene verlagern. Das liegt vor allem an der Ratte, die den Dezember begleitet und das Gedankenkarussell auch beim Hund mächtig anschiebt. Sicher ist es generell keine schlechte Idee, Ihre Pläne gut zu durchdenken. Allerdings sollten Sie darüber nicht vergessen, dass Sie irgendwann auch einmal mit der Umsetzung anfangen sollten.
Der Lauf des Lebens verlangt zuweilen gewisse Anpassungen an die aktuellen Gegebenheiten. Das konnte der Hund in den zwei vergangenen Jahren sicher öfter feststellen.
Liebe, Familie, Freundschaft: Vielleicht gibt es in diesen Wochen ein paar versteckte Talente bei Ihren Lieben zu entdecken, derer Sie sich bislang noch gar nicht bewusst waren. Auch wenn Sie mit diesen neu entdeckten Fähigkeiten selbst unter Umständen nicht so viel anfangen können, sollten Sie die Sache unbedingt unterstützen. Gerade wenn es sich um jüngere Familienmitglieder handelt, ist der moralische Beistand besonders wichtig.
Denken Sie nicht zu viel nach, wenn Sie romantische Stunden mit dem Partner verbringen können. Jetzt geht es mehr um das Gefühl und Ihre Fähigkeit, das Ganze zu genießen.
Beruf, Finanzen: Wer bislang noch nichts Neues angefangen hat, wird sich nun wohl auch kaum noch von der Ratte zu einem Neuanfang inspirieren lassen. Vielleicht ist es ja auch gar nicht nötig, sich beruflich neu zu orientieren. Wenn Sie dort zufrieden sind, wo Sie sich gerade befinden, darf ruhig alles bleiben, wie es ist.
Auf der anderen Seite könnten sich noch einmal auch kleine Veränderungen positiv auf Ihren Arbeitsplatz auswirken. Wenn der Hund das erkannt hat, bleibt die Frage, ob er sich darauf einlässt oder lieber aus Bequemlichkeit alles beim Alten belässt.
Tipp des Monats:
Nur weil Sie es immer schon so gemacht haben, müssen Sie Ihr Verhalten nicht beibehalten.

HAN
Schwein

Grundtendenz des Monats:
Zum Ende des Kalenderjahres wird oft ein Resümee gezogen. Was hat gut funktioniert? Was hätten Sie besser machen können? Mit dem Hasen am Ruder dürften viele Schweingeborene recht viel von den angestrebten Dingen erreicht haben. Vor allem, wenn Sie sich nicht auf andere verlassen haben, sondern selbst die Verantwortung übernommen haben, dürften Sie das Jahr gestärkt beenden.
Mit der Ratte kommt im Dezember ein kreativer Ideengeber in Ihre Konstellation. Sie dürfen diese Dinge ruhig schon einmal planen, kommen jetzt aber wahrscheinlich nicht mehr dazu, mit der Umsetzung zu beginnen.
Liebe, Familie, Freundschaft: Eine Balance zu finden zwischen den eigenen Bedürfnissen und den Ansprüchen Ihrer Lieben wird sicher ein zentrales Thema des letzten Jahres gewesen sein. Anstatt zu versuchen, diese Gratwanderung in Ihren Gedanken kreisen zu lassen, wäre eine gute Kommunikation wirklich hilfreich.
Gute Gespräche im Freundeskreis waren in den letzten Monaten vielleicht nicht so oft an der Tagesordnung. Vielleicht haben Sie ja über die Feiertage mehr Zeit für einen gemeinsamen Austausch. Auch im Jahr des Hasen muss sich nicht immer alles nur um die Familie drehen.
Beruf, Finanzen: Es mag unter den aktuellen Umständen nicht immer leicht gewesen sein für das Schwein, finanzielle Reserven zu schaffen. Wenn Sie einiges von Ihrem Polster aufbrauchen mussten, sollten Sie zum Ende des Jahres nicht zu großzügig mit Ihren Ausgaben sein. Halten Sie Ihr Geld lieber zusammen, im nächsten Jahr können Sie es sicher gut gebrauchen.
Wer in kreativen Bereichen tätig ist, bekommt nun vielleicht noch einmal einen recht guten Schub nach vorne. Innovationen, die jetzt erdacht werden, können mit großer Wahrscheinlichkeit im kommenden Jahr umgesetzt werden.
Tipp des Monats:
Sie müssen sich nun nicht mehr zu sehr sputen. Genießen Sie lieber einen gemütlichen Jahresausklang!

Dezember 2023	Jahreskonstellation – Wasser Hase Monatskonstellation – Holz Ratte

1. Wasser Schlange	Ratte Büffel Tiger Hase Drache Schlange Pferd Ziege Affe Hahn Hund Schwein **Günstig:** Ausruhen, Meditation, seinen Hobbys nachgehen. **Ungünstig:** wichtige Unternehmungen.
2. Holz Pferd	Ratte Büffel Tiger Hase Drache Schlange Pferd Ziege Affe Hahn Hund Schwein **Günstig:** Amüsieren, mit Freunden ausgehen, Freizeitaktivitäten. **Ungünstig:** geschäftliche Aktivitäten, neue Dinge anfangen.
3. Holz Ziege	Ratte Büffel Tiger Hase Drache Schlange Pferd Ziege Affe Hahn Hund Schwein **Günstig:** für die meisten Aktivitäten, Geschäftsabschlüsse, Partnerschaft. **Ungünstig:** negative Bemerkungen über andere Menschen.
4. Feuer Affe	Ratte Büffel Tiger Hase Drache Schlange Pferd Ziege Affe Hahn Hund Schwein **Günstig:** Handel, Geschäftseröffnungen, Hochzeiten und andere Feste planen. **Ungünstig:** Beerdigungen, Reisen, Arztbesuche.
5. Feuer Hahn	Ratte Büffel Tiger Hase Drache Schlange Pferd Ziege Affe Hahn Hund Schwein **Günstig:** Handwerkliche Aktivitäten, Handel, Hochzeiten, Reisen. **Ungünstig:** Trauerfeiern und Beerdigungen, schwere körperliche Arbeit.
6. Erd Hund	Ratte Büffel Tiger Hase Drache Schlange Pferd Ziege Affe Hahn Hund Schwein **Günstig:** Ankündigungen machen, Beerdigungen, Trauerfeiern. **Ungünstig:** Handel, Vergnügungen, Freizeitaktivitäten.
7. Erd Schwein	Ratte Büffel Tiger Hase Drache Schlange Pferd Ziege Affe Hahn Hund Schwein **Günstig:** Ankündigungen machen, Beerdigungen, Trauerfeiern. **Ungünstig:** Handel, Vergnügungen, Freizeitaktivitäten.
8. Metall Ratte	Ratte Büffel Tiger Hase Drache Schlange Pferd Ziege Affe Hahn Hund Schwein **Günstig:** Kleidung schneidern, Handel, Buchhaltung, Ausflüge, neue Dinge beginnen. **Ungünstig:** Geschäfte eröffnen, Kraftanstrengungen, Reisen, Ersparnisse ausgeben.
9. Metall Büffel	Ratte Büffel Tiger Hase Drache Schlange Pferd Ziege Affe Hahn Hund Schwein **Günstig:** Putzen, waschen, fasten, seelische und körperliche Pflege, Arztbesuche. **Ungünstig:** Ausdauersport, Reisen, Hochzeit.
10. Wasser Tiger	Ratte Büffel Tiger Hase Drache Schlange Pferd Ziege Affe Hahn Hund Schwein **Günstig:** Umziehen, Reisen, Hochzeiten, Empfänge, wichtige Konferenzen. **Ungünstig:** geistige Arbeiten, Gartenarbeit, häusliche Tätigkeiten.
11. Wasser Hase	Ratte Büffel Tiger Hase Drache Schlange Pferd Ziege Affe Hahn Hund Schwein **Günstig:** Versammlungen, gerechte Verteilungen, Hochzeit, Konferenzen, Umzug. **Ungünstig:** Gartenarbeit, Dinge zum Abschluss bringen.
12. Holz Drache	Ratte Büffel Tiger Hase Drache Schlange Pferd Ziege Affe Hahn Hund Schwein **Günstig:** Gartenarbeit, Feiern, Hochzeit, Dinge zum Abschluss bringen. **Ungünstig:** keine Anschuldigungen gegen Dritte erheben.
13. Holz Schlange	Ratte Büffel Tiger Hase Drache Schlange Pferd Ziege Affe Hahn Hund Schwein **Günstig:** Gartenarbeit, Hochzeit, Dinge zum Abschluss bringen. **Ungünstig:** Umzug, Reisen, Geschäftseröffnung.
14. Feuer Pferd	Ratte Büffel Tiger Hase Drache Schlange Pferd Ziege Affe Hahn Hund Schwein **Günstig:** Ausruhen, Meditation, seinen Hobbys nachgehen. **Ungünstig:** wichtige Unternehmungen.
15. Feuer Ziege	Ratte Büffel Tiger Hase Drache Schlange Pferd Ziege Affe Hahn Hund Schwein **Günstig:** Amüsieren, mit Freunden ausgehen, Freizeitaktivitäten. **Ungünstig:** geschäftliche Aktivitäten, neue Dinge anfangen.

Ob ein Tag besonders günstig für Ihr Tierzeichen ist, sehen Sie an folgenden Farben:
Rot = sehr günstig, Grau = günstig, Schwarz = nicht günstig

Jahreskonstellation – Wasser Hase Monatskonstellation – Holz Ratte	Dezember 2023

16. Erd Affe	Ratte Büffel Tiger Hase Drache Schlange Pferd Ziege Affe Hahn Hund Schwein **Günstig:** für die meisten Aktivitäten, Geschäftsabschlüsse, Partnerschaft. **Ungünstig:** negative Bemerkungen über andere Menschen.
17. Erd Hahn	Ratte Büffel Tiger Hase Drache Schlange Pferd Ziege Affe Hahn Hund Schwein **Günstig:** Handel, Geschäftseröffnungen, Hochzeiten und andere Feste planen. **Ungünstig:** Beerdigungen, Reisen, Arztbesuche.
18. Metall Hund	Ratte Büffel Tiger Hase Drache Schlange Pferd Ziege Affe Hahn Hund Schwein **Günstig:** Handwerkliche Aktivitäten, Handel, Hochzeiten, Reisen. **Ungünstig:** Trauerfeiern und Beerdigungen, schwere körperliche Arbeit.
19. Metall Schwein	Ratte Büffel Tiger Hase Drache Schlange Pferd Ziege Affe Hahn Hund Schwein **Günstig:** Ankündigungen machen, Beerdigungen, Trauerfeiern. **Ungünstig:** Handel, Vergnügungen, Freizeitaktivitäten.
20. Wasser Ratte	Ratte Büffel Tiger Hase Drache Schlange Pferd Ziege Affe Hahn Hund Schwein **Günstig:** Kleidung schneidern, Handel, Buchhaltung, Ausflüge, neue Dinge beginnen. **Ungünstig:** Geschäfte eröffnen, Kraftanstrengungen, Reisen, Ersparnisse ausgeben.
21. Wasser Büffel	Ratte Büffel Tiger Hase Drache Schlange Pferd Ziege Affe Hahn Hund Schwein **Günstig:** Putzen, waschen, fasten, seelische und körperliche Pflege, Arztbesuche. **Ungünstig:** Ausdauersport, Reisen, Hochzeit.
22. Holz Tiger	Ratte Büffel Tiger Hase Drache Schlange Pferd Ziege Affe Hahn Hund Schwein **Günstig:** Umziehen, Reisen, Hochzeiten, Empfänge, wichtige Konferenzen. **Ungünstig:** geistige Arbeiten, Gartenarbeit, häusliche Tätigkeiten.
23. Holz Hase	Ratte Büffel Tiger Hase Drache Schlange Pferd Ziege Affe Hahn Hund Schwein **Günstig:** Versammlungen, gerechte Verteilungen, Hochzeit, Konferenzen, Umzug. **Ungünstig:** Gartenarbeit, Dinge zum Abschluss bringen.
24. Feuer Drache	Ratte Büffel Tiger Hase Drache Schlange Pferd Ziege Affe Hahn Hund Schwein **Günstig:** Gartenarbeit, Feiern, Hochzeit, Dinge zum Abschluss bringen. **Ungünstig:** keine Anschuldigungen gegen Dritte erheben.
25. Feuer Schlange	Ratte Büffel Tiger Hase Drache Schlange Pferd Ziege Affe Hahn Hund Schwein **Günstig:** Gartenarbeit, Hochzeit, Dinge zum Abschluss bringen. **Ungünstig:** Umzug, Reisen, Geschäftseröffnung.
26. Erd Pferd	Ratte Büffel Tiger Hase Drache Schlange Pferd Ziege Affe Hahn Hund Schwein **Günstig:** Ausruhen, Meditation, seinen Hobbys nachgehen. **Ungünstig:** wichtige Unternehmungen.
27. Erd Ziege	Ratte Büffel Tiger Hase Drache Schlange Pferd Ziege Affe Hahn Hund Schwein **Günstig:** Amüsieren, mit Freunden ausgehen, Freizeitaktivitäten. **Ungünstig:** geschäftliche Aktivitäten, neue Dinge anfangen.
28. Metall Affe	Ratte Büffel Tiger Hase Drache Schlange Pferd Ziege Affe Hahn Hund Schwein **Günstig:** für die meisten Aktivitäten, Geschäftsabschlüsse, Partnerschaft. **Ungünstig:** negative Bemerkungen über andere Menschen.
29. Metall Hahn	Ratte Büffel Tiger Hase Drache Schlange Pferd Ziege Affe Hahn Hund Schwein **Günstig:** Handel, Geschäftseröffnungen, Hochzeiten und andere Feste planen. **Ungünstig:** Beerdigungen, Reisen, Arztbesuche.
30. Wasser Hund	Ratte Büffel Tiger Hase Drache Schlange Pferd Ziege Affe Hahn Hund Schwein **Günstig:** Handwerkliche Aktivitäten, Handel, Hochzeiten, Reisen. **Ungünstig:** Trauerfeiern und Beerdigungen, schwere körperliche Arbeit.
31. Wasser Schwein	Ratte Büffel Tiger Hase Drache Schlange Pferd Ziege Affe Hahn Hund Schwein **Günstig:** Ankündigungen machen, Beerdigungen, Trauerfeiern. **Ungünstig:** Handel, Vergnügungen, Freizeitaktivitäten.

> Kleine Kälte / Große Kälte <

Januar 2024

TZE Ratte

Grundtendenz des Monats: Bereits im nächsten Monat übernimmt der Drache das Zepter vom Hasen. Damit wird sich für die Ratte einiges ändern, denn mit dem neuen Regenten lassen sich Visionen deutlich einfacher und fantasievoller umsetzen. Bis es allerdings soweit ist, ist noch einmal Geduld angesagt. Schließlich wird der Januar von einem Holz-Büffel begleitet, der nicht gerade zu Innovationen neigt, sondern sich lieber auf bewährte Dinge verlässt. Gleichzeitig bringt er aber auch eine recht solide Durchsetzungskraft mit in den Monat. Vielleicht mag die Ratte diese nutzen, um sich jetzt klar und deutlich zu positionieren.

Liebe, Familie, Freundschaft: Behalten Sie auf jeden Fall den engen Draht zu Partner und Familie, den Sie im Jahr des Hasen aufbauen konnten. Wenn es in den kommenden Monaten etwas stürmischer zu geht, haben Sie so immer einen sicheren Hafen.

Mit dem Hasen als Jahresherrscher standen private Themen sicher ganz weit vorne auf der Liste. Wenn es Ihnen gelungen ist, hier in allen Bereichen für Harmonie zu sorgen, haben Sie mehr freie Kapazitäten für die spannenden Projekte, mit denen der neue Herrscher Sie ab nächsten Monat beschäftigen möchte.

Die Zeichen für eine neue Liebe standen in den letzten Monaten wirklich nicht schlecht. Haben Sie die Gelegenheit genutzt?

Beruf, Finanzen: Wer auf den den letzten Metern noch etwas erreichen will, muss einiges an Durchsetzungskraft aufbringen. Wenn Ihnen das zu anstrengend ist, können Sie bis zum nächsten Monat warten. Dann wird es mit dem Drachen sicher einfacher für die Ratte, ihre Pläne der Außenwelt zu präsentieren.

Hüten Sie sich im Januar davor, zu sehr mit Ihren Erfolgen hausieren zu gehen. Das könnte jetzt einige Neider auf den Plan rufen und Ihnen das Leben unnötig erschweren.

Tipp des Monats:

Manchmal ist es am besten, sich abwartend zu verhalten.

KIU Büffel

Grundtendenz des Monats: Wenn der Büffel im Januar von einem Artgenossen begleitet wird, kann das dazu führen, dass er in alte Gewohnheiten zurückfällt. Es ist ja auch viel weniger anstrengend, wenn einfach alles so bleibt, wie es ist. Die Frage ist allerdings, ob sich die Veränderung am Ende des Tages nicht doch viel besser anfühlt.

Ein letztes Mal wird das Yin-Holz in der Monatskonstellation stark betont. Das spricht für Wachstum, Weiterentwicklung und einen besseren Zugang zu den eigenen Gefühlen. In diesem Bereich konnte der Büffel in den vergangenen Monaten sicher sehr viel lernen, wenn er sich offen und bereit gezeigt hat.

Liebe, Familie, Freundschaft: Wenn es Ihnen so kurz vor der neuen Regentschaft ein wenig an Energie fehlt, dürfen Sie sich ruhig einmal zurücklehnen und Ihre Lieben machen lassen. Partner und Nachwuchs springen jetzt gerne in die Bresche, wenn der Büffel eine Pause braucht.

Sollte das Feuer der Leidenschaft in den letzten 12 Monaten nicht so gebrannt haben, wie Sie es sich gewünscht hätten, sollten Sie sich nicht grämen. Mit dem Hasen ging es eben mehr darum, füreinander da zu sein. Wenn Sie verstanden haben, dass Sie nicht immer der Fels in der Brandung sein müssen, hat das die Liebe sicher vertiefen können.

Beruf, Finanzen: Wenn Sie wissen was Sie wollen, kann Sie so leicht niemand aufhalten. Es ist Ihnen zu wünschen, dass Sie sich im Jahr des Hasen Zeit genommen haben, um in Ihrem Inneren nach der richtigen Richtung zu suchen. Dann können Sie nun nämlich den Kurs setzen und entschlossen Ihre Pläne in die Tat umsetzen. Mit dem Holz-Drachen als neuen Herrscher geht es ab Februar sicher weiter darum, eigene Visionen zu entwickeln und der Außenwelt zu präsentieren. Da kann es nur von Vorteil sein, wenn der Büffel sich jetzt schon entsprechend positioniert.

Tipp des Monats:

Nichts ist so beständig wie der Wandel. Stellen Sie sich darauf ein!

YING
Tiger

Grundtendenz des Monats:

Mit dem Hasen an Ihrer Seite ging es 2023 vor allem darum, die eigene innere Entwicklung voranzutreiben. Setzen Sie im letzten Monat vor dem Regierungswechsel noch einmal alles daran, diesem Ziel etwas näher zu kommen. Der letzte Monat des Jahres wird von einem Büffel begleitet. Stimmt dessen Richtung mit Ihrer überein, können Sie im Januar noch einmal gut vorankommen. In allen anderen Fällen können Sie im besten Fall nur zähen Fortschritt erwarten. Abhängig davon, wie weit Sie bislang gekommen sind, könnte eine Pause ratsam sein.

Liebe, Familie, Freundschaft: Gerade im familiären Bereich beisst sich das traditionelle Bild des Büffels oft mit den Ansichten des nach mehr Unabhängigkeit strebenden Tigers. Vielleicht kann der Hase in diesen Wochen vermitteln, wenn dunklere Wolken aufziehen.

Wer immer noch auf der Suche nach einer neuen Liebe ist, sieht sich nun unter Umständen einer gewissen Konkurrenz ausgesetzt. Dabei geht es vor allem um die generelle Lebensauffassung. Was sind Sie bereit zu geben und welche Einschränkungen würden Sie für den geliebten Menschen hinnehmen?

Beruf, Finanzen: Wenn Sie die vergangenen 12 Monate Revue passieren lassen, werden Sie vielleicht feststellen, dass Sie nicht ganz am gewünschten Ort gelandet sind. Woran hat es gelegen? Waren Sie nicht entschlossen genug? Gab es zu viel Ablenkung aus dem privaten Bereich oder hat Ihnen die Konkurrenz einen Strich durch die Rechnung gemacht? Was immer es war, sollte analysiert werden, damit Ihnen das Gleiche nicht noch einmal passiert.

Wenn der Tiger weiß, was er will, ist er ein hervorragender Verhandler und setzt seine Wünsche in der Regel problemlos durch. Unentschlossenheit kostet ihn jetzt aber schnell ein gutes Ergebnis.

Tipp des Monats:

Bevor Sie in das Jahr des Holz-Drachen starten, sollten Sie sich noch einmal zurückziehen und die Batterien auffüllen.

MAO
Hase

Grundtendenz des Monats:

2022 konnte der Hase sich in vielen Bereichen positiv entwickeln, wenn er zuweilen auch einmal an sich gedacht hat. Unter Umständen hat Ihnen aber Ihr großes Herz zuweilen bei der Selbstverwirklichung einen Strich durch die Rechnung gemacht. Wenn der Drache im nächsten Monat das Zepter vom Hasen übernimmt, werden die Anforderungen an Sie sicher nicht geringer werden. Lenken Sie also lieber jetzt noch einmal Ihre Aktivitäten in Bahnen, die für Sie selbst langfristig von Vorteil sind.

Einmal mehr wird in diesen Wochen das Yin-Holz und damit die Intuition gestärkt. Das sind gute Voraussetzungen, um dem eigenen Gefühl zu folgen.

Liebe, Familie, Freundschaft: Für so manchen Hasen hat die Familie in den letzten zwölf Monaten klar im Vordergrund gestanden. Es bleibt Ihnen zu wünschen, dass Sie diese Zeit genauso genießen konnten wie Ihre Lieben. Ab dem kommenden Monat wird der Schwerpunkt definitiv ein anderer sein.

Mit Eifersucht kommen Sie in Ihrer Beziehung nicht weiter, denn dadurch kann die gemeinsame Vertrauensbasis empfindlich gestört werden. Sicher müssen Zweifel ausgesprochen werden - aber nicht in Form von Anschuldigungen, die Sie in den meisten Fällen kaum belegen können.

Beruf, Finanzen: Wie Sie sich in den vergangenen Monaten platziert haben, hatte sicher auch etwas mit Ihrem Selbstbewusstsein zu tun. Wer sich seiner Fähigkeiten nicht ganz so sicher ist oder nicht genau weiß, wo die eigenen Talente liegen, kann auch nur schwer sich selbst werben. Nutzen Sie die letzten Wochen noch einmal für eine Bestandsaufnahme und arbeiten Sie konkret daran, den richtigen Platz zu finden. Übernimmt der Drache im nächsten Monat das Zepter, geht es darum, die eigenen Qualitäten im richtigen Licht zu präsentieren. Das geht nur, wenn Sie wissen, wo Ihre Stärken liegen.

Tipp des Monats:

Sorgen Sie auch weiterhin gut für sich selbst, anstatt sich immer nur um Andere zu kümmern!

> Kleine Kälte / Große Kälte <

Januar 2024

SHENG
Drache

Grundtendenz des Monats:
Auf den letzten Metern im Jahr des Hasen schleichen sich vielleicht bei so manchem Drache leise Selbstzweifel ein. Bin ich mir treu geblieben oder habe ich mich zuweilen zu sehr verbogen, um meine Ziele zu erreichen? 2022 konnten Sie lernen, dass man auch mit Nachgiebigkeit ans Ziel gelangen kann. Das mag unter Umständen nicht immer Ihrem Wesen entsprochen haben, hat Ihnen aber doch die eine oder andere Tür öffnen können.
Sicher mögen die Lebenskonzepte von Hase und Drache in vielen Bereich recht weit auseinander klaffen. Aber das heißt ja nicht, dass man nicht voneinander lernen kann.

Liebe, Familie, Freundschaft: Wenn es in der Partnerschaft gelungen ist, gemeinsame Ziele zu finden und zu verfolgen, wird das Jahr sicher auf einer harmonischen Note enden. Schließlich war und ist das persönliche Wachstum eines der Hauptanliegen des scheidenden Jahresregenten. Mit dem Büffel an Ihrer Seite können Sie im Januar noch einmal die erreichten Ziele festigen.
Auch in den kommenden zwölf Monaten stehen die Zeichen für einsame Drachen nicht schlecht. In Ihrem eigenen Jahr stehen Ihnen sicher mehr aufregende Begegnungen bevor, die sich in jede Richtung entwickeln können.

Beruf, Finanzen: Bevor ab dem nächsten Monat der Holz-Drache das Zepter vom Hasen übernimmt, geht es jetzt noch einmal darum, gewisse Dinge vernünftig zum Abschluss zu bringen, was mit dem Büffel gut gelingen sollte. Vermeiden Sie unnötige Diskussionen und halten Sie sich an die Vorgaben.
Von Neidern sollten Sie sich nun nicht die Laune verderben lassen. Genießen Sie lieber das Erreichte und freuen Sie sich auf die kommenden zwölf Monate, wo Sie gerade Ihre beruflichen Ambitionen wieder freier gestalten können.

Tipp des Monats:
Bleiben Sie aufmerksam, wenn es um die Gefühle Ihrer Mitmenschen geht. Das kann Ihnen in den kommenden Monaten sehr helfen.

SZE
Schlange

Grundtendenz des Monats:
Ab dem nächsten Monat übernimmt mit dem Holz-Drachen ein Tierzeichen die Regentschaft, das sich mit der Schlange mindestens genauso gut ergänzt wie der scheidende Hase. Das allein sollte Ihnen jetzt schon ein gutes Gefühl geben, so dass Sie dem Wechsel mit Spannung und Freude entgegen sehen können. Lassen Sie sich bitte nun nicht verunsichern! Auch 2024 hat viele gute Gelegenheiten für die Schlange im Gepäck.
In den vergangenen Monaten konnten Sie viel von Ihrer sanfteren Seite zeigen und Ihr Wachstum vor allem auf der spirituellen Ebene vorantreiben. Behalten Sie den eingeschlagenen Kurs ruhig auch weiterhin bei.

Liebe, Familie, Freundschaft: Bestehende Beziehungen haben von der yinigen Energie des Wasser-Hasen sicher enorm profitieren können. Damit die Harmonie weiterhin gesichert ist, sollten Sie sich ab dem nächsten Monat noch mehr darauf achten, gemeinsame Ziele zu verfolgen. Mit dem stoischen Büffel an Ihrer Seite haben Sie sicher ganz klare Vorstellungen, wenn es um die Planung der nächsten Monate geht. Vergessen Sie aber nicht, dass auch der Rest der Familie vom Büffel beeinflusst wird. Da sollten Sie sich lieber auf einige Diskussionen einstellen.

Beruf, Finanzen: Wer immer nur abwartet, wann die andere Seite den nächsten Zug tut, musste sich in den letzten Monaten sicher nicht allzu sehr anstrengen und hat doch passable Ergebnisse hinlegen können. Allerdings konnten Sie Ihr kreatives Potential sicher besser entfalten, wenn Sie selbst aktiv geworden sind. Das bleibt auch in den kommenden Monaten so, denn dem Drache fehlt es in der Regel an Geduld und er wünscht sich schnelle Resultate.
Wer vorsichtig mit seinem Geld umgegangen ist, war 2023 gut beraten. Machen Sie jetzt einen Kassensturz und denken Sie schon mal über Strategien für die nächsten Monate nach.

Tipp des Monats:
Lassen Sie sich auf der Zielgerade nicht die Butter vom Brot nehmen.

> Kleine Kälte / Große Kälte <

Januar 2024

WU
Pferd

Grundtendenz des Monats:
Im letzten Monat des Hasen-Jahres wird harte Arbeit noch einmal ganz besonders belohnt. Mit dem Büffel begleitet nun ein Tierzeichen den Januar, das für seinen unermüdlichen Einsatz und Durchhaltewillen bekannt ist. In diesem Jahr paart sich das mit dem kreativen Holz-Element, so dass originelle Ideen nun noch einmal besonders gut umsetzen lassen.
Für das impulsive Pferd war es sicher nicht immer einfach, in den letzten 12 Monaten Geduld zu zeigen. Am Ende des Tages konnten Sie aber sicher feststellen, dass es sich in vielen Fällen gelohnt hat, sich abwartend zu verhalten.

Liebe, Familie, Freundschaft: Die sanfte Ader des Hasen hat das Pferd so manches Mal dazu angehalten, mehr Gefühle zuzulassen. Wenn es sich für Sie richtig angefühlt hat, spricht nichts dagegen, auch im Jahr des Drachen weiter Ihre yinige Ader zu zeigen.
Machen Sie sich nun nicht zu viele Gedanken darüber, was das nächste Jahr auf der privaten Ebene bringen wird. Sicher stellt der Drache Familie und Partnerschaft nicht ganz so in den Mittelpunkt wie der scheidende Hase. Am Ende des Tages bleibt es aber Ihnen überlassen, welchen Stellenwert Sie Ihren Lieben in den nächsten Monaten geben möchten.

Beruf, Finanzen: Viele Pläne haben sich 2022 nicht so recht umsetzen lassen oder kamen nur sehr langsam voran. Das lag sicher nicht zuletzt daran, dass der Wasser-Hase zum einem mehr für die innere Entwicklung getan hat. Zum Anderen musste in den vergangenen Monaten deutlich mehr Rücksicht auf die Befindlichkeiten aller Beteiligten genommen werden. Mit dem Drachen sollte sich das 2024 sicher etwas anders für das Pferd gestalten.
Wenn Sie sich nun entschlossen zeigen, können Sie sicher noch einmal in verschiedenen Bereichen punkten.

Tipp des Monats:
Stellen Sie Ihr Glück jetzt noch nicht auf die Probe! Dafür ist in den nächsten 12 Monaten genug Zeit.

WEI
Ziege

Grundtendenz des Monats:
Die höchsten Ziele mag die Ziege 2023 nicht erreicht haben, aber vielleicht ging es darum ja auch gar nicht. Der scheidende Regent hat bei seinen Untertanen oft eher auf der emotionalen Ebene wirken dürfen. Da macht sich die Weiterentwicklung unter Umständen erst nach und nach bemerkbar.
Dies ist definitiv der letzte Monat im Jahr des Wasser-Hasen, der der Ziege gut gesonnen war. Vielleicht hat er Ihnen nicht immer den nötigen Biss geben können, aber dafür hat es nicht an moralischer Unterstützung gefehlt.

Liebe, Familie, Freundschaft: An Empathie dürfte es der Ziege im Jahr des Hasen nicht gefehlt haben. Die Frage ist nur, ob Ihnen selbst auch soviel Mitgefühl entgegengebracht wurde, wie Sie gezeigt haben. Haben Sie das Gefühl, dass Sie zu kurz gekommen sind, sollten Sie sich vielleicht doch noch einmal mit Ihren Lieben zusammen setzen. Unter Umständen ist man sich nicht bewusst, was Sie wirklich brauchen.
Mit der Brechstange lässt sich keine neue Beziehung aufbauen. Da dürfte Ihnen der Büffel mit seiner Durchsetzungskraft also jetzt keine große Hilfe sein. Vielleicht kann er Ihnen aber noch einmal frische Energie geben, damit Sie einen längeren Atem bekommen. So kann dann unter Umständen doch noch längerfristig etwas Schönes entstehen.

Beruf, Finanzen: Gibt es noch Baustellen, die mit ein bisschen zusätzlichem Einsatz nun zum Abschluss gebracht werden können? Dann sollten Sie das besser nun tun und das Ganze nicht bis ins Drachenjahr verschleppen. Ein frischer Start garantiert im nächsten Monat eine deutlich bessere Ausgangsposition.
Die Konkurrenz hat auch im Jahr des freundlichen Hasen nicht geschlafen. Wenn Ihnen das jetzt auffällt, ist das kein Grund zur Sorge, sondern sollte eher ein Ansporn sein, es in den nächsten Monaten noch besser zu machen.

Tipp des Monats:
Bereiten Sie sich darauf vor, ab dem nächsten Monat noch sichtbarer zu werden!

> Kleine Kälte / Große Kälte <

Januar 2024

SUNG
Affe

Grundtendenz des Monats:
Der Affe darf sich auf den kommenden Monat freuen, wenn mit dem Drachen ein Tierzeichen das Zepter vom Hasen übernimmt, das ihn voll und ganz versteht. Bis es soweit ist, ist erst noch einmal Ihr Langmut gefragt. Ein stoischer Büffel begleitet den Januar und hat es in allen Bereichen des Lebens überhaupt nicht eilig. Lassen Sie sich davon nicht beirren und bleiben Sie in Ihrer Mitte.

Vom Wasser-Hasen konnte der Affe lernen, wie man Kompromisse schließen kann, die für alle Beteiligten von Vorteil sind. Die Bereitschaft, sich für die Gemeinschaft mehr einzusetzen, dürfen Sie mit ins nächste Jahr nehmen.

Liebe, Familie, Freundschaft: Vielleicht war es für den Affen nicht immer einfach, die emotionalen Achterbahnfahrten im Privatleben auszugleichen. Auf jeden Fall sollten Sie aus 2023 mitnehmen, dass es am Ende des Tages immer besser ist, wenn man seine Gefühle so äußert, dass man niemandem damit weh tut.

Sie haben sich in diesem Jahr wahrscheinlich mehr um Ihre Lieben gekümmert als in den Jahren zuvor. Wie hat es sich angefühlt, näher dabei zu sein und die Bindung vertiefen zu dürfen? Vielleicht verschieben Sie Ihre Prioritäten in Zukunft mehr in diese Richtung?

Beruf, Finanzen: Es war unter Umständen 2023 nicht ganz so einfach, klar seine Meinung zu sagen. Auf der anderen Seite haben Sie so sicher Ihr diplomatisches Geschick verbessern können. Das kann in den kommenden Monaten immer dann hilfreich sein, wenn Sie sich auf Verhandlungsebene begeben.

Was haben Sie in den letzten zwölf Monaten für Ihre wirkliche Berufung getan? Wer sich die Zeit genommen hat, auf sein Inneres zu hören, hat sicher einige Antworten bekommen, auf die man nun aufbauen kann. Mit dem Drachen an Ihrer Seite können Sie Ihre Fähigkeiten auf jeden Fall gut sichtbar machen.

Tipp des Monats:
Lassen Sie sich nicht von Kritikern beirren, sondern glauben Sie ganz fest an Ihre Fähigkeiten!

YU
Hahn

Grundtendenz des Monats:
Der letzte Monat im Jahr des Wasser-Hasen bringt wahrscheinlich keine großen Überraschungen mehr. Nun begleitet Sie ein Büffel auf Ihrem Weg und sorgt dafür, dass wieder mehr Routine in alle Bereiche des Lebens einkehrt. Das kann Ihnen die nötige Atempause verschaffen, bevor ab dem nächsten Monat ein charismatischer Drache das Zepter übernimmt.

Lassen Sie das vergangene Jahr Revue passieren, werden Sie vielleicht feststellen, dass Sie einige neue Erkenntnisse gewinnen konnten. Wer sich offen für Veränderungen gezeigt hat, konnte sicher deutlich entspannter mit den Menschen in seiner Umgebung umgehen.

Liebe, Familie, Freundschaft: Der Hase ist 2023 gerade auf der privaten Ebene sehr ungern auf Konfrontationskurs gegangen. Das hat sicher auch auf den Hahn abgefärbt, der mit diplomatischem Geschick so manchen Konflikt mit seinen Lieben vermeiden konnte. Eine größere Kompromissbereitschaft erleichtert Ihnen auch in Zukunft das Zusammenleben enorm.

Sorgen Sie jetzt noch einmal für stabile Verhältnisse in Ihrer Beziehung. Dafür sind auf beiden Seiten gewisse Zugeständnisse nötig, die Ihnen aber leicht fallen sollten, wenn Sie sich lieben und Ihr Leben miteinander teilen möchten.

Beruf, Finanzen: Der Büffel unterstützt den Hahn auf der beruflichen Ebene immer dann besonders gut, wenn es Hindernisse zu überwinden gilt. Sollte der Weg nun also noch einmal ein wenig steinig sein, brauchen Sie sich keine großen Sorgen zu machen.

Zum Ende des Hasen-Jahres gibt es gute Gelegenheiten, das Verhältnis zu Kollegen und Vorgesetzten weiter zu verbessern. Gemeinsame Aktivitäten können das Team so eng zusammenschweißen, dass im nächsten Jahr wirklich fast alles möglich ist. Wenn dann ab Februar der Drache ans Ruder kommt, können Sie sicher sein, dass alle an einem Strang ziehen.

Tipp des Monats:
Belasten Sie Ihre Lieben nun nicht mit Problemen, die Sie im Augenblick nicht lösen können.

> Kleine Kälte / Große Kälte < **Januar 2024**

SHIH
Hund

Grundtendenz des Monats:
Die konservativen Kräfte könnten im Januar seit längerem einmal wieder die Oberhand in Ihrem Leben gewinnen. Mit dem Büffel kommt im Januar ein Tierzeichen ins Spiel, das wie der Hund eher für Beständigkeit als für Veränderung steht. Im letzten Monat unter der Herrschaft des Wasser-Hasen dürfen Sie sich nun entscheiden, ob Sie doch etwas mehr in Richtung Veränderung gehen wollen oder ob am Ende lieber alles beim Alten bleiben soll.
Im nächsten Monat kommt mit dem Drachen ein weiteres Zeichen an die Macht, das mit einem munteren „weiter so" nicht viel anfangen kann. Wer sich darauf schon eingestellt hat, hat 2024 deutlich bessere Karten.

Liebe, Familie, Freundschaft: In der Partnerschaft wird Ihre Loyalität und Beständigkeit durchaus geschätzt. Trotzdem wünscht man sich vielleicht doch ein bisschen mehr Abenteuer mit dem Hund. Das Ganze kann in einem sicheren Rahmen ablaufen, bringt aber unter Umständen mehr Schwung in die Beziehung.
Auch bei Diskussionen im Familienkreis wünscht man sich nun vielleicht ein bisschen mehr Flexibilität von Ihnen. Sie mögen zu allen Themen eine feste Meinung haben, lieber Hund. Trotzdem sollten Sie sich die Argumente der anderen Seite anhören und Bereitschaft zeigen zuzugeben, wenn Sie einmal falsch liegen.

Beruf, Finanzen: Vielleicht ist es nicht ganz gelungen, die angestrebten Ziele im Jahr des Wasser-Hasen zu erreichen. Wer sich jedoch auf seine diplomatische Art eingelassen hat, konnte sicher wichtige Kontakte knüpfen und den Weg für zukünftige Unternehmungen ebnen.
Wenn im Februar der phantasievolle Drache die Regentschaft vom Hasen übernimmt, ist weiterhin Kreativität gefragt. Da müssen Sie sich gar nicht so viel umstellen, wenn Sie sich 2023 auf das Wesen des Herrschers eingelassen haben.

Tipp des Monats:
Verabschieden Sie sich endgültig von alten Konventionen, dann sind Sie für den Start ins Drachen-Jahr bestens gewappnet.

HAN
Schwein

Grundtendenz des Monats: .
Zum Ende des Hasen-Jahres kann das Schwein noch einmal einiges auf die Beine stellen. Dafür müssen Sie nun eine gute Mischung aus Flexibilität und Durchsetzungsvermögen an den Tag legen. Der Büffel, der den Januar begleitet, kann Sie sicher dabei unterstützen.
Ein letztes Mal noch ist das Yin-Holz stark ausgeprägt und Ihre Intuition wird geschärft. Da sollte Ihnen nun so leicht niemand etwas vormachen können, liebes Schwein! Vertrauen Sie weiterhin auf Ihr Gefühl, dann wird auch das Jahr des Feuer-Drachen zu einem Erfolg für Sie.

Liebe, Familie, Freundschaft: Mit einer guten Organisation lässt sich der Familienalltag einfach viel besser bewältigen! Damit alle sich wirklich Mühe geben, sollten Sie die Zügel jetzt ruhig ein wenig anziehen. Mit reiner Nettigkeit kann man Partner und Nachwuchs wahrscheinlich nicht zur Mithilfe motivieren.
Im letzten Monat unter der Herrschaft des Hasen darf die Liebe noch einmal eine wichtige Rolle spielen. Tun Sie sich gegenseitig gut, wenn Sie einen langjährigen Partner haben! Wagen Sie den nächsten Schritt, wenn Sie sich frisch kennengelernt haben! Kommt ab dem nächsten Monat der Drache an die Macht, ist für große Gefühle vielleicht nicht so viel Zeit.

Beruf, Finanzen: Mit freundlichen Worten kann im Januar noch einmal recht viel erreicht werden. Wenn dann noch die Argumentation schlüssig ist, bringen Sie alle wichtigen Personen mit ins Boot. So können Sie vielleicht schon die Weichen für das nächste Jahr stellen.
Wenn Sie noch nicht zufrieden mit dem Erreichten sind, sollten Sie analysieren, woran das liegen mag. Haben Sie nicht genug Einsatz gezeigt? Oder war die Aufgabe vielleicht am Ende nicht so gut für Sie geeignet? Was immer es war, lässt sich sicher 2024 korrigieren.

Tipp des Monats:
Ein starkes Selbstbewusstsein sollte das Schwein aus dem Jahr mitnehmen. Wer seinen Wert kennt, kann ihn schon ab nächsten Monat einfordern.

Januar 2024	Jahreskonstellation – Wasser Hase Monatskonstellation – Holz Büffel

1. Holz Ratte	Ratte Büffel Tiger Hase Drache Schlange Pferd Ziege Affe Hahn Hund Schwein **Günstig:** Kleidung schneidern, Handel, Buchhaltung, Ausflüge, neue Dinge beginnen. **Ungünstig:** Geschäfte eröffnen, Kraftanstrengungen, Reisen, Ersparnisse ausgeben.
2. Holz Büffel	Ratte Büffel Tiger Hase Drache Schlange Pferd Ziege Affe Hahn Hund Schwein **Günstig:** Putzen, waschen, fasten, seelische und körperliche Pflege, Arztbesuche. **Ungünstig:** Ausdauersport, Reisen, Hochzeit.
3. Feuer Tiger	Ratte Büffel Tiger Hase Drache Schlange Pferd Ziege Affe Hahn Hund Schwein **Günstig:** Umziehen, Reisen, Hochzeiten, Empfänge, wichtige Konferenzen. **Ungünstig:** geistige Arbeiten, Gartenarbeit, häusliche Tätigkeiten.
4. Feuer Hase	Ratte Büffel Tiger Hase Drache Schlange Pferd Ziege Affe Hahn Hund Schwein **Günstig:** Versammlungen, gerechte Verteilungen, Hochzeit, Konferenzen, Umzug. **Ungünstig:** Gartenarbeit, Dinge zum Abschluss bringen.
5. Erd Drache	Ratte Büffel Tiger Hase Drache Schlange Pferd Ziege Affe Hahn Hund Schwein **Günstig:** Gartenarbeit, Feiern, Hochzeit, Dinge zum Abschluss bringen. **Ungünstig:** keine Anschuldigungen gegen Dritte erheben.
6. Erd Schlange	Ratte Büffel Tiger Hase Drache Schlange Pferd Ziege Affe Hahn Hund Schwein **Günstig:** Gartenarbeit, Feiern, Hochzeit, Dinge zum Abschluss bringen. **Ungünstig:** keine Anschuldigungen gegen Dritte erheben.
7. Metall Pferd	Ratte Büffel Tiger Hase Drache Schlange Pferd Ziege Affe Hahn Hund Schwein **Günstig:** Gartenarbeit, Hochzeit, Dinge zum Abschluss bringen. **Ungünstig:** Umzug, Reisen, Geschäftseröffnung.
8. Metall Ziege	Ratte Büffel Tiger Hase Drache Schlange Pferd Ziege Affe Hahn Hund Schwein **Günstig:** Ausruhen, Meditation, seinen Hobbys nachgehen. **Ungünstig:** wichtige Unternehmungen.
9. Wasser Affe	Ratte Büffel Tiger Hase Drache Schlange Pferd Ziege Affe Hahn Hund Schwein **Günstig:** Amüsieren, mit Freunden ausgehen, Freizeitaktivitäten. **Ungünstig:** geschäftliche Aktivitäten, neue Dinge anfangen.
10. Wasser Hahn	Ratte Büffel Tiger Hase Drache Schlange Pferd Ziege Affe Hahn Hund Schwein **Günstig:** für die meisten Aktivitäten, Geschäftsabschlüsse, Partnerschaft. **Ungünstig:** negative Bemerkungen über andere Menschen.
11. Holz Hund	Ratte Büffel Tiger Hase Drache Schlange Pferd Ziege Affe Hahn Hund Schwein **Günstig:** Handel, Geschäftseröffnungen, Hochzeiten und andere Feste planen. **Ungünstig:** Beerdigungen, Reisen, Arztbesuche.
12. Holz Schwein	Ratte Büffel Tiger Hase Drache Schlange Pferd Ziege Affe Hahn Hund Schwein **Günstig:** Handwerkliche Aktivitäten, Handel, Hochzeiten, Reisen. **Ungünstig:** Trauerfeiern und Beerdigungen, schwere körperliche Arbeit.
13. Feuer Ratte	Ratte Büffel Tiger Hase Drache Schlange Pferd Ziege Affe Hahn Hund Schwein **Günstig:** Ankündigungen machen, Beerdigungen, Trauerfeiern. **Ungünstig:** Handel, Vergnügungen, Freizeitaktivitäten.
14. Feuer Büffel	Ratte Büffel Tiger Hase Drache Schlange Pferd Ziege Affe Hahn Hund Schwein **Günstig:** Kleidung schneidern, Handel, Buchhaltung, Ausflüge, neue Dinge beginnen. **Ungünstig:** Geschäfte eröffnen, Kraftanstrengungen, Reisen, Ersparnisse ausgeben.
15. Erd Tiger	Ratte Büffel Tiger Hase Drache Schlange Pferd Ziege Affe Hahn Hund Schwein **Günstig:** Putzen, waschen, fasten, seelische und körperliche Pflege, Arztbesuche. **Ungünstig:** Ausdauersport, Reisen, Hochzeit.

Ob ein Tag besonders günstig für Ihr Tierzeichen ist, sehen Sie an folgenden Farben:
Rot = sehr günstig, Grau = günstig, Schwarz = nicht günstig

Jahreskonstellation – Wasser Hase Monatskonstellation – Holz Büffel	Januar 2024

16. Erd Hase	Ratte Büffel Tiger Hase Drache Schlange Pferd Ziege Affe Hahn Hund Schwein **Günstig:** Umziehen, Reisen, Hochzeiten, Empfänge, wichtige Konferenzen. **Ungünstig:** geistige Arbeiten, Gartenarbeit, häusliche Tätigkeiten.
17. Metall Drache	Ratte Büffel Tiger Hase Drache Schlange Pferd Ziege Affe Hahn Hund Schwein **Günstig:** Versammlungen, gerechte Verteilungen, Hochzeit, Konferenzen, Umzug. **Ungünstig:** Gartenarbeit, Dinge zum Abschluss bringen.
18. Metall Schlange	Ratte Büffel Tiger Hase Drache Schlange Pferd Ziege Affe Hahn Hund Schwein **Günstig:** Gartenarbeit, Feiern, Hochzeit, Dinge zum Abschluss bringen. **Ungünstig:** keine Anschuldigungen gegen Dritte erheben.
19. Wasser Pferd	Ratte Büffel Tiger Hase Drache Schlange Pferd Ziege Affe Hahn Hund Schwein **Günstig:** Gartenarbeit, Hochzeit, Dinge zum Abschluss bringen. **Ungünstig:** Umzug, Reisen, Geschäftseröffnung.
20. Wasser Ziege	Ratte Büffel Tiger Hase Drache Schlange Pferd Ziege Affe Hahn Hund Schwein **Günstig:** Ausruhen, Meditation, seinen Hobbys nachgehen. **Ungünstig:** wichtige Unternehmungen.
21. Holz Affe	Ratte Büffel Tiger Hase Drache Schlange Pferd Ziege Affe Hahn Hund Schwein **Günstig:** Amüsieren, mit Freunden ausgehen, Freizeitaktivitäten. **Ungünstig:** geschäftliche Aktivitäten, neue Dinge anfangen.
22. Holz Hahn	Ratte Büffel Tiger Hase Drache Schlange Pferd Ziege Affe Hahn Hund Schwein **Günstig:** für die meisten Aktivitäten, Geschäftsabschlüsse, Partnerschaft. **Ungünstig:** negative Bemerkungen über andere Menschen.
23. Feuer Hund	Ratte Büffel Tiger Hase Drache Schlange Pferd Ziege Affe Hahn Hund Schwein **Günstig:** Handel, Geschäftseröffnungen, Hochzeiten und andere Feste planen. **Ungünstig:** Beerdigungen, Reisen, Arztbesuche.
24. Feuer Schwein	Ratte Büffel Tiger Hase Drache Schlange Pferd Ziege Affe Hahn Hund Schwein **Günstig:** Handwerkliche Aktivitäten, Handel, Hochzeiten, Reisen. **Ungünstig:** Trauerfeiern und Beerdigungen, schwere körperliche Arbeit.
25. Erd Ratte	Ratte Büffel Tiger Hase Drache Schlange Pferd Ziege Affe Hahn Hund Schwein **Günstig:** Ankündigungen machen, Beerdigungen, Trauerfeiern. **Ungünstig:** Handel, Vergnügungen, Freizeitaktivitäten.
26. Erd Büffel	Ratte Büffel Tiger Hase Drache Schlange Pferd Ziege Affe Hahn Hund Schwein **Günstig:** Kleidung schneidern, Handel, Buchhaltung, Ausflüge, neue Dinge beginnen. **Ungünstig:** Geschäfte eröffnen, Kraftanstrengungen, Reisen, Ersparnisse ausgeben.
27. Metall Tiger	Ratte Büffel Tiger Hase Drache Schlange Pferd Ziege Affe Hahn Hund Schwein **Günstig:** Putzen, waschen, fasten, seelische und körperliche Pflege, Arztbesuche. **Ungünstig:** Ausdauersport, Reisen, Hochzeit.
28. Metall Hase	Ratte Büffel Tiger Hase Drache Schlange Pferd Ziege Affe Hahn Hund Schwein **Günstig:** Umziehen, Reisen, Hochzeiten, Empfänge, wichtige Konferenzen. **Ungünstig:** geistige Arbeiten, Gartenarbeit, häusliche Tätigkeiten.
29. Wasser Drache	Ratte Büffel Tiger Hase Drache Schlange Pferd Ziege Affe Hahn Hund Schwein **Günstig:** Versammlungen, gerechte Verteilungen, Hochzeit, Konferenzen, Umzug. **Ungünstig:** Gartenarbeit, Dinge zum Abschluss bringen.
30. Wasser Schlange	Ratte Büffel Tiger Hase Drache Schlange Pferd Ziege Affe Hahn Hund Schwein **Günstig:** Versammlungen, gerechte Verteilungen, Hochzeit, Konferenzen, Umzug. **Ungünstig:** Gartenarbeit, Dinge zum Abschluss bringen.
31. Holz Pferd	Ratte Büffel Tiger Hase Drache Schlange Pferd Ziege Affe Hahn Hund Schwein **Günstig:** Gartenarbeit, Hochzeit, Dinge zum Abschluss bringen. **Ungünstig:** Umzug, Reisen, Geschäftseröffnung.

Die Tierzeichen und ihr Umweltbewusstsein

**Wie gehen Ratte & Co.
mit den natürlichen Ressourcen um?**

Das Thema Umwelt- und Klimaschutz steht auf der weltweiten Agenda ganz oben, denn der Mensch verbraucht jedes Jahr deutlich mehr, als ihm die Natur zur Verfügung stellen kann. Wie es um das ökologische Bewusstsein der einzelnen Tierzeichen steht, beleuchten wir in diesem Artikel.

Tierzeichen und ihr Umweltbewusstsein

Die Ratte

Es gibt wohl kaum eine Ratte, die nicht weiß, wie wichtig es ist, unseren Planeten zu schützen und Ressourcen zu erhalten. So ersinnt sie manch cleveren Plan, wie man diese Ziele erreichen könnte und kann bis in die tiefe Nacht hinein mit Gleichgesinnten über die zahlreichen Optionen diskutieren. Da die meisten Ratten jedoch eher Denker als Macher sind, bleiben viele der guten Ideen auf der geistigen Ebene hängen und werden nie in die Tat umgesetzt.

Das ist wohl auch einer der Gründe dafür, dass man die Ratte eher selten unter den Umweltaktivisten findet, die wirklich nach draußen gehen, aktiv mit anpacken oder auf Missstände aufmerksam machen. Wohler fühlt sie sich vielmehr dort, wo ihr schneller Geist gefordert wird und nicht ihrer Hände Arbeit. Sie mag sich an der Planung einer Anti-Atom-Demonstration beteiligen, wird sich aber wohl eher nicht stundenlang an Eisenbahnschienen anketten lassen, um einen Atommülltransport zu verhindern...

Im Kleinen achtet die Ratte darauf, wie sich ihr Leben nachhaltiger gestalten lässt. Solange die Zugeständnisse nicht lästig werden oder zu langweiliger Routine ausarten, ist sie sicher mit vollem Eifer dabei. Im Alltag ersinnt sie vielleicht einen Plan für alle Mitbewohner, wie die Mülltrennung zu erfolgen hat. Sie freut sich dann allerdings umso mehr, wenn der Rest der Gemeinschaft den gelben Sack regelmässig ausleert oder das Altglas wirklich zum Container bringt.

Im Großen und Ganzen lässt sich also sagen, dass die Ratte sich ihrer Verantwortung für die Umwelt durchaus bewußt ist. Ihren Beitrag zu mehr Nachhaltigkeit leistet sie allerdings mehr auf der gedanklichen als auf der praktischen Ebene.

Wie entwickelt sich das Umweltbewusstsein der Ratte?

Das **Ratten-Kind** lässt sich immer dann für ein Thema begeistern, wenn es spannend präsentiert wird. So mutieren kleine Ratten schnell zu Altpapier- und Wertstoffsammlern, wenn Mama oder Papa ihnen zeigen, wie man aus diesen Abfällen interessante neue Dinge machen kann. Aber Vorsicht – ist das Feuer erst einmal entfacht, ist es fast unmöglich, noch etwas einfach wegzuwerfen. Schließlich lässt sich mit dem Einfallsreichtum der kleinen Ratte für ziemlich alles eine Zweitverwertung finden.

Die **erwachsene Ratte** macht sich über eine vernünftige Wiederverwertung schon mehr Gedanken und zieht auch die größeren Zusammenhänge in Betracht. Sie ist weniger an den kleinen Lösungen interessiert, sondern versucht vielmehr, das Thema Umwelt und Nachhaltigkeit auf eine höhere Ebene zu verschieben. So regt es sie mehr auf, wenn Politik und Wirtschaft keine effektiven Maßnahmen zur Bekämpfung der Umweltverschmutzung verabschieden, als wenn zu Hause einmal keine regionalen Produkte auf den Tisch kommen oder zu viel Verpackungsmüll anfällt.

Im **Alter** nimmt ihr Interesse vor allem an globalen Themen zu mehr Nachhaltigkeit noch weiter zu. Mit ihrem wachen Verstand verfolgt die Ratte die Nachrichten sehr genau und verschafft sich außerdem auch zusätzliche Informationen. Das tut sie sicher, um mitreden zu können, aber vor allem auch, weil sie sich aktiv Gedanken um den Zustand unserer Welt macht.

Ideale Partner: Büffel, Drache, Ratte

Tierzeichen und ihr Umweltbewusstsein

Der Büffel

Der vernunftbetonte Büffel lässt sich in der Regel nicht von Respekt einflößenden Kampagnen beeindrucken, sondern will Fakten sehen. Deshalb sind viele Büffel erst einmal skeptisch, wenn wieder einmal die Nachricht vom Klimawandel durch die Medien geht oder plötzlich in Deutschland die Kernkraftwerke abgeschaltet werden sollen. Ist der Büffel fest davon überzeugt, dass uns ohne Kernkraft das Licht ausgeht, braucht es in der Regel Zeit und gute Argumente, um ihn vom Gegenteil zu überzeugen.

Auf der anderen Seite ist der Büffel aber ein leidenschaftlicher Verfechter seiner Ansichten. Erscheint es ihm sinnvoll, Energie zu sparen, tauscht er konsequent alle Glühbirnen gegen LED-Lampen aus. Ist er der Überzeugung, dass Bio-Gemüse besser für Gesundheit und Umwelt ist, dann wird man in seinem Kühlschrank sicher keine konventionelle Ware finden.

Wenn der Büffel für sich selbst beschlossen hat, bewusster mit den Ressourcen seiner Umwelt umzugehen, wird er in der Regel nicht versuchen, auch andere von seinen Ansichten zu überzeugen. Er kann durchaus akzeptieren, wenn man in seinem Umfeld eine andere Richtung eingeschlagen hat. Überhaupt macht der Büffel nicht viel Aufhebens um seine persönliche Einstellung. Er lebt sein Umweltbewusstsein aktiv vor und gibt so ein positives Beispiel, an dem sich vor allem sein Nachwuchs orientieren kann.

Der Büffel muss das Rad nicht neu erfinden, um auch auf höherer Ebene einen aktiven Beitrag zum Umweltschutz zu leisten. Man findet ihn eher dort, wo es darum geht, bestehende Ideen auszubauen, Verfahren zu verbessern oder die vorhandenen technischen Möglichkeiten zu optimieren, damit auch die folgenden Generationen noch ein erfülltes Leben auf unserem Planeten führen können.

Wie entwickelt sich das Umweltbewusstsein des Büffels?

In seiner **Jugend** lässt sich der Büffel meist recht gut von seinem Umfeld zu einem gesunden Bewusstsein im Umgang mit den natürlichen Ressourcen erziehen. Ist das Interesse des kleinen Büffels am Thema erst einmal geweckt, wird er in der Regel mit Begeisterung den Müll runtertragen und bei der Gartenarbeit helfen. Dabei zeigt er schon in frühen Jahren ein recht hohes Maß an Durchhaltevermögen und führt die ihm übertragenen Aufgaben gewissenhaft aus.

Der **erwachsene Büffel** geht beim Thema Umwelt eher pragmatisch zur Sache. Was in seinen Möglichkeiten liegt und ihm logisch erscheint, wird ohne Wenn und Aber umgesetzt. Erschließt sich ihm das Konzept hinter der Sache, dann ist der Büffel mit vollem Einsatz dabei.

Ganz anders sieht es aus, wenn es sich um völlig neue Ansätze handelt, die sein bisheriges Glaubensgefüge ins Wanken bringen könnte. In solchen Fällen braucht der Büffel oft mehr Zeit. Zum einen glaubt er einfach nicht direkt alles, was man ihm präsentiert, zum anderen kostet es die meisten Büffel ohnehin ein wenig Überwindung, die Richtung zu wechseln.

Auch im Alter tut sich so mancher Büffel schwer, mehr Nachhaltigkeit in sein Leben zu bringen – vor allem, wenn dafür von ihm verlangt wird, sich von lieb gewonnenen Gewohnheiten zu trennen. Da er aber durchaus langfristig denkt, wird er am Ende doch alles dafür tun, unseren Planeten für die kommenden Generationen zu erhalten.

Ideale Partner: Hahn, Schlange, Ratte

Tierzeichen und ihr Umweltbewusstsein

Der Tiger

Für die meisten Tiger ist es eher eine Herausforderung, sich von Altlasten zu befreien, als sich in neue spannende Abenteuer zu stürzen. So beschäftigen sie sich häufig mental eher mit Dingen, die bereits schief gelaufen sind. Wohl kaum ein Tierzeichen kann sich so über Umweltsünden, falsche Tierhaltung oder Energieverschwendung aufregen wie der Tiger. Mit seinem natürlichen Führungstalent hat er sofort die Lösung parat, wie man diese groben Fehler ausmerzen kann und er tut und deutlich kund, wie seiner Meinung nach vorzugehen ist.

Auch in seinem persönlichen Umfeld hält er nicht mit seiner Meinung hinter dem Berg, sondern sorgt dafür, dass seine Maßnahmen zu mehr Nachhaltigkeit ohne Kompromisse eingehalten werden. Nachwuchs und Partner wird genau auf die Finger geschaut, ob das Licht ausgeschaltet wird, der Müll vernünftig getrennt ist oder beim täglichen Einkauf auf Bioqualität geachtet wird. Für den Rest der Familie mag das zuweilen anstrengend sein, aber im Grunde sind alle froh, dass der Tiger auch in punkto Umweltbewusstsein die Führung übernimmt.

Mit seinen sehr klaren Ansichten zum Thema Umwelt macht sich der Tiger allerdings nicht unbedingt nur Freunde. So manche Diskussion mit ihm kann nämlich recht hitzig verlaufen – vor allem, wenn sich die andere Seite nicht von seiner Meinung überzeugen lässt.

Aktiv im Einsatz für Klima- und Umweltschutz wird der Tiger aber nicht nur direkt vor seiner Haustür. Oft geht er für seine Überzeugung auch deutlich weiter und engagiert sich aktiv in Umweltorganisationen, Menschenrechtsgruppen oder Tierschutzvereinen. Dabei trifft man ihn nicht nur auf der Straße, sondern auch im Internet, wo er in zahlreichen Foren für mehr Bewusstsein zum Thema wirbt.

Wie entwickelt sich das Umweltbewusstsein des Tigers?

Im **Kindes- und Jugendlichenalter** ist den meisten Tigern das Thema Umwelt nicht wirklich bewusst. Er ist zu sehr damit beschäftigt, die eigenen Grenzen auszuprobieren und sein Terrain zu erobern. Übertragene Aufgaben wie Pfandflaschen sammeln oder Gartenarbeit werden eher widerwillig erledigt. Dem kleinen Tiger ist es in der Regel erste einmal relativ egal, was mit unserem Planeten geschieht.

Mit zunehmendem Alter entwickelt der Tiger jedoch einen ausgeprägten Gerechtigkeitssinn, der häufig dazu führt, dass er im **Erwachsenenalter** viel aktiver daran interessiert ist, seinen Beitrag zum Schutz der Natur zu leisten. Dabei geht es ihm in erster Linie darum, das natürliche Gleichgewicht wieder herzustellen. Außerdem sind die meisten Tiger recht praktisch veranlagt und erkennen einfach die vielen Vorteile, die zum Beispiel eine pestizid- und kunstdüngerfreie Ernährung oder die Nutzung von Sonnenenergie mit sich bringt. Wenn sie das Konzept der Nachhaltigkeit erst einmal in ihr Leben integriert haben, ist es ihnen meistens ein persönliches Anliegen, möglichst viele Menschen in ihrer Umgebung von diesem Weg zu überzeugen.

Mit zunehmendem **Alter** verlegt sich der Tiger vom Aktivismus mehr auf den philosophischen Ansatz des Themas. Ob Energiewende, Massentierhaltung oder Recycling – der Tiger hat zu jedem Thema nicht nur eine Meinung, sondern weiß diese auch mit zahlreichen Argumenten zu unterlegen.

Ideale Partner: Pferd, Hund, Hase

Tierzeichen und ihr Umweltbewusstsein

Der Hase

Der Hase gilt im chinesischen Horoskop als das Tierzeichen mit dem besten Instinkt. Und einem extrem guten Draht zu Mutter Natur. Da ist es fast schon selbstverständlich, dass ihm die Umwelt enorm wichtig ist. Er hat eine sehr starke Affinität zu den natürlichen Seiten des Lebens und setzt sich nicht zuletzt deshalb in der Regel kontinuierlich dafür ein, dass wir Menschen uns im Einklang mit den Naturgesetzen bewegen.

Gesundes Essen, saubere Luft, artgerechte Tierhaltung – alles dies sind Themen, die die meisten Hasen beschäftigen. Dabei zeigt der Hase sein Engagement sicher nicht so offen wie der Tiger, ist aber durchaus bereit, sich an vorderster Front für den nachhaltigen Umgang mit den Ressourcen der Erde einzusetzen.

Viele Hasen wirken dabei in erster Linie in ihrem unmittelbaren Umfeld auf ihre Mitmenschen ein, indem sie selbst ein gutes Beispiel geben. Ihnen ist bewusst, dass sie schon mit den kleinen Dingen des Alltags wie dem Einkauf beim lokalen Bauern oder im Bioladen einen Beitrag leisten können und sie geben ihr diesbezügliches Wissen gerne weiter.

In Diskussionen zum Thema führen sie gerne die eigene Gesundheit und die ihrer Familie als eines der Hauptargumente für ihr nachhaltiges Denken an. Schließlich steht das Yin-Holz des Hasen nicht nur für ein gutes Bauchgefühl, sondern auch für eine natürliche Gabe zum Heilen. Was schädlich für den eigenen Körper und die Umwelt ist, hat beim Hasen keine Chance.

Aus einer inneren Eingebung heraus fühlt er sich verpflichtet, sich für das Wohl seiner Mitmenschen einzusetzen. Das beinhaltet auch, sich um das Wohl der Erde zu sorgen und aktiv zu werden, wenn die natürlichen Ressourcen in Gefahr geraten.

Wie entwickelt sich das Umweltbewusstsein des Hasen?

Schon im **Kindesalter** zeigen viele Hasen ein sehr großes Verantwortungsgefühl für ihre Umgebung. Das kann sich unter anderem auch darin äußern, dass der kleine Hase bereits sehr früh beginnt, aktiv seine Umwelt zu schützen – sei es, indem er den aus dem Nest gefallenen Vogel wieder aufpäppelt oder bei einem Spaziergang den Müll anderer Menschen aufsammelt. Seine Aufmerksamkeit ist bereits jetzt auf das Wohl der Allgemeinheit ausgerichtet.

Der **erwachsene Hase** wählt deshalb häufig einen Beruf, indem er dem Wunsch nach der Harmonie im Großen und Ganzen ausleben kann. Sein Bewusstsein für die Umwelt zeigt sich dabei besonders im Umgang mit seinen Mitmenschen. Er geht sorgsam mit der Umwelt und den Ressourcen um, weil er weiß, dass nur so langfristig das Wohl der Menschheit sichergestellt werden kann. Gerade weil ihm die kommenden Generationen besonders am Herzen liegen, fühlt sich der Hase quasi verpflichtet, sich aktiv für unseren Planeten einzusetzen.

Auch im **weisen Alter** bleibt der Hase eine mahnende Kraft, die nicht oft genug darauf hinweisen kann, wie wichtig es ist, die Ressourcen des Planeten zu schonen. Dabei bezieht er sich oft auf die individuelle Gesundheit des Einzelnen, um sicherzustellen, dass seine Botschaft auch am anderen Ende ankommt. Bis zuletzt weist er kommenden Generationen unermüdlich den Weg zu einer nachhaltigeren Zukunft.

Ideale Partner: Ziege, Hase, Schwein

Tierzeichen und ihr Umweltbewusstsein

Der Drache

Man könnte meinen, dass der Drache mit seinem guten Draht nach oben sicher auch eine natürliche Verbindung zur Natur hat. Leider sind die meisten Vertreter dieser Art jedoch viel zu sehr damit beschäftigt, den eigenen Visionen nachzuhängen, als dass sie sich mit so profanen Dingen wie Mülltrennung oder Energie sparen abgeben würden. Dabei ist der Drache durchaus gewillt, einen Beitrag zum Umweltschutz zu leisten – wenn er denn die Zeit dazu findet...

Viele Drachen haben eine Neigung zum Besonderen und sind ständig auf der Suche nach dem Einzigartigen. Das ist sicher auch der Grund dafür, dass die neuesten nachhaltigen Technologien und Errungenschaften oft zuerst von einem charismatischen Drachen präsentiert werden. So fährt er mit Begeisterung das neueste Elektroauto oder montiert als Erster in der Nachbarschaft Solarpanele auf sein Dach.

Hat der Drache erst einmal Feuer gefangen, entwickelt er sich schnell zum flammenden Fürsprecher für den neuen Windpark in der Nachbarschaft oder den ausschließlichen Verzehr von Bio-Produkten. Mit seinem Charme gelingt es ihm dabei schnell, nicht nur seine unmittelbare Umgebung, sondern im Zweifelsfall auch die breite Öffentlichkeit von den Vorteilen seiner Thesen zu überzeugen. Auch wenn es ihm oft nicht bewusst ist, leistet er so einen Beitrag dazu, Themen wie Klima- und Umweltschutz salonfähig zu machen.

Im kleinen häuslichen Rahmen fällt es dem Drachen dagegen schwerer, immer umweltbewusst zu handeln. Zuweilen ist es ihm einfach zu lästig, den eigenen Alltag nachhaltiger zu gestalten. Da scheitert er dann schon einmal daran, das Altglas zum Container zu bringen oder den weiteren Weg zum Bio-Bauern auf sich zu nehmen, wenn der Supermarkt gleich um die Ecke liegt.

Wie entwickelt sich das Umweltbewusstsein des Drachen?

Der **kleine Drache** hat mit Umweltschutz in der Regel nicht besonders viel am Hut. Es gibt so viele Abenteuer zu erleben und so viele Luftschlösser zu bauen, dass das Thema nicht wirklich seine Aufmerksamkeit erlangen kann. Da bedarf es schon der sanften Führung der Eltern, damit aus dem jungen Drachen in späteren Jahren ein Mensch wird, der sich seiner Verantwortung für unseren Planeten bewusst ist und sich für ihn einsetzt.

Wird der Drache **erwachsen,** beschäftigt er sich durchaus mit dem Thema Nachhaltigkeit. Je mehr das Ganze in der Öffentlichkeit diskutiert wird, desto größer dürfte sein Interesse werden. Mit der allgemeinen Aufmerksamkeit steigt auch sein Bedürfnis, sich zu engagieren – wobei er eher Geld als Zeit investieren dürfte... Steigt er jedoch zum Beispiel in das Thema Umweltschutz ein, tut er es voll und ganz und entwirft in rasender Geschwindigkeit Konzepte, die er ohne Umschweife seinen Mitmenschen präsentiert.

Im **Alter** kann der Drache sein Charisma nutzen, um sich in den Dienst der guten Sache zu stellen. Das tut er in der Regel gerne und ausgiebig. So manche Drachenpersönlichkeit hat so in der Vergangenheit eine Plattform für mehr Nachhaltigkeit geschaffen und für die nötige Aufmerksamkeit in der Öffentlichkeit gesorgt.

Ideale Partner: Ratte, Affe, Schlange

Tierzeichen und ihr Umweltbewusstsein

Der Schlange

Die meisten Schlangen haben einen recht ausgeprägten Sinn für Moral und Ethik. Sie setzen hohe Maßstäbe nicht nur für sich selbst an, sondern auch für Ihre Umgebung. So ist es für die meisten Schlangen nur schwer zu ertragen, wenn durch wirtschaftliche Machenschaften oder Intrigen die Umwelt in Gefahr gebracht wird. Auch wenn die Schlange nicht unbedingt zu den auffälligsten Umweltaktivisten im chinesischen Tierkreis gehört, so hat sie doch ein starkes Bedürfnis über das Thema gut informiert zu sein.

Sicher gibt es auch Schlange-Persönlichkeiten, denen es geschickt gelingt, die eigenen Umweltsünden zu vertuschen – immerhin gehört dieses Tierzeichen zu den Meistern der Tarnung. Im Großen und Ganzen ist die Schlange jedoch bereit, für den Erhalt der Natur auch selbst etwas zu tun.

Bevor die Schlange allerdings aktiv wird, wird sie sich zunächst einmal schlau machen. Schließlich muss sie zum Einen wissen, wofür sie sich engagiert. Zum Anderen wollen auch die Methoden und Maßnahmen für mehr Nachhaltigkeit erst einmal sorgfältig geprüft werden. Die Schlange würde niemals auf einen Zug aufspringen, bevor ihr nicht hundertprozentig klar ist, wohin die Reise geht.

Da die meisten Schlangen durchaus eine gewisse Sensationslust pflegen, wird ihnen so schnell kein Lebensmittelskandal, keine Intrige der Energiekonzerne oder vertuschte Naturkatastrophe entgehen. Gut informiert können sie auf Missstände aufmerksam machen und Fehlverhalten anprangern.

Im persönlichen Umfeld sorgt die Schlange ohne großes Aufheben dafür, dass solche Entgleisungen gar nicht erst vorkommen. Sie leistet still und leise ihren Beitrag, damit auch kommende Generationen sich an den Wundern der Natur erfreuen können.

Wie entwickelt sich das Umweltbewusstsein der Schlange?

Als **Kind und Jugendlicher** beobachtet die Schlange ganz genau, was in ihrer Umgebung passiert. Dazu gehört natürlich auch ein neugieriger Blick auf ihre Umwelt und auf die Art und Weise wie ihre Mitmenschen damit umgehen. So findet die kleine Schlange heraus, wo es für sie Sinn macht, aktiv zu werden. Vorschreiben lässt sie sich allerdings nichts – sie will lieber ganz alleine entscheiden, wo und wie sie ihren Beitrag leisten kann.

Auch die **erwachsene Schlange** zeigt sich zunächst eher zurückhaltend, wenn sie mit dem Thema Nachhaltigkeit konfrontiert wird. Sie saugt zunächst einmal alle Informationen zum Thema auf und wird erst dann aktiv, wenn sie glaubt, die Angelegenheit voll und ganz erfasst zu haben. Engagiert sie sich zum Beispiel in einer Umweltbewegung, dann findet man die erwachsene Schlange eher im Organisations- oder Informationsstab als bei der lauten Aktion auf der Strasse. Auch ihr Protest findet eher im anonymen Internet statt, als bei einer öffentlichen Podiumsdiskussion.

Im **reiferen Alter** hat die Schlange in der Regel die für sie wichtigen Schlussfolgerungen gemacht und sich eine sehr fundierte Meinung zum Thema Nachhaltigkeit und Umweltbewusstsein gebildet. Diese mag vielleicht nicht immer der gängigen Ansicht entsprechen, wird aber auf jeden Fall von zahlreichen Belegen gestützt und ist so leicht nicht zu widerlegen.

Ideale Partner: Hahn, Drache, Büffel

Das Pferd

Die meisten Pferdepersönlichkeiten haben sehr klare Ansichten zu allen für sie wichtigen Aspekten des Lebens. Da ist es nicht verwunderlich, dass das Pferd auch beim Thema Umwelt ganz klar Position bezieht. Je mehr dabei die Menschen in seinem Umfeld seine Meinung teilen, desto vehementer tritt das Pferd für seine Überzeugungen ein. Spricht also die ganze Welt vom Klimawandel, steht so manches Pferd in der ersten Reihe, wenn es darum geht, aktiv zu protestieren und sich für Veränderungen einzusetzen.

In der Regel reicht es dem Pferd dabei nicht, aus der zweiten Reihe zuzuschauen. Es möchte vielmehr wirklich mitmischen und dazu beitragen, dass sich in diesem Bereich wirklich etwas tut. Mit offenen und motivierenden Worten gelingt es ihm spielend, auch andere für die gemeinsame Sache zu begeistern und alle anzustacheln, wirklich das Beste zu geben.

Etwas anders sieht die Sache aus, wenn das Pferd mit seinen Ansichten allein auf weiter Flur steht. Dann zeigt es sich, dass es im Grunde kein Einzelkämpfer ist, sondern lieber im Team sein Engagement zeigen kann.

Im Alltag zeigt sich, dass es das Pferd mit seinen Ansichten absolut ernst meint. Es spricht also nicht einfach nur über mehr Nachhaltigkeit, sondern lebt nach seinen Überzeugungen. Ein umweltbewusstes Pferd wird ganz selbstverständlich seinen Müll trennen, beim Bio-Bauern einkaufen oder die Solaranlage auf dem Dach montieren. Natürlich behält es dabei immer den Nutzen des Ganzen im Auge.

Auf der anderen Seite ist es nicht einfach, das Pferd davon zu überzeugen, mehr für seine Umwelt zu tun, wenn es bereits eine vollkommen andere Richtung eingeschlagen hat und von der Richtigkeit seines Handelns überzeugt ist.

Wie entwickelt sich das Umweltbewusstsein des Pferdes?

Das sehr agile **Pferde-Kind** ist durch nichts mehr zu begeistern, als durch Aktivitäten in der Natur. Dabei liegt es an den Eltern und seiner Umgebung, ob mit dem „draußen sein" auch gleichzeitig der Grundstein für ein nachhaltiges Denken gelegt wird. Viele jugendliche Pferde begeistern sich vielleicht mehr für Sport und Wettbewerb, anstatt sich mit dem Schutz der Umwelt auseinanderzusetzen. Wird der Samen in der Kindheit gesät, so kann aus dem Pferd in seinem weiteren Leben durchaus ein überzeugter Umweltaktivist werden.

Das **erwachsene Pferd** hat meist eine sehr klare Meinung zum Thema Nachhaltigkeit und Umweltbewusstsein. Seine Ansichten verteidigt es feurig und unnachgiebig. Im Grunde ist es ihm unbegreiflich, dass es Menschen gibt, die die Sache vollkommen anders sehen. Was es in seinem persönlichen Umfeld aktiv tun kann, wird in der Regel ohne große Umschweife erledigt. Für das Pferd ist es selbstverständlich, dass es seine Überzeugung auch praktisch umsetzt.

Im reiferem **Alter** verlagert sich der Aktivismus des Pferdes vielleicht ein wenig mehr auf die intellektuelle Ebene. An Feuer und Leidenschaft für die Sache fehlt es aber auch dann nicht. So manches Pferd sitzt nun in einer Runde von Gleichgesinnten und diskutiert angeregt darüber, wie Politik und Wirtschaft mit ihrem Handeln Natur und Umwelt am besten gerecht werden könnten.

Ideale Partner: Tiger, Hund, Ziege

Tierzeichen und ihr Umweltbewusstsein

Die Ziege

Auf den ersten Blick würde man der sanften Ziege wohl kaum zutrauen, dass sie sich kampfeslustig das Thema Umweltschutz auf ihre Fahnen schreibt. Doch der Eindruck kann durchaus täuschen! Die Ziege gehört zu den Tierzeichen, die sich am meisten um das Wohl ihrer Umgebung sorgen und das schließt nicht nur die ihr nahestehenden Menschen ein. Vielmehr liegt ihr das Wohl von Tier, Mensch und Umwelt gleichermaßen am Herzen und sie ist durchaus gewillt, dafür einiges an Einsatz zu zeigen. So findet man die Ziege im Alltag meist recht eifrig, wie sie ihre methodische Art auch auf die Bereiche des häuslichen Lebens anwendet, die sich dem Thema Nachhaltigkeit widmen.

Die Ziege weiß genau, dass es nicht nur umweltfreundlich ist, wenn man beim Bauern um die Ecke oder auf dem Markt einkauft. Sie geht diesen Weg vielmehr auch deshalb, weil sie damit indirekt ja auch dem Wohl von Nachwuchs und Familie dient. Wenn man dabei noch Ressourcen schonen und den CO_2-Ausstoß verringern kann – umso besser.

Man wird die Ziege aber wohl eher selten dabei finden, wie sie ihrem Umweltbewusstsein ein individuelles Gesicht verleiht. Sie schließt sich lieber einer allgemeinen und friedlichen Anti-Atomdemonstration an, anstatt sich etwa wagemutig mit einem Schlauchboot vor einen Walfänger im offenen Meer zu werfen.

Der Protest gegen Umweltsünden, Energieverschwendung oder einem gedankenlosen Umgang mit der Natur bleibt denn auch bei vielen Ziegen eher oberflächlich. Sie weiß in der Regel recht gut über die Sache an sich Bescheid, plagt sich aber nur ungern mit den Details herum. Von einer Ziege sollte man deshalb nicht unbedingt innovative Konzepte erwarten, mit denen unsere Umwelt auch für zukünftige Generationen erhalten werden kann.

Wie entwickelt sich das Umweltbewusstsein der Ziege?

Viele Ziegen verhalten sich im **Kindesalter** eher zurückhaltend, als dass sie die Initiative ergreifen. So trauen sie sich vielleicht nicht immer, die entscheidenden Fragen zu stellen und stehen bei vielen Herausforderungen, die Natur und Umwelt ihnen bieten, eher ein wenig ratlos da. Nimmt man sie vorsichtig an die Hand und erläutert die Zusammenhänge, entwickeln sie sich schnell zu Bewunderern des Universums.

Im **Erwachsenenalter** sind viele Ziegen so in ihren Alltag eingebunden, dass ihnen kaum Zeit bleibt, sich intensiv mit dem Thema Nachhaltigkeit auseinanderzusetzen. Natürlich trennen sie ihren Müll und achten darauf, nicht unnötig das Licht brennen zu lassen. Das tun sie jedoch weniger aus einem tief verankerten Umweltbewusstsein heraus, sondern eher, weil es eben alle tun. Bei Thema Ernährung und Gesundheit horchen die meisten Ziegen da schon mehr auf – schließlich betreffen diese Themen das Wohl von Familie und Freunden.

Mit zunehmendem **Alter** haben die meisten Ziegen einen gehbaren Weg gefunden, wie sich ein gesundes Maß an Umweltbewusstsein zeitlich mit den zahlreichen Verpflichtungen vereinbaren lässt. Sie freuen sich über gesundes Essen aus dem eigenen Garten, können aber durchaus auch einmal ein politisch überhaupt nicht korrektes Abendessen bei der Fast Food Kette um die Ecke genießen.

Ideale Partner: Schwein, Hase, Pferd

Tierzeichen und ihr Umweltbewusstsein

Der Affe

Für den Affen muss Umweltschutz in erster Linie Spaß machen. Nur dann gelingt es ihm, auch über einen längeren Zeitraum bei der Stange zu bleiben. So mancher Affe gefällt sich in großen Gesten und eifrigen Willensbezeugungen, wirklich etwas für die Umwelt zu tun. Zuweilen sind diese gemachten Versprechen aber etwas voreilig. Wenn es dann wirklich darauf ankommt, ist vom Affen weit und breit nichts zu sehen.

Das heißt nicht, dass ihm das Thema nicht wichtig ist... Es ist nur vielmehr so, dass er bei seinen zahlreichen Aktivitäten einfach den Überblick verliert. So vergisst er den Termin der Großkundgebung gegen den Kohleabbau, bei der er unbedingt dabei sein wollte oder verpasst es, sich rechtzeitig zum Recycling-Kurs anzumelden. Das alles geschieht nicht aus böser Absicht, sondern wohl eher deshalb, weil der Affe einfach zu viele Dinge auf einmal macht.

Im Alltag haben die meisten Affen das Thema Nachhaltigkeit recht gut verinnerlicht. Man spart Strom, wo man kann, bringt das Altpapier brav zum Container und kauft Bio-Lebensmittel wann immer es möglich ist. Manchmal übermannt den Affen allerdings ein Hang zur Bequemlichkeit, was dazu führen kann, dass er dann doch schnell beim Discounter um die Ecke einkauft. Und das, obwohl er ganz genau weiß, dass er damit nicht gerade ein leuchtendes Beispiel für seine Umgebung abgibt.

Kann der Affe sich schnell und unkompliziert engagieren, ist er sofort dabei. Petitionen im Internet gegen genveränderte Lebensmittel werden ohne Umschweife unterzeichnet und weitergeleitet; seinen Mitgliedsbeitrag bei Greenpeace oder Foodwatch lässt er Jahr für Jahr von seinem Konto abbuchen. Auch verbal sind die meisten Affen eifrige Verfechter für mehr Umweltbewusstsein – auch wenn die Praxis bei ihm manchmal doch etwas anders aussieht.

Wie entwickelt sich das Umweltbewusstsein des Affen?

Der kleine Affe macht sich in der Regel recht wenig Gedanken darüber, ob die Ressourcen seiner Umwelt unendlich halten. Dafür ist er im **Kindesalter** viel zu neugierig und abenteuerlustig. Er interessiert sich allerdings schon früh für die kleinen Wunder der Natur, die genau erforscht sein wollen

Wird der Affe **erwachsen,** nimmt er die globalen Zusammenhänge schon deutlich besser wahr. Mit seinem wachen Verstand erkennt er schnell, wo die Schwachstellen im System liegen und er hat die Schuldigen für die Umweltmisere schnell ausgemacht. Trotzdem wird er auch jetzt nicht unbedingt selbst aktiv, sondern unterstützt lieber mit finanziellen Mitteln oder ermutigenden Worten die Vereinigungen und Gruppen, die sich engagieren. Vor der eigenen Haustüre zeigt der Affe allerdings schon, dass er durchaus verstanden hat, um was es geht und setzt oft auch sehr innovative Konzepte ein, um ein nachhaltigeres Leben zu führen.

Im **Alter** werden die meisten Affen etwas ruhiger und haben nun Zeit, sich aktiver Themen wie Energiewende, Umwelt- und Naturschutz zu widmen. So manch gutes Konzept für diese Bereiche stammt aus der Feder eines cleveren Affen, der seine grauen Zellen immer gerne in den Dienst der Sache stellt. Die Lösungsansätze sind dabei nicht einfach aus der Luft gegriffen, sondern haben wirklich Hand und Fuß.

Ideale Partner: Ratte, Drache, Hahn

Tierzeichen und ihr Umweltbewusstsein

Der Hahn

So offene Worte wie der Hahn findet wohl kaum ein anderes Tierzeichen, wenn es darum geht, die Versäumnisse von Politik und Wirtschaft in punkto Nachhaltigkeit anzuprangern. Dabei betrachtet er die Konsequenzen dieser Fehler sowohl im Hinblick auf die Auswirkungen auf Natur und Mensch, ohne jedoch dabei den finanziellen Aspekt aus dem Auge zu verlieren.

Viele Hähne sind ausgesprochen geschäftstüchtig und wollen deshalb auch genau wissen, welche Konsequenzen es auf ihren Geldbeutel hat, wenn zum Beispiel in Deutschland die Atom- und Kohlekraftwerke abgeschaltet werden oder das Halten von Hühnern in Legebatterien verboten wird. In der Regel wägt der Hahn die Vor- und Nachteile sorgfältig ab, bevor er seine Position zu Themen dieser Art bezieht. Hat er jedoch einmal eine Meinung gebildet, so verteidigt er sie.

Hat der Hahn sich entschlossen, sich im Kampf gegen Umweltsünden zu engagieren, so tut er dies laut und deutlich. Er scheut sich nicht, sich ganz nach vorne in die erste Reihe zu stellen, auch wenn das bedeuten kann, dass er als erster die Kritik und Schelte zu spüren bekommt.

Im Alltag kann der Hahn seine Disziplin in punkto Nachhaltigkeit unter Beweis stellen. Auch unangenehme Aufgaben werden dann erledigt, wenn es für den Erhalt der Natur erforderlich ist. Aus Bequemlichkeit einmal den Kompost nicht ausleeren kommt für den Hahn genauso wenig in Frage wie aus Zeitmangel nicht auf Umweltstrom umzusteigen. Solange ihm Maßnahmen dieser Art sinnvoll erscheinen, gibt es keine Entschuldigung, sie nicht konsequent in den Tagesablauf zu integrieren.

Mit seinem Gespür für Neuheiten ist der Hahn darüber hinaus meist einer der Ersten, der davon weiß, wenn bezahlbare und schicke Elektroauto auf den Markt kommen oder ein neues Handy mit extrem niedrigen Strahlungswerten vorgestellt wird.

Wie entwickelt sich das Umweltbewusstsein des Hahnes?

Im **Kindesalter** wird der Hahn sich oft mehr als andere Altersgenossen für all das interessieren, was den Menschen einfällt, um das Leben schöner zu gestalten. Mit Umweltbewusstsein hat das zwar noch nicht wirklich viel zu tun. Der kleine Hahn schult aber so seinen Blick oder gehört später zu den Zeitgenossen, die sich für die neuesten umwelttechnischen Errungenschaften interessieren.

Der **erwachsene** Hahn macht immer dann Nägel mit Köpfen, wenn sich Umweltbewusstsein mit praktischen Gesichtspunkten kombinieren lässt. Hochkomplizierte Verfahren zur Energiegewinnung machen auf ihn lange nicht so viel Eindruck wie der neue praktische Schnellkomposter des Nachbarn, der nicht nur jede Menge Küchenabfälle entsorgt, sondern außerdem kein bisschen Dreck macht. Der Einsatz für die Umwelt muss für den Hahn praktikabel sein, sonst macht das Ganze wenig Sinn.

Mit **zunehmendem Alter** ziehen sich viele Hähne mehr auf den theoretischen Teil ihres Nachhaltigkeitsdenkens zurück. Das bedeutet, dass man sich nun nicht mehr so sehr für Dinge aus dem Fenster lehnt, die scheinbar ohnehin nicht zu ändern sind. Was natürlich nicht bedeutet, dass sich der Hahn nicht weiterhin seine Gedanken zum Thema macht... er muss sie einfach nicht mehr um jeden Preis umsetzen.

Ideale Partner: Büffel, Schlange, Affe

Tierzeichen und ihr Umweltbewusstsein

Der Hund

Die meisten Hunde sind harte Arbeiter, die sich auch mit Umständen arrangieren können, die nicht unbedingt ihrem Geschmack entsprechen. Das bedeutet, dass der Hund durchaus damit leben kann, wenn es Politik und Wirtschaft nicht gelingt, mehr zum Schutz für unseren Planeten zu tun. Anstatt sich also groß darüber aufzuregen, dass es immer noch kein sicheres Endlager für den Atommüll gibt, sucht sich der Hund eben ganz pragmatisch einen Ort zum Leben aus, der möglichst weit von der potentiellen Gefahrenquelle entfernt ist.

Da sich viele Hunde mit Veränderungen ein wenig schwer tun, fällt es ihnen außerdem oft schwer, sich von lieb gewonnenen Gewohnheiten zu trennen, bloss weil plötzlich erwiesen sein soll, dass sie schädlich für Umwelt und Mensch sei. Die Tomaten auf dem Balkon hat er doch schon immer gegen Ungeziefer behandelt und nun soll das auf einmal schädlich sein?

Ist der Hund in einem Bereich tätig, der wegen seiner Umweltsünden unter Beschuss gerät, wird ihm seine Loyalität schnell zum Verhängnis und er harrt oft auch dann noch aus und erledigt die unangenehmen Arbeiten, wenn sein Gewissen ihm längst geraten hat, das Schiff zu verlassen. In solchen Situationen wird seine Gutmütigkeit oft ausgenutzt.

Auf der anderen Seite ist sich der Hund seiner Verantwortung für Mitmenschen und Umwelt durchaus bewusst und trägt aus freien Stücken ohne zu murren sein Scherflein dazu bei – sei es durch die eigenen Taten im Alltag oder auch durch die kontinuierliche Unterstützung von Freunden oder Kollegen, die sich Themen dieser Art widmen. Dabei macht er um seinen Einsatz kein großes Aufhebens, sondern leistet einfach selbstverständlich und zuverlässig seinen Beitrag für eine gesündere Umwelt.

Wie entwickelt sich das Umweltbewusstsein des Hundes?

Im **Kindesalter** schon zeigen viele Hunde ihren Sinn für das Praktische. Wird ihnen erklärt, was sie aktiv ein harmonisches Miteinander von Mensch und Natur tun können, dann macht sich der kleine Hund unbeirrt ans Werk und man kann sich schon in jungen Jahren auf ihn verlassen. Emsig bleibt er bei der Sache und wird auch in seinem späteren Leben immer ein verlässlicher Verfechter von Umweltrechten sein.

Auch im **Erwachsenenalter** zeichnet sich das Umweltbewusstsein des Hundes vor allem durch Kontinuität aus. Einmal eingeführte Aufgaben werden nur sehr selten in Frage gestellt und prompt und zuverlässig erledigt. Auf unerprobte Abenteuer lässt sich der Hund dabei lieber nicht ein, sondern schwört vielmehr auf Altbewährtes. Schließlich haben es ihm seine Großeltern schon vorgemacht, wie man ohne viel Aufwand im Einklang mit der Natur leben kann.

Je reifer der Hund wird, desto schwieriger ist es, ihn von seinem einmal eingeschlagenen Weg abzubringen. Hat er in seinen jüngeren Jahren kein besonderes Interesse für die Umwelt oder den Klimaschutz gezeigt, wird sich das sicher nicht mehr ändern – auch wenn er nun vielleicht mehr Zeit hätte, sich mit Themen dieser Art zu befassen. Der Grundstein für nachhaltiges Denken muss in der Kindheit gelegt werden - im **Alter** lernt der Hund das wohl kaum noch.

Ideale Partner: Tiger, Schwein, Pferd

Tierzeichen und ihr Umweltbewusstsein

Das Schwein

In seiner persönlichen Umgebung ist Harmonie für das Schwein enorm wichtig. Und dazu gehört in den meisten Fällen auch ein bewusster Umgang mit den natürlichen Ressourcen. Besonders im Bereich der Ernährung legen die meisten Schweine enormen Wert auf Nachhaltigkeit. Sie wollen wissen, woher ihr Essen kommt und wie es produziert wird. Die meisten Schweine wissen genau, dass gesundes und unbehandeltes Essen nicht nur gesünder ist, sondern einfach auch besser schmeckt. Damit gibt es gleich mehrere gute Gründe, regional und frisch einzukaufen und ruhig auch ein wenig mehr Geld für die entsprechende Qualität auszugeben.

Ist das Schwein davon überzeugt, dass es mit seinem nachhaltigen Denken sein Leben und das seiner Lieben verbessern kann, so scheut es keine Kosten und Mühen, dieses Ziel zu erreichen – selbst wenn das bedeutet, dass es dabei finanziell über die Stränge schlagen muss. Seine Prioritäten sind hier klar gesetzt: Was nützt ihm das Geld auf der Bank, wenn es seine Gesundheit mit minderwertiger, industriell gefertigter Massenware ruiniert?

Leider mangelt es dem Schwein manchmal an dem nötigen Urteilsvermögen, um auch im Bereich Nachhaltigkeit die Spreu vom Weizen zu trennen. Da kann es dann schon einmal passieren, dass es sich gutgläubig Dinge aufschwatzen lässt, die leider nicht den geringsten Nutzen für die Umwelt haben. Oder es fällt zum Beispiel auf die zahlreichen leeren Versprechungen von Politik und Industrie herein, die Nachhaltigkeit nur auf dem Papier versprechen.

Im Großen und Ganzen weiß das Schwein jedoch recht gut einzuschätzen, was der Umwelt wirklich hilft und was nicht. Mit seinem praktischen Verstand weiß es dann, die entsprechenden Maßnahmen gut in den eigenen Alltag zu integrieren.

Wie entwickelt sich das Umweltbewusstsein des Schweins?

In seiner **Kindheit und Jugend** befassen sich die meisten Schweine weniger mit potentiellen Krisen unseres Planeten als vielmehr mit dem eigenen Wohlergehen und dem von Freunden und Familie. Das liegt sicher vor allem daran, dass das Schwein schon mit wenig zufrieden sein kann und intuitiv aus jeder Situation das Beste zu machen versucht. Da bleibt kein ein Platz für düstere Zukunftsprognosen.

Das **erwachsene** Schwein nimmt sich da schon eher dem Wohl der Allgemeinheit an. Das bedeutet nicht, dass es im globalen Rahmen denkt. Sein Wirken geht in der Regel erst einmal von seinem unmittelbaren Umfeld aus – ganz nach dem Motto „kehre erst einmal vor der eigenen Türe, bevor du dich mit den Problemen anderer befasst". So bleibt das Schwein im Zenit seines Lebens mit seinem Umweltbewusstsein eher auf der privaten Ebene stecken und fühlt sich dabei absolut wohl. Auf höheren Ebenen mitzumischen, findet es in der Regel viel zu anstrengend.

Mit zunehmendem **Alter** kommt auch beim Schwein mehr Weisheit ins Spiel. Es macht sich nun sicher mehr Gedanken darüber, was aus unserem Planeten werden soll, wenn sich nicht alle gleichermaßen für den Erhalt der Ressourcen engagieren. Das kann dann durchaus dazu führen, dass das Schwein auf seine alten Tage noch einmal aktiv wird.

Ideale Partner: Ziege, Hase, Hund

Yin und Yang und die Fünf Elemente

Jedes Tierzeichen wird durch die Fünf Elemente sowie Yin und Yang eindeutig charakterisiert. Diese beiden Grundprinzipien der asiatischen Philosophie beschreiben außerdem auch alle anderen Bereiche unseres Lebens auf verblüffend zutreffende Art und Weise

Im alten China standen die Fünf Elemente ursprünglich für die fünf Planeten Jupiter (Holz), Mars (Feuer), Saturn (Erde), Venus (Metall) und Merkur (Wasser). Aufgrund von astronomischen und astrologischen Beobachtungen über die Jahrhunderte wurden dann nicht nur die Jahreszeiten, Formen und Farben, sondern auch jedes Tier und jede Pflanze einem Element zugeordnet. Auch der menschliche Körper als Teil der universellen Schöpfung folgt diesen Gesetzmäßigkeiten. So lassen sich auch unsere inneren Organe, die Körpergewebe, die Sinnesorgane und unsere Empfindungen den Fünf Elementen sowie Yin und Yang zuordnen.

Nach der chinesischen Philosophie stehen die Elemente in einem sogenannten Fütterungszyklus zueinander. Danach nährt das Holz das Feuer, dessen Asche gibt der Erde Kraft. Aus der Erde wird das Metall gewonnen, das wiederum mit seinen reichhaltigen Inhaltsstoffen das Wasser belebt. Und Holz braucht das Wasser zum Wachsen – so ist der Zyklus harmonisch geschlossen. Anhand nebenstehender Grafik ist es einfach nachzuvollziehen, wie sich ein Zuviel oder ein Zuwenig der einzelnen Elemente auf das gesamte System auswirkt.

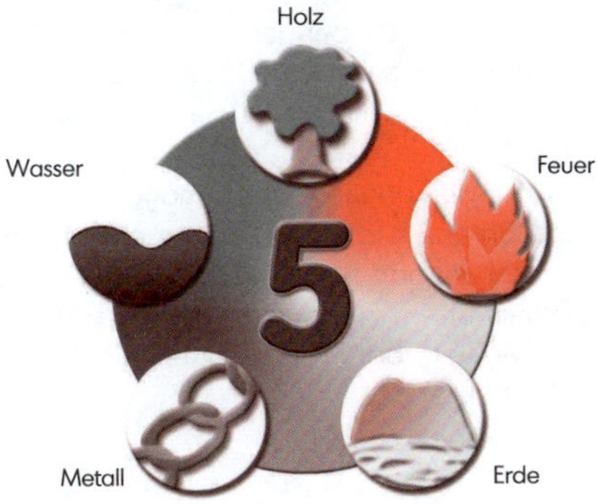

Fehlt zwischen Holz und Erde das Feuer, ist die Wirkung vergleichbar mit einem Baum, der dem Boden langsam, aber sicher die Kraft entzieht. Ein schwaches Wasser-Element kann dazu führen, dass das Holz nicht genug Nahrung bekommt und vom Metall „beschnitten" wird. Wasser und Feuer prallen direkt aufeinander, wenn dazwischen das Holz fehlt.

Wie sich Yin und Yang in Balance halten

Jedes der Fünf Elemente gibt es in einer Yang- und einer Yin-Ausprägung. Die Begriffe Yin und Yang wurden ursprünglich für die Sonnen- und Schattenseite eines Berges benutzt. Heute bezeichnen sie sämtliche Polaritäten wie hell und dunkel, langsam und schnell, männlich und weiblich. Wir Menschen sind dem Einfluss beider Seiten ausgesetzt und es gilt immer, nicht nur die Fünf Elemente in Harmonie zu bringen, sondern auch Yin und Yang in Balance zu halten.

Die Fünf Elemente und ihre Eigenschaften

Die Tabelle bei der Jahresvorschau ihres Tierzeichens ab Seite 10 zeigt Ihnen, welches Element Ihrem Geburtsjahr zugeordnet sind.

Wenn Sie die Eigenschaften der unterschiedlichen Elemente betrachten, sollten Sie jedoch bedenken, dass jeder Mensch eine Kombination aus mehreren verschiedenen Elementen bei seiner Geburt mitbekommen hat. Der persönliche Charakter und das eigene Schicksal lassen sich also nicht ausschließlich aufgrund des chinesischen Jahrestieres mit dem dazugehörigen Element ermitteln, sondern ergeben sich aus der Kombination aller im Geburtshoroskop vorhandenen Elemente.

Holz

Das Element Holz steht für alles, was grünt, und verspürt ständig den Drang zu wachsen. Der Planet Jupiter ist der Holzplanet. Grün und hellblau sind die Farben, die mit Holz assoziiert werden. Auf der körperlichen Ebene steht Yang-Holz für die Galle und Yin-Holz für die Leber.

Die dem Holz entsprechende Jahreszeit ist der Frühling, das entsprechende Lebensalter des Menschen die Kindheit.

Das Element steht generell für Spielfreude, Schöpferkraft, Freiheitsdrang und Kreativität.

Menschen mit einem hohen Holzanteil lieben es, in der freien Natur zu sein und sind meistens sehr kinderlieb – wohl auch, weil sie sich selbst ihr inneres Kind bewahrt haben. Außerdem steht das Element Holz für eine gute Intuition.

Menschen mit viel Holz neigen häufig zur Egozentrik – vor allem wenn man sie einengen will. Wenn sie an ihre eigenen Grenzen stoßen, reagieren sie oft mit Zorn und Wut. Wird dieses Gefühl unterdrückt, äußert sich das häufig in einer Schwäche der entsprechenden Organe Galle und Leber.

Geduld gehört nicht unbedingt zu den Stärken des Holz-Elements. Wenn alles nicht sofort so klappt, wie sie es sich vorstellen, verlieren solche Zeitgenossen in der Regel schnell die Lust an einer Sache.

Damit man die Einfälle des Holz-Elements in die Tat umsetzen kann, braucht es das Feuer.

Feuer

Feuer bringt Bewegung und Aktivität ins Spiel. Das Holz nährt das Feuer mit seinen Ideen, die dann vom Feuer-Element in die Tat umgesetzt werden. Der Feuerplanet ist der Mars und die dazugehörige Farbe ist rot. Dünndarm (Yang) und Herz (Yin) sind diesem Element zugeordnet.

Feuer ist das Element, unter dem sich die Menschen emotional öffnen und Beziehungen eingehen. Die zum Feuer-Element gehörende Jahreszeit ist der Sommer, die Zeit, in der die Sonne am heißesten vom Himmel brennt. Zum Feuer-Element gehört der Lebensabschnitt der Teenager und jungen Erwachsenen.

Das Element Feuer steht für lebhafte und beredsame Zeitgenossen, die jedoch manchmal auch zu leicht extrovertiertem Verhalten neigen. Feuermenschen sind sehr geradeaus und tragen ihr Herz häufig auf der Zunge. Sie arbeiten gerne und viel und sind dabei meist clever und temperamentvoll.

Zeitgenossen mit viel Feuer fallen oft durch ein starkes Temperament auf. Sie gehen auch große Aufgaben mutig an und sorgen dafür, dass Worten auch entsprechende Taten folgen. Ein harmonisches Feuer-Element weiß, wann es aktiv werden muss und wann es „Fünfe gerade sein lassen kann". Ist das Feuer zu stark, kann sich das zuweilen in hektischer Aktivität äußern, während ein zu schwaches Feuer oft ein wenig antriebslos wirkt.

Wenn das Feuer zu Asche verbrannt ist, entsteht das Element Erde.

Erde

Dieses Element sorgt für die nötige Stabilität. Es bringt die Vernunft ins Spiel und achtet darauf, dass Aktivitäten nicht aus dem Ruder laufen. Der Saturn gilt als Erdplanet und die entsprechenden Farben sind alle Gelb- und Brauntöne. Aus der Erde gewinnen wir unsere Nahrung und deshalb gehören Magen (Yang), Milz und Bauchspeicheldrüse (Yin) zum Erd–Element.

Das entsprechende Lebensalter ist das mittlere Erwachsenenalter, wo der Mensch zu Familie und Beziehungen findet. Dem Erd-Element wird keine bestimmte Jahreszeit zugeordnet. Wie auch im Kreislauf der zwölf Tierzeichen wird es quasi immer als eine Art Puffer zwischen die anderen Elemente und Jahreszeiten platziert.

Erde steht für Stabilität und Sicherheit, aber auch für Familienzusammenhalt im weiteren Sinne. Menschen mit einem hohen Erdanteil im Horoskop sind sehr zuverlässige Zeitgenossen, die zu langfristigen und besonders stabilen Bindungen fähig sind.

Erd-Typen konservieren beharrlich altes Wissen und sind oft leidenschaftliche Sammler. Ein gesunder Erdanteil hilft uns, Bodenständigkeit in unser Leben zu bringen und die richtigen Entscheidungen zu treffen, damit aus unseren Ideen (Holz) und Aktivitäten (Feuer) etwas werden kann.

Zu viel Erde kann jedoch zu mangelnder Flexibilität führen. Ist die Erde dagegen schwach oder nicht vorhanden, fühlt sich der Mensch möglicherweise nirgendwo so richtig zu Hause.

Aus der Tiefe der Erde schürfen wir das Element Metall.

Metall

Metall ist ein kühles Element, das viel mit Struktur und Ordnung zu tun hat. Metall kann planen. Es weiß genau, welcher Schritt der nächste sein sollte, um ein angestrebtes Ziel zu erreichen. Die Venus ist der Metallplanet und die Elementfarben sind weiß, grau, silber und gold. Auf der körperlichen Ebene gehört das Metall-Element zu Lunge (Yin) und Dickdarm (Yang).

Der Herbst ist die Jahreszeit des Metalls. Auch beim Menschen ist der Lebensherbst diesem Element zugeordnet. Aktivität und Zielstrebigkeit sind nicht mehr die wichtigsten Ziele. Man hat in der Regel seinen Lebensrhythmus gefunden und erntet die Früchte des Erfolges.

Generell steht das Metall-Element für Tatkraft, Fortschrittlichkeit, Zähigkeit und einen ideellen Abstand zu den Dingen. Aber auch strategisches Denken und ein rationaler Umgang mit Geld zählen zu den Metallqualitäten.

Menschen mit einem gesunden Metallanteil verstehen es, ihr Leben zu organisieren. Zu viel Metall kann allerdings zu dogmatischen Strukturen führen, die wenig Spielraum für spontane Impulse von außen lassen. Ist das Metall dagegen nicht stark genug, besteht die Gefahr, dass man nicht zielstrebig genug ist und sich vom eigentlichen Weg abbringen lässt.

Um in den Fluss zu kommen braucht Metall das Wasser-Element.

Wasser

Wasser fließt (Yang-Wasser) oder steht (Yin-Wasser). Es ist von allen Elementen das flexi-

Die Fünf Elemente und ihre Entsprechungen

	HOLZ	FEUER	ERDE	METALL	WASSER
Himmels-richtung	Osten, Südosten	Süden	Südwesten, Nordosten	Westen, Nordwesten	Norden
Jahreszeit	Frühling	Sommer	Übergänge zwischen den Jahreszeiten	Herbst	Winter
Farben	grün/hellblau	rot/violett/ orange	gelb/braun/ beige	weiß/hellgrau/ gold	schwarz/ dunkelblau
Formen	langgestreckt	spitz, dreieckig	flach, rechteckig	rund	unregel-mäßig
Material	Holz Pflanzen	Feuer Kerzen, Räucherstäbchen	Erde Ton Terrakotta	Metall Schmuck Hartgeld	Wasser Brunnen Teiche
Organe Yin Yang	Leber Gallenblase	Herz Dünndarm	Milz/ Bauchspeicheldrüse Magen	Lunge Dickdarm	Nieren Blase
Sinnesorgan	Augen (sehen)	Zunge (sprechen)	Mund/Lippen (schmecken)	Nase (riechen)	Ohren (hören)
Gewebe	Finger- und Fußnägel, Sehnen	Blutgefäße	Muskeln Fett- und Bindegewebe	Haut, Körperbe-haarung	Knochen, Zähne, Kopfbe-haarung
Geschmack	sauer	bitter	süß	scharf	salzig

Hier eine kleine Auswahl mit den wichtigsten Entsprechungen der einzelnen Elemente. Will man eines der Elemente stärken, kann man dies z. B. mit den entsprechenden Farben, Formen, Materialien oder Geschmacksrichtungen tun. Schwächen in einem der Elemente äußern sich häufig körperlich über Ungleichgewichte oder Krankheiten der entsprechenden (Sinnes-)Organe.

belste. Dem Wasser steht die Welt offen. Ist ein Weg versperrt, sucht es sich eben einen anderen. Merkur ist der Wasserplanet. Die Farben schwarz und dunkelblau gehören diesem Element an und auf der körperlichen Ebene ist das Wasser unter anderem Nieren (Yin) und Blase (Yang) zugeordnet.

Im Winter, der Jahreszeit des Wasser-Elementes, kommt die Natur zur Ruhe und sammelt ihre Kräfte für den Neuanfang im Frühjahr. Entsprechend gehört auch beim Menschen das Alter zum Wasser-Element – die Kraft zieht sich jetzt allmählich zurück.

Im Wasser-Element spielen Emotionen und Begeisterung nicht mehr die größte Rolle. Wasser stellt eigentlich alles in Frage und denkt über die Grenzen des Greifbaren hinaus. Dabei schwimmen Wassermenschen durchaus auch gegen den Strom und kümmern sich wenig um die Gefühle und Meinung anderer. Sie legen Wert auf ihre Unabhängigkeit.

Ein harmonisches Wasser-Element gibt uns Gelegenheit, uns für unsere Umgebung zu öffnen, Reisen zu genießen und mit unseren Mitmenschen zu kommunizieren. Ist das Wasser-Element zu stark, kann der Druck auf den Menschen zu groß werden. Das kann dann entweder zu Rastlosigkeit (Yang) oder zu Süchten (Yin) führen. Menschen mit einem zu schwachen Wasseranteil fühlen sich dagegen oft unverstanden.

Wasser nährt das Holz – und damit schließt sich der Kreislauf der Fünf Elemente.

LEBENSWEISHEITEN AUS DEM FERNEN OSTEN

Der Geist, der allen Dingen Leben verleiht,
ist die Liebe.

Chin. Weisheit

Über die Reglosigkeit, beschäftige dich
mit Untätigkeit, finde im Verzicht Genuss
und du siehst das Große im Kleinen,
das Viele im Wenigen.

Laotse

Genug zu haben ist Glück,
mehr als genug zu haben, ist unheilvoll.
Das gilt von allen Dingen,
aber besonders vom Geld.

Laotse

Lieber eine Kerze anzünden,
als über die Finsternis zu klagen.

Chin. Weisheit

Nur in stillen Wassern
spiegeln sich die Sterne.

Chin. Sprichwort

Die Lebensspanne ist dieselbe,
ob man sie lachend oder
weinend verbringt.

Jap. Weisheit